「六全協」の世界

―日本共産党と1950年代―

河西英通 著

有志舎

「六全協」の世界―日本共産党と一九五〇年代―

【目次】

序章　日本共産党と戦後革命運動史　1

第一章　前夜　8

第二章　批判（コミンフォルム批判）　33

第三章　分裂　61

第六章　実相　143

終章　「六全協」の世界　273

【凡例】

1 引用史料等に関しては、原則として常用漢字の字体とした。人名などの固有名詞、斗〔闘〕に関してはそのままにした。

2 引用文を省略する場合は（中略）とした。

3 引用文中の「 」と『 』の混用は、原文のままである。

4 筆者による注記や補足は〔 〕で示した。

5 年号はすべて西暦に統一して表した。ただし引用史料に関してはそのままとした。

6 引用史料中に現在から見れば不適切な表現があるが、歴史的に使用された用語としてそのまま掲載した。

序章　日本共産党と戦後革命運動史

本書の狙い

本書『「六全協」の世界―日本共産党と一九五〇年代―』は、二〇一九年に上梓した『「社共合同」の時代―戦後革命運動史再考―』（同時代社）の続編である。一九五〇年一月のコミンフォルムの日本共産党批判＝「コミンフォルム批判」によって、それまで燻っていた党内対立が一挙に党分裂と化した五〇年問題から、数年にわたる混迷状況を経て統一を回復したとされる一九五五年七月の第六回全国協議会（六全協）までの過程を中心に検討する。

主に利用した資料は、日本共産党の中央機関紙『アカハタ』（戦後、『赤旗』『アカハタ＝AKAHATA』を経て、一九四七年七月一六日から『アカハタ』。以下、本書では『アカハタ』と表記。一九六六年二月一日からは『赤旗』）や理論機関誌『前衛』などの公然出版物、『平和と独立』などの非公然出版物、および戦後社会運動未公刊資料集刊行委員会編『戦後日本共産党関係資料』（マイクロフィルム版、全四〇リール、不二出版）に収められている書類・機関紙である。というのも、『アカハタ』の紙面は意外と読まれていないし、『戦後日本共産党関係資料』に収められている八〇〇〇点余の資料群も十分活用されていないのが現状だからである。まずはこれらの資料に専念した。

従来の五〇年問題史や六全協史は、党中央の頂上決戦による主導権争奪劇に傾くきらいがあったが、ジャングルのごとき資料群を探れば、全国各地の末端ならぬ〈先端〉に位置した日本共産党員や支持者、あるいは多くの民衆の姿が浮上し、彼ら／彼女らの声が聞こえてくる。本書はそうした無数無名の存在に目を凝らし、その叫びに耳を傾けることで、五〇年問題から六全協への歩みを跡付け、戦後革命運動史の新しい枠組を提示したい。

一九五〇年代史の意味

近年、一九五〇年代については文化史的アプローチ[*1]をはじめとする研究がさかんである。総力戦体制期の一九四〇年代と高度経済成長期の一九六〇年代に挟まれて、「地味」「控えめ」などと言われる一方[*2]、歴史的転換期、社会変革の「可能性」、「大きな節目」として五五年体制の成立を位置付ける企図も見られる[*3]。五五年体制は一般に保守合同と社会党統一による二大政党制の成立とされるが、日本共産党の分裂終息も含まれる。

六全協から一〇年ほど経過した一九六〇年代半ば、一九五〇年代の共産党は「されど　われらが日々――」（柴田翔）と苦痛を伴って想い出され、「遠咲く虹　六全協は早や死語か」（楠本憲吉）と去り行く情景となりつつあった。そうした追想の時代からはるか六〇年ほどが経ち、大きく情況が変容した今日、コミンフォルム批判、五〇年問題、六全協などは記号化・年表化され、日本共産党の一九五〇年代像は、図式的に二分されているだろう。すなわち、コミンフォルム批判によって徳田球一・野坂参三・伊藤律・志田重男らの主流派（所感派）と志賀義雄・宮本顕治・春日庄次郎らの反主流派（国際派）に分裂し、武力革命路線によって影響力が大きく低下した前半時代と、六全協を契機に極左冒険主義が放棄され、統一回復と綱領策定への道を歩んだ後半時代という構図である。

その端緒は一九六六年の第一〇回党大会報告における「党史」理解にあったと思われる。すなわち、一九五〇年代の前半時代は敗戦後の動きも含めて、「戦後の最初の五年間には占領下の平和革命論にもとづく右翼日和見主義の誤りが党と人民の闘争の正しい発展をさまたげたが、つぎの五年間には、党は、分裂した党の一方の部分によって採用された極左冒険主義の方針によって、きわめて重大な打撃をこうむった[*4]」と、描かれた。

ここから戦後共産党の誤謬の一〇年間が、一九五五年を境に以後解消・克服されていった、という理解が生まれる。

そして、このような図式的に整序された「党史」により、平和革命論や極左冒険主義をあらためて探究することは陳腐な営みとみなされ、日本共産党の一九五〇年代史は長らく知的関心を呼ばなくなっていた。では今はどうだろう。

戦後日本共産党史研究のいま

戦後日本共産党史を考えるとき、『日本共産党五〇年問題資料集』（1―3、日本共産党中央委員会五〇年問題文献資料編集委員会編、新日本出版社、一九五七年、以下同書所収の資料は※で示す）をはじめとして、『日本共産党の四十年』（日本共産党中央委員会出版部、一九六二年）、『日本共産党の五十年』（日本共産党中央委員会出版局、一九七二年）、『日本共産党の五〇年問題について』（新日本出版社、一九八一年）、『日本共産党の六十年』（日本共産党中央委員会出版局、一九八二年）、『日本共産党の六十五年』（上・下、日本共産党中央委員会出版局、一九八八年）、『日本共産党の七十年』（全三冊、新日本出版社、一九九四年）、『日本共産党の八十年』（日本共産党中央委員会出版局、二〇〇三年）のほか、上田耕一郎『戦後革命論争史』（上・下巻、大月書店、一九五六・五七年）[*5]、小山弘健『戦後日本共産党史』（芳賀書店、一九六六年、増補版一九七二年）、安東仁兵衛『戦後日本共産党私記』（現代の理論社、一九七六年、『続戦後日本共産党私記』現代の理論社、一九八〇年、と合わせて文春文庫版一九九五年）などが重要である。関連する文献は膨大だが、書名に「日本共産党」を冠した最近のものに限ると、党創立一〇〇周年を迎えた二〇二二年には中北浩爾『日本共産党　「革命」を夢みた100年』（中公新書）、佐藤優『日本共産党の100年』（朝日新聞出版）、有田芳生ほか『日本共産党100年　理論と体験からの分析』（かもがわ出版）、二〇二三年には、大塚茂樹『「日本左翼史」に挑む　私の日本共産党論』（あけび書房）、日本共産党中央委員会『日本共産党の百年』（新日本出版社）が刊行された。

中北本は戦前・戦後にわたる共産党の歴史と現状を全面的体系的に分析した大作である。佐藤本も多くの問題点を提起しており、とくに六全協の特異な位置について鋭く論及している。有田ほか本は「政治的正統性から過去が整序されていくこと」に抗い、〈われわれの日本共産党史〉をめざして、新鮮な視点に立った刺激的な叙述を試みている。『「日本左翼史」に挑む』も多面的に共産党を論じたうえで、「最大の盲点とは、同党の歴史像は50年問題の総括を見事に一方向に誘導していることだ」と指摘している（一九二頁）。『日本共産党の百年』は六全協に関して、「党を分裂させた側が外国の党との相談のうえで準備した不正常な会議」だったが、「党の統一の回復と「五〇年問題」の解決にいたる過程で、過渡的な意義」を持った（一一四頁）と、従来の認識を堅持している。しかし、本書で詳述するように、六全協を準備したのは主流派と反主流派にまたがるグループであり、その中心は志田重男と宮本顕治だった。『百年史』の叙述は誤りである。

直截的な日本共産党論ではないが、興味深いのは、下斗米伸夫『日本冷戦史—帝国の崩壊から55年体制へ—』（岩波書店、二〇一一年）である。ロシア政治史研究で知られる下斗米は「日本共産党とアジア冷戦」の章を設け、旧ソ連文書を駆使した豊かな論点を提示しているが、注目すべきは、コミンフォルム批判を契機とした党分裂構図である。主流・反主流両派が内部に対立・矛盾を抱えていたことは知られていたが、下斗米は両派をクロスさせる。具体的には野坂と志賀の接近である。この点も指摘済みであり（両者とも山口県育ち）、ソ連崩壊後に不破哲三『日本共産党にたいする干渉と内通の記録　ソ連共産党秘密文書から』（上・下、新日本出版社、一九九三年）が両者のソ連内通者としての動きを明らかにしたが、下斗米は党分裂下の野坂の微妙なフットワークに着目し、野坂を「所感派」というより、むしろ「国際的指導」を受容する「国際派」指導者の「最大の論客」であったと位置づけている（二六一頁）。野坂が国際共産主義運動を背景に、機を見るに敏な「主流」主義者、「主流派」志向者だったという認識は、野坂が六全協によって〈統一〉された党中央へ返り咲き、その後長期にわたり〈頂点〉指導者として君臨することを説得的に示唆している。野坂は最晩年の一九九二年に失脚し除名されるまで「主流」として存在し続けた。[*6]

そのほか、田中真人「日本共産党「五〇年分裂」はいかに語られたか」[*7]、富田武「戦後日本共産党史の見直しを」[*8]、黒川伊織「戦後日本共産党史研究の現段階　戦後民主主義の問い直しに向けて」[*9]なども、今後の共産党史研究に関して重要な提言をしている。

筆者も共産党主導の統一革命党構想を追った『「社共合同」の時代』をもって、戦後日本共産党史研究に参加した。いくつかの書評や紹介記事に恵まれたが、加藤哲郎からは「視野狭窄と時代錯誤」と厳しいコメントが下された。[*10]黒川は対象が「国内の政治的動向に限定」されており、「戦前からの人的／思想的連続性」が見えないとの批判を受けた。[*11]また、福家崇洋からも「戦前の思想的、運動的な系譜」の弱さのほか、「他の与野党との関係や政局の描写」の不十分さ、文化運動分析の重要性などが指摘された。[*12]

本書の基本視角

以上の先行研究と批判をふまえて、本書が意識したのは、革命運動における〈従属変数〉と〈独立変数〉という問題である。日本共産党史に関する画期的な研究を重ねている黒川伊織は、『帝国に抗する社会運動―第一次日本共産党の思想と運動―』（有志舎、二〇一四年）において、五〇年分裂を考えるにあたり、「コミンテルン期に形成された国際共産主義運動の枠内に戦後の日本共産党も位置していた」のだから、「少なくとも、朝鮮戦争という外在的条件、ソ連共産党・中国共産党との連動性、運動の現場における日本人共産主義者と朝鮮人共産主義者の協働、という三つの要因を踏まえて、東アジア現代史のコンテキストに置き直す必要があるのであり、たんなる党内抗争に還元してはならない」と述べた（二八八―二八九頁）。その視線は「尼崎における日本共産党「五〇年分裂」の展開」[*13]で具体化され、さらに『戦争・革命の東アジアと日本のコミュニスト　1920―1970年』（有志舎、二〇二〇年）では一九七〇年までの戦後共産党史を描き、「日本共産党史の一国的・党史的桎梏から解放して東アジア史と連関した日本近現代史へと接合する」踏み出しを宣言している（一三頁）。黒川の論点に対応する最近の松村史紀「強制と自主独立の間

―日本共産党「軍事方針」をめぐる国際環境（1949～55）―(1)～(8)」[*14]は、海外資料や関係者の回想・証言を駆使して、五〇年分裂を国際的な視野で詳細に再検討している。

こうした新地平に立ったとき、本書は共産党の〈内部〉に拘泥・自閉する貧相な研究に見えるかもしれないが、意図するところは異なる。確かに「東アジア／日本のコミュニストの活動は国際共産主義運動の路線に強く規定され[*15]」、国際共産主義運動のなかで〈従属変数〉として動いた。しかし、その関係性を過度に強調すると、松井隆志が指摘するように、「日本共産党とその運動はソ連・コミンテルン（あるいは中国共産党）に左右されるだけの極度に没主体的な存在」になりかねず[*16]、運動のダイナミクスが失われる。

そもそも当該期の国際共産主義運動は一貫したものでも整合的なものでもなく、武装闘争路線と平和共存路線が複雑に入り組んでいた[*17]。モスクワも北京も「日本のコミュニスト」の動態を明瞭に認識していたわけではない[*18]。いわば日本共産党はそうした無定型・無責任で流動的な動きに振り回され続けたと言えるが、本書は国際共産主義運動における〈従属変数〉的側面とともに〈独立変数〉的側面（良し悪しは別に）に着目したい。なぜなら、本来、革命運動は〈従属変数〉と〈独立変数〉の相乗の中で進んでいくものだろうから。そして〈独立変数〉性は党中央に限らない。なぜなら、運動体の要は〈頭〉ではなく、〈体〉そのものだろうから。

その確信は、『アカハタ』を読み込む中で、党中央の主張・言動を盲目的に肯定・受容せず、安易に従属しない、大小多数の記事に接する中で得た。『アカハタ』は共産党の公的メディアであるが、当該期の紙面構成や論調は複雑であり、単純ではない。それは、共産党が矛盾的・分裂的・対立的な運動体―革命運動としては避けがたい―であったこと、すなわち拙著『「社共合同」の時代』の視点を再登場させれば、共産党における〈集合性〉と〈非集合性〉の並存性・相関性という問題である。その確信は『戦後日本共産党関係資料』の膨大な量の文書の海の中を漂うことで、さらに深まった。

本書はできるかぎり基礎的な資料群の中に潜り込み、一九五〇年代の日本共産党の姿を描き出すことを心がけた。共産党自身が発信・発露した記録と情報のなかで、上空からではなく、地上戦を挑むことで、五〇年問題から六全協に至る経過を明らかにしようと努めた。しかし、共産党が産み出した資料の総体は膨大である。[*19] 本書が踏み込んだ世界は決して狭くはないが、限定的であることは否めない。そうした限界を抱きながらも、一九五〇年代共産党史を単純な内部抗争、主流派vs.反主流派といった二元的イメージに落とし込まず、中央vs.地方、地方vs.地方、機関vs.党員など多層な対立・分裂状況―言うならば、党の上部・頂点における妥協・統一の先行、下部・底辺における分裂・対立の続行、という多重構造―ととらえることで、従来の黒白史観、正否史観を問い直したい。

第一章　前夜

組合をつくろう。俺たちの利害を俺たち自身で護り抜くための労働組合をつくろう。一本一本の矢は折れても束ねた矢は折れないのだ。職場・現場で十五人に一人の割で代表を選びだせ！　創立大会に送り込め！　一人残らず組合に入れ！　正々堂々勝利の旗をおし進めよ！　俺たちの労働組合万歳！（一九四五年一一月の美唄炭鉱労働組合創立大会に向けた檄文。三菱美唄炭鉱労働組合編『炭鉱に生きる』岩波新書、一九六〇年、一三五―一三六頁）

第1節　戦後のはじまり

北からの鼓動

一九四五年八月の敗戦時、北海道には多くの植民地労働者が存在していた。朝鮮人は三万七一七一人（全国の四一％）、中国人は三〇七九人（同三〇％）である。八月一五日に道央の歌志内・住友（井華《せいか》）鉱の朝鮮人労働者約六〇〇人が強制労働への抗議運動を起したのを契機に、各地の炭坑で植民地労働者は蜂起し、戦後労働運動が始まった。一〇月の三井芦別従業員組合結成以後、全国に先駆けて労働組合が生れ、一二月末に労組一〇四・組織人員八万五一五九人を数える。東京に次ぎ、福岡・兵庫・大阪を大きく上回る規模だった。[*1]

そうした中、日本共産党書記長の徳田球一が来道し、一二月一五日の第一回北海道地方党会議に出席したほか、炭鉱地帯を中心に演説会を開く。[*2]　徳田は『アカハタ』一九四六年一月一五日付に「石炭増産のために」を、『北海赤旗』（北海道地方委員会機関紙、復刻縮刷版はほっかい新報社史料刊行委員会、一九八〇年）同一六日付創刊号に①「労働者の生産管理の意義について」と②「総選挙に於て何をなすべきか」を掲載している。①は美唄炭鉱労組の生産管理闘争にふれている。ヤジや怒号の中、激烈なアジテーションを行なった徳田（『北海赤旗』一九四六年二月一五日付「徳田球一氏の演説をどう聴いたか」）に感激した美唄の青年は、極寒のなか約六〇キロの雪道を札幌まで歩き、青年共産同盟（青共）地方協議会に参加している（同前同日付「青年共産同盟」）。美唄炭鉱闘争は会社幹部をつるし上げた「人民裁判」や労働歌の大合唱や太鼓・鐘を乱打した大衆団交で知られ[*3]、四歳のとき争議のさなかにいた森山軍治郎（フランス史家）は「民衆的民主主義」「戦後民主主義の出発点」と呼んでいる[*4]。

徳田は帰京後、『解放』一九四六年三月創刊号に「北海道における炭鉱争議の現状と将来の展望」を載せ、北海道に続き全国各地で炭鉱労働者を組織し、「至急、単一の日本炭礦労働組合を結成するために努力しなければならない」と労働戦線の統一を訴えた。

北海道は革命前夜の観があった。党中央は党本部の北海道移駐や北海道防衛委員会の設立も考え[*5]、多くのオルグを送った[*6]。一九四六年五月にはぬやま・ひろし（西沢隆二）、七月には椎野悦郎・竹内恒三郎・中野重治・関鑑子らがやってきた。竹内は一一月にも再来道し、産別会議（全日本産業別労働組合会議）主導のゼネスト（産別一〇月闘争）以降、道内情勢は「勤労大衆の物凄い革命的高揚」「革命的情熱」「革命的波の昂まり」の中にあるととらえた（『北海赤旗』の後継紙『トラクター』一九四七年二月一〇日付「北海道巡廻感想記」）。紺野与次郎も来道している。紺野は労働者内の党の影響力について、壮年以上は「好意的中立か支持者」、青年は三〇―四〇％が支持者、六〇％は「中立と社会党的」であり、不断に「左翼化」していると分析した（同前同日付「北海道炭礦細胞おぼえ書（一）」）。

北海道党は、一九四五年九月から一九四七年六月までにGHQ民間検閲支隊に提出された機関紙・細胞新聞数[*7]の多さが示すように、東京に次ぐ勢力であり、新しい闘争も起きる。

「新しい闘争の型」

一九四八年八月、国労（国鉄労働組合）旭川支部新得分会の青年労働者は政令二〇一号（公務員労働者の団体交渉権・争議権を否定）に抗議自殺した闘争委員長柚原厚（新得駅助役）を追悼記念して民族独立柚原青年行動隊を結成し、「職場放棄闘争」に突入した。[*8] 国鉄労働者約一五〇〇名（うち北海道は約八〇〇名）が参加したといわれるこの闘争は、二つの理由でたいへん重要である。一つは、北海道オルグから帰って来た野坂参三が、民族独立運動・民主主義擁護運動の「新しい闘争の型」と高い評価を下したからである。[*9] もう一つは、それと関連して、伊藤律の除名に関わっているからである。野坂の北海道オルグに同行した伊藤は後年、「北海道の新得職場放棄の際、彼と私が札幌へ行ったのだが、野坂は演説会に出ただけで、あとは有名な定山渓温泉で遊んでしまった。私は別れて活動した。それが除名の一罪名とされた」と回顧している。[*10] 一九五三年九月に伊藤が除名された際、中央委員会は理由の一つに、「二・一スト後における新しい労働運動のもり上りに際してとつた職場放棄の極左的な兆〔ママ〕発行動の扇動」をあげた。除名は六全協で追認されるが、その際、職場放棄闘争を絶賛した野坂は責任を問われず、第一書記に選出された。[*11]

職場放棄闘争は多数の被処分者を出す一方で、全逓（全逓信労働組合）にも拡大した。全逓副婦人部長の加生富美子はこう述べている。「一つの聖火は手から手えと移され、それはやがて炎上する火となり、国鉄から全逓へ、全逓からまた国鉄へと燃えうつっていった。しかもその聖火は、きびしく全国に張られた白紙逮捕状の網をたくみにすりぬけながら、津軽海峡を渡り九州の涯までも飛火して行ったのである」。[*12] しかし、青年行動隊は戦時中の「玉砕主義」「特攻隊イズム」「殉教者精神」の再来・復活だと批判もされた。[*13]

職場放棄闘争の評価は、歴史家の井上清が「占領下最初の民族的抵抗[*14]」と述べたのを除くと概して否定的だったが、一九八〇年代に入り、肯定的意見が出て来る。第一に、国労副委員長だった鈴木市蔵（一九六四年除名）が、職場放棄闘争は「戦後はじめて労働者がもっとも意識的にアメリカ帝国主義に反対して民族独立という旗をかかげた」闘争であり、スト権奪還の「もっとも戦闘的な、体当り的な闘争」「もっとも前衛的、先駆的闘い」と論じた。[*15]第二に、新得闘争を分析した佐野稔が、「職場・安全闘争ならびに労働基本権奪還闘争の原点」と位置づけた。[*16]第三に、共産党内から、否定的総論は変わらぬものの、「戦後の労働組合運動で民族独立の旗印を明確にかかげて青年行動隊を組織し、占領軍の威圧に屈せずたたかったのは、この闘争が最初である」との見解が出て来た。[*17]

急変する闘争

一九四八年一〇月末、職場放棄闘争をめぐる国労の被処分者は免職一二〇〇人、減給三二〇人を数えた。闘争は急速に後退し、情勢認識も錯綜を重ねる。『北海新報』(『トラクター』の後継紙)一九四八年一〇月五日付は「職場放棄全産業に波及か　行動隊は雪だるま」と題して、国労・全逓以外にも闘争が拡大していると報じ、「神出キボツ柚原行動隊」の見出しで、青年行動隊員の確信に満ちた表情を伝えた。同日付主張「ストライキ　職場放キの自由」も職場放棄闘争は「大衆の直接的な抗議」であったと論じている。ところが、まもなく正反対の認識を示す。一〇月一五日付には①党道地方委員会声明「職場放棄は民族防衛の行為」、②主張「職場放棄について」、③増田格之助「職場放棄の階級的意義」が載る。このうち、②は弁解気味だった。職場放棄闘争は「真に英雄的勇気と個人的事情のゆるすもののみ」が参加すべきものであり、党は「職場放棄戦術一本でいくことを主張したものではなく、できるものはこれを行いこれによってつくられた有利な条件を利用し全大衆がかく種の戦術を持って共に斗うことを提案した」にすぎない、と腰が引けている。八月に野坂が提起した「新しい闘争の型」論はすっかり影を潜め、当面の課題は犠牲者救済とされた。③の論旨は一一月二〇日付「選挙決戦に備えよ」につながり、北海道の職場放棄闘争は「下から自然発生的な要素と目的意識的な働きかけとが結合して発展」したが、それ以外の地域では「稍機械的」な闘争であったと自己批判している。

その後、一一月一二日に党札幌市委員会主催「悪政政令撤回要求労働者大会」が開かれ、「国鉄、全逓職場放棄者即時無罪釈放、即時無条件復職」が決議されたのに続き、二〇日の道全官公庁労組連絡協議会主催「要求貫徹労働者大会」でも、闘争犠牲者の「無罪釈放、即時職場復帰」が決議されている(『北海新報』一九四八年一一月二五日付「悪政令撤回せよ」「要求貫徹労働者大会」)。並行して国労や全逓における共産党の影響力は減少し、組合支配をめぐる抗争が深まる。興味深いのは、職場放棄闘争が主観的とはいえ、国際政治との関連を意識していたことである。「要求貫徹労働者大会」では道地方委員会議長西館仁が、職場放棄闘争は「国内の民主勢力を結集して民主主義擁護同盟をつくり、国際的には対日理事会、極東委員会の議題として論議されるにいた」ったと自負し、アメリカ大統領選における民主党(トルーマン)の勝利、中国革命の前進に言及した。同二三日に胆振管内安平村(現安平町)で開催された「ポ政令違反国鉄追分地区被告会議」でも党の代表が、「われわれがポ政令に反対して斗つたからこそ、世界の民主勢力に大きな影響をあたえた。アメリカでの労働者の勝利、中国においての中共の勝利など全世界の民主勢力は著〔着〕々と勝利に向いつつある」と述べ、職場放棄闘争の世界史的意義を訴えた(『北海新報』一九四八年一一月三〇日付「職放斗争こそ労働者の権利擁護」)。

しかし、職場放棄闘争は半年余りで忘れられる。青共機関紙『われらの仲間』一九四九年三月号の各青年学生団体代表による「座談会　青年統一戦線を語る―民族独立の歩み―」(二月七日開催)において、柚原青年行動隊の動向を訊ねられた国労青年部長は、「その後のことは聞いていないのですが」とまるで素っ気ない返事をしている。

第2節　再建日本共産党の始点

党分裂前史

一九五〇年の日本共産党の分裂はコミンフォルム批判によって突如引き起こされたわけではない。このことは従来幾度となく指摘されてきた。たとえば、小山弘健は、「党組織の内部関係が、いわば（中略）ばくはつの危機をつみあげていたのであり、このためとおい外国からする一匿名の小論文が、おもわずも二〇万をこえる大衆政党の全面分裂をひきおこし、解体寸前の地点にまでおいこんだ」「この手ひどい一げきは、内部の矛盾をつみかさねてばくはつ寸前にあった党そのものの背骨にまで、メスをとおしてしまった[*18]」と述べて、五〇年分裂前史を指摘していたし、渡部富弥も党分裂が戦後の党再建当初から存在していたことは、「戦後革命に参加した活動家なら誰でも知っている事実であって、決してコミンフォルム批判だけで突如起った現象ではない[*19]」と断言している。『日本共産党の七十年・上』や『日本共産党の八十年』も、早期の党内対立に言及している。

敗戦直後から見られた分裂状況を、後年共産党の公式見解（『アカハタ』一九五六年二月四日付「党の統一と団結のための歴史上の教訓として（五六年一月二九日採択）」、同一九五七年一一月六日付「五〇年問題について」）は、戦前戦中の党活動が一九三五・六年から一九四五年の敗戦まで約一〇年間「中絶状態」「断層」であった点に求めている。敗戦直後早々の分裂・対立は、長期の非正常状況を背景にして蓄積し、以下のように顕在化していった。

出獄後の論争

一九四五年一〇月一〇日、府中刑務所や豊多摩刑務所から政治犯が釈放され、「自由戦士出獄歓迎人民大会」が開かれる。党再建を宣言した「人民に訴ふ」が販売されたのはこの時だが、徳田・志賀義雄らは出席していない。彼らは事情聴取のためアメリカ第八軍第一騎兵旅団司令部（旧中野憲兵隊跡）に連行拘禁されていた。[*20]

亀山幸三は、ここで徳田と中西功の間で情勢分析、戦略戦術をめぐって「激しい論争」がおこり、三田村四郎や西沢が仲裁に入ったものの、その後中西は徳田に疎んじられ、入党が一〇カ月近くも棚上げされたと述べている。[*21] 亀山は党中央の再建をめぐる徳田と宮本顕治の対立もあげ、宮本が袴田里見とともに「戦前最後の中央委員会のメンバー」として、非転向を続けたのだから、「暫定的にでもこの中央委員会を拡充する形で党中央を構成すべきだ」と主張したのに対して、徳田は激怒したと記している。[*22]

しかし、亀山自身も述べているように、一〇月一四日に設立された党拡大強化促進委員会のメンバーは、徳田・志賀・神山茂夫・金天海・宮本・袴田・黒木重徳という序列の七名であり、一一月八日開催の第一回全国協議会（一全協）が選出した中央臨時指導部および第四回大会準備委員、一二月一―三日開催の第四回党大会が選出した中央委員会も同じ顔ぶれであった。「戦前最後の中央委員会」を含んで戦後共産党はスタートしたのである。

「岡野（野坂）帰国後の日本共産党」

その後、一九四六年一月に野坂参三がソ連の内通者・工作者として帰国する。[*23] 以後の党内状況を伝える興味深い史料が米国戦略爆撃調査団文書に収められている。「岡野（野坂）帰国後の日本共産党」[*24]である。それによれば、再建時の日本共産党中央は徳田の「実践的指導」と春日庄次郎の「理論的指導」に支配されていたが、野坂帰国後、志賀が活動を活発化し、徳田・春日コンビに対して野坂・志賀コンビが形成されたという。前者が「純粋共産主義の立場に立ち、共産党的性格を真向に振りかざして居る」のに対して、後者は「中共の民族統一戦線的闘争経験を如何に日本革命に活用するか」という立場であった。しかし、「コミンテルン代表と在中共潜伏時代が殆んどその経歴の大半」

であった野坂は、志賀の援助を得ても、「最後まで国内に止まつて闘争を継続」した徳田にはかなわない。野坂に期待されたのは、徳田が主張した天皇制廃止などの教条主義ではなく、闘争に大衆性を付与し、統一戦線を拡大することであった。日本共産党の組織的悩みは「毛沢東・朱徳級の領袖」が存在せず、徳田にせよ野坂にせよ、「周恩来か又は王明〔陳紹禹〕級」にとどまり、貫禄に欠けるところである。中堅幹部は「完全に弱体」で「実践闘争の経験に乏しく、且つ知識分子のみの集団」であり、「下級党員には革命的気魄がない」。そのため「前時代的─即ち過去の人材に依存」せざるをえない、と述べている。

中国通の執筆と思われるこの史料は、「日本の農村を食糧物資収奪によつて徹底的に疲弊困憊せしめて了はねば駄目である。その結果、日本農村人口の幾%か餓死者を続出せしめる程度にまで事態を悪化せしめる決意と度胸がなければ、日本の農村社会構成及び家族制度と結びついた地主富農の崩壊を図ることが出来ない」との窮乏化革命論に立つ。日本共産党の戦略・戦術はポツダム宣言に依拠して、「日本国内に敗戦を原因として抬頭してゐる反動〔ママ〕的気運のみを利用し、基本的大衆的勢力の掌握に特種な鋭さを示してゐない」、この低調さは「日本共産党の成長の未発達を物語る」と総括している。

『ニッポン日記』と『私の見た共産党』

著名なジャーナリスト、マーク・ゲイン（Mark Gayn）の『ニッポン日記』[*25]も党内状況を伝える。一九四六年一二月八日の開戦記念日にゲインは野坂と志賀を招いている。当時、共産党指導者はGHQをはじめアメリカ関係者としばしば会って情報を交換していたから、こうした招待は特別なことではない。その日の話題には出なかったが、ゲインは共産党内部の対立状況─「老兵」と「新兵」の対立─にふれて、つぎのように記している。現在、「党員の功績はその党員が獄中で過ごした年限で判断されるといった傾向」にあり、老兵主導のもと、「党の中央執行〔ママ〕委員会は選挙による機関ではなく、指名された委員で構成される。そして、現在は全く『老兵』のみで構成されている」。指導的立場の老兵は徳田と野坂だが、獄中生活が長かった徳田と海外から帰国した野坂では対立点も大きく、論争も激しい―。ゲインが大方の「新兵」をどう認識していたかは不明だが、「老兵」に関しては、志賀の調停により徳田と野坂は妥協している、「共産党の分裂」はよもやあるまい、「この三巨頭は団結と規律の価値を知らぬほど運動経験は浅くない」と結んでいる。しかし、党内に鉄の規律が貫徹されていたのではないことがうかがえる。

Ｊ・Ｐ・ネピア（Jack P.Napier）『私の見た共産党』（朝日新聞社訳、朝日新聞社、一九五一年）も見てみよう。ネピアは一九四六年六月から一九五一年六月までＧＨＱ民政局（ＧＳ）課長・総務部長・局次長などを歴任した人物である。[*26] ネピアは党内「派閥」として府中派と蔵前派をあげている。府中派とは徳田・志賀をはじめ府中刑務所に投獄されていた党員および宮本・長谷川浩・伊藤・松本市蔵・袴田らである（徳田家に志賀・西沢・袴田は同居していた）。蔵前派とは神山・細川嘉六・中西ら新橋の蔵前工業会館で会合を開いていたグループである。両派は野坂の帰国と党組織の整備によって解消し、府中派が重要な地位を占め、野坂は徳田の「競争者」ではなく「協力者」となる。[*27] 志賀と宮本について、ネピアは以下のように述べている（七六―七七頁）。

志賀が野坂、徳田と共に日本共産党の三巨頭としての地位を占めていた間は、彼のグループは動的な指導権を持たなかったが、彼が一九四七年四月〔第二三回衆議院議員総選挙〕に議席を失った時、彼は党本部の援助の不足を非難し、不興のまま本部の仕事から手を引き、関西地方における彼の地方的地位を強化せんとした。一九四八年の終りまでに、彼の関西における地位は確実なものとなったので、彼は徳田に挑戦し得ると感じ、彼の言葉によれば「官僚的統制」と言われるものに対する一連の党内における攻撃を開始した。宮本顕治は、志賀が編集長であるアカハタの収入に関して衝突した時を除いては志賀を支持した。

ゲインとネピアはともに、徳田・野坂・志賀を共産党の「三巨頭」と位置づけているが、三者は一枚岩ではないと見ている。ネピアが注目している宮本を加えるならば、徳田・野坂・志賀・宮本の四人によって共産党中央が形成されているという認識であった。

全国各地の対立状況

党内対立は中央に限らなかった。大阪府では一九四七年に党内民主化運動がおこり[*28]、関西全体でも一九四八年に民主的中央集権派の志田重男グループと党内民主主義派の西川彦義グループが対立した[*29]。岡山県では農民運動主導の党活動を粛正する「中国旋風」が吹き荒れた結果、派閥対立が深まり、中国地方委員会への反発も強まった[*30]。福島県でも電産（日本電機産業労働組合）猪苗代分会の闘争をめぐり分会細胞と党中央が対立し、のちの所感派と国際派の分裂に連なる険悪な兆候が見られた[*31]。

一九四九年になると、茨城県では社共合同を解党主義と批判する反対論が政治局によって抑え込まれた[*32]。阪神地区でも地区党会議草案の作成あたって意見が対立し[*33]、三重県では宇治山田市長選挙候補者をめぐり、地区委員会と社共合同推進の党中央・東海地方委員会・県委員会が対立し、地区委員会メンバーが活動停止・除名処分を受けている[*34]。

黙過される内部矛盾

こうした党内対立を抱えながらも、共産党は再建の道を歩むが、それはきわめて危い道であった。後年、『アカハタ』一九五七年一一月五日付に発表された分裂問題に関する総括文書「五〇年問題について」は、こう説明している。

情勢が有利な間は、党は（中略）基本的な欠陥をもちながらも、党勢力は増大の道をたどることができた。だが米日反動勢力の攻撃がつよまり、闘いが困難になった一九四九年以降、戦略の不明確さは党内にさまざまな矛盾を発生させ、平和革命論の再検討の気運もおこり、大衆運動の指導方針をめぐる対立と論争が強まった。

しかし、公然たる党内矛盾の発生は、「一九四九年以降」ではなく、[*35]前述したように一九四七年までさかのぼる。同年夏に党創立二五周年を迎えた際、徳田は戦後の党合法化のなかで戦術は変わらなければならない、世代間ギャップ（「五〇年問題について」は「断層的な差異」と表現）を埋めるために「真の融合と統一」「党内デモクラシー」「自己批判」が求められると訴えた（『アカハタ』一九四七年七月一六日付「党創立廿五周年に際して―党発展のために―」）。政治局も「党内デモクラシー」の重要性を指摘した（『アカハタ』一九四七年八月四日付「新しい人民闘争を前に全党員に訴う」）。さらに、一九四七年一二月の第六回党大会の一般報告と結語要旨で、徳田は「形式主義、理論拘泥主義、ブルジョア的演繹主義」を批判し、「党内デモクラシー」を「ブルジョア的デモクラシー」とはき違えた分派闘争の危機を指摘している。[*36]明らかに「党内デモクラシー」をめぐる争論がおこっていた。

平和革命論の醸成

こうした状況のもと、平和革命論が形成されていく。時代は飛ぶ。コミンフォルム批判後、宮本は『前衛』（宮本が主幹）一九五〇年第四九号（以後、月が不明の場合は号数を記す）に「共産党・労働者情報局の『論評』の積極的意義」（三月五日付）を発表し、つぎのような興味深い記述をしている（七頁）。

一九四七年の夏から年末にかけて、この平和革命論の拡大再生産にたいする批判が、党内でおこなわれた。（中略）しかし、私をふくめ、この批判的闘争は、きわめて不徹底の面をともなった。（中略）根本的に第五回大会の『平和革命宣言』以来の方針が、依然として党の最高決定として、拘束力をもっていて、『平和革命の可能性』そのものを、原則的に批判することが困難な状態にあったからである。もちろん、根本的には、党決定であろうとも、すでに原則的な疑義のもたれはじめたものを、勇敢に内部討論で克服するという相互批判・自己批判の習慣の欠如、理論戦線の全体的弱さが、指摘されなくてはならない。いうまでもなく、『平和革命』論を信じえないで、それを口と筆にすることをさける同志は、次第に多くなりつつあったが。

野坂の帰国直後、一九四六年二月の第五回党大会は平和革命路線を宣言するが、それに対する批判は表面化せず、路線は続く。同時期に発表された椎野悦朗「日本共産党の歩んだ道」(『アカハタ』一九五〇年三月三一日—四月三日付)にも重要な記述がある。[*37] 椎野は主流派に所属し、徳田ら中央委員が追放された後に統制委員会議長から臨時中央指導部(臨中)議長となるが、一九四七年六月の第四回中央委員会総会(五月の第五回拡大中央委員会ヵ)で野坂の平和革命路線が確認され、神山らによって「一層誤った方向に発展した」と述べている。[*39] 宮本の言う「平和革命論の拡大再生産」である。しかし、椎野自身も宮本同様、平和革命論に対する不徹底な批判者であった。[*38]

私は革命が平和的に遂行されうるとは思わなかった。しかしながら、同志野坂の理論は現在の段階では、党が大衆と結合するために非常に役立つものであり、その限りにおいてこれを宣言し、宣伝の武器として運用しなければならないと考えていた。(中略)私は同志野坂の意見は党にとってプラスになるものだと理解したのである。つまり平和革命論は役に立つ宣伝文句・スローガン・プロパガンダであったが、戦略として徹底的に討論されたわけではなかった。椎野に批判された神山は『アカハタ』一九五〇年四月二一日付「事実を事実として」で、つぎのように反論した。

今になって君〔椎野〕は、当時から「革命が平和的に遂行されうるとは思わなかつた」という。それならば君は何故党の正規の機関でその主張をしなかつたのか。(中略)一九四七年夏、革命の平和的発展の時期は終つたと私は政治局に意見を述べている。(中略)私の言動、特に著作物に通じているはずの君は、一九四七年夏以降私が党の決定に制約されながらこうした見解に批判を加えている数々の事実を知つているはずだ。

元来、神山は平和革命の可能性を追求し、議会を「宣伝的舞台」から「真剣勝負の舞台」へ変革させることをめざしたが(『前衛』一九四七年二月号「平和革命の問題によせて」、『アカハタ』一九四七年三月二七日付「平和革命と新しい議会主義＝若い同志たちにおくる手紙＝」）、一九四七年夏を境に平和革命批判に転じた。[*40] つまり、コミンフォルム批判以前、遅くとも一九四七年夏には革命路線をめぐり、党内対立は高まっていたのである。

この時点での徳田の認識も興味深い。一九四七年一〇月の第五回中央委員会総会（『年譜及議事内容』1-0505 によれば、第六回中央委員会総会）における一般報告のなかで、つぎのように述べている。[*41]

ブルジョア形式理論にもとずく、行動をともなわない戦略戦術論、議会主義的平和革命論、民主戦線論、結局は議会においていっさいを解決せんとする社会民主主義への屈服がつねに党の決定に反して一部の人々において党内にまきちらされ、ややもするとこれを中心に分派的な活動とみられるべき傾向が、きわめて薄弱ではあるがおこりつつある（中略）かかる傾向はブルジョアイデオロギーの党内への輸入であり、マルクス・レーニン主義とは何ら縁のないことである。

この時点における徳田の平和革命論批判がうかがえる興味深い主張であろう。その点では期せずして一九五〇年の前掲宮本「共産党・労働者情報局の『論評』の積極的意義」の主張と相通ずる。つまり、一九五〇年一月以前に平和革命論をめぐる軋轢は存在していたのである。しかし、党内に於ける公然たる革命論争を通して、軋轢を解消・解決する方向はとられず、議論は持ち越された。そこにコミンフォルム批判がやってくる（第二章参照）。

敗戦後共産党の自由

党内は対立・矛盾・分裂的様相を抱えていたが、反面それは自由な思考の発散であり、権威的存在を認めない風潮の証しでもあった。文化運動をリードした宮本顕治・百合子に向っても遠慮がない。『世界評論』一九四八年四月号に「座談会　新しい人間の形成とモラルの探求」が載っている。出席者（肩書は原文）は宮本百合子（作家）・宮本顕治（共産党中央委員）・村山幸雄（東大助手）・猿渡文江（産別婦人部長）・福田宏（高校教師）・沖浦和光（東大学生）・島田豊（一高学生）・長谷川勇（国鉄青年部長）・大塚欣蔵（全逓中央委員）・木部達二（故人、三島庶民大学講師）・角圭子（家庭主婦）・戸坂嵐子（東京女子大学生）。[*42] 宮本夫妻が若い教員や学生、家庭の主婦や労働運動家に向って「新しい人間の芽生え」や未来社会の人間像を諭す座談会であり、顕治の独壇場になるはずであった。

しかし、実際は違った。冒頭で百合子は「新しい人間」の基準とは何か、「新しさ」とは何かと問いかけ、顕治はこう切り出す。「新しさの実際の内容はまずなによりも、今の社会の中で理性によって肯定されるものでなければならないと思う。（中略）現在の新しいものと古いもの、肯定的なものと否定的なもの、この二つの流れの中にあって、社会全体の発展方向からみて、肯定される現象、その中における人間、というような理解が必要でしょう」（四―五頁）。なんとも機械的で抽象的な類型論に対して、村山はつぎのように持論を展開している（五頁）。

新しい人間類型を、はっきり理解するためには問題をまず歴史的、社会的にとりあげることが大切だと思います。実は戦争中にすでに、そういう素地ができていて、新しい人間類型は正にそういうものの中で形成されたものだといえます。（中略）今日本の労働運動の中で、一番左にあるといわれる東芝の堀川町工場などには、戦時中からすでにその地盤があった。一方には完全な非合法活動をやって闘っていた日本共産党の人達がいた。しかし、ただこれこそがまさに進歩的なもので、他は暗黒だったというい方は、僕はできないと思う。擬装しながら、しかもつねに進歩的なものを主張していた人達がある。それはインテリゲンチャ、殊に技術者の中にあった。（中略）技術者が戦時中に非常にやりにくい地味な闘争をおし進めていた。この動きの中に「新しい」人間の芽生えが感じられる。特に終戦後は労働者と進歩的な技術者とが一緒になって、工場内の民主化を下から進める場合が多くなってきたが、技術者と労働者との結合・統一という動きの中で、新しい人間像が形成されるのじゃないかと私は思う。

すでに戦時下に「新しい人間」像を芽生えていたという指摘は、重要な問題提起であった。[*43] これには猿渡も同意している。また沖浦（のち社会学者）も「学生における新しい人間の型ということですが、それは学生達が戦時中、文化的不毛の沙漠にあつて、どんなに人間性を歪曲させられていつたか、そして戦後それがどんな方向に恢復されつゝあるかという問題を離れては考えられない」と論ずる（六頁）。島田（のち哲学者）も沖浦とは多少異なる視点からこう述べている（六―七頁）。

戦争が終つてから、一般に学生は啓蒙されるのがきらいです。だから『新しい人間』というような問題にも、おいそれとついてゆけない。なぜならば新しい人間という場合に、非常に理想的な人間という到達目標があつて、その理想型に対し現在の僕達が進んでいくというような意味に取れないこともないから。そういうような方法で人間形成を自分でやろうということはできないし、また無意味なことでしよう。それは戦争中「理想的な軍人」や「理想的な臣民」を謳つたことの裏返えしとしか思われない。だから僕達の傾向としては戦争が終つて新しい時代がきたからといつて何かある理想的なノルム（規範）に自分をあてはめていくということをやらない。

アプレゲールの中でも、陸軍予科士官学校から旧制第一高等学校編入学という〈ゾル（軍人）転〉をした島田ならではの自然な発言であった[*44]。座談会は近代主義の評価からさらにコミュニズムと人間性（の欠如）の問題に移る。顕治はその背景に共産党に対する不信や誤解、個人主義者の不満があるのではないかと説明し、「多数の討論と討議でまとめられた方向、それが本当に民主主義的になされた結論ならば、そこに正しい方向がある」と述べているが、これには角が反論している（一七頁）。

共産党自身も反省すべき点があるのじやないかと思います。それは私達自身が天皇に盲従するドレイ根性が本当に克服されていないために、共産党内部でも幹部に対して無批判的に盲従し、また幹部も制圧的になるという場合も少くない。党幹部になることが立身出世だと思つている人もある。

角は党への不信・不満は一概に「インテリの誤解」とは言えない、党内における自由、民主主義が必要なのではないかと述べ、党内の議論が〈本当に〉民主主義的プロセスを踏まえているのかと疑問を呈した。顕治の反論は要を得ない。インテリが真に自由になるためには「権力の結集」が不可欠だと述べて、「機関の決定を幹部が徹底させるために努力することは当然なので、多数の意志を実行に移すための義務である。もし、これを専制と盲従とみるならば、前衛党の民主主義にたつ統一的指導の意義を理解しないことになる」「見当違いの批判」である、と組織原理としての民主集中制を主張した。しかし、問題は〈本当に〉民主主義的に〈多数の意志〉が形成されたのか、〈専制と盲従〉の結果ではない、と果して言い切れるのかという点にあった。

座談会の論点は多岐にわたり興味深いが、これ以上立ち入らない。重要な点は、党内外からの参加者が世代間の違いもふまえながら、「新しい人間」をめぐり自由闊達な議論をしていたということである。「新しい人間」像をめぐる議論は、共産党の戦時体制観・戦争観への批判にも連なり、さらに続くことになる。

第3節　コミンフォルムと日本共産党

コミンフォルムの結成

「コミンフォルム批判」の震源地、コミンフォルム＝共産党・労働者党情報局は、一九四七年九月にソ連・ポーランド・チェコスロヴァキア・ハンガリー・ユーゴスラヴィア・ブルガリア・ルーマニア・フランス・イタリアの欧州九か国の共産党によって「経験の交換及び必要の場合相互の合意による各国共産党活動の調整」のために設立され、一九五六年四月まで存続した。[*45] 本部は当初ユーゴスラヴィアの首都ベオグラードに置かれたが、一九四八年六月の第二回会議でユーゴ共産党が「民族主義的偏向」により除名されたため、ルーマニアの首都ブカレストに移された。

コミンフォルム結成はコミンテルンの再建・復活と報じられたが（『読売新聞』一九四七年一〇月七日付（特記し

ない限り、東京版朝刊）「「国際共産党」再建か」・同八日付社説「コミンテルンの復活」、『朝日新聞』同七日付「国際共産党再建の波紋」・同八日付「左翼大衆党の樹立へ」、『毎日新聞』同七日付「国際共産党再建」）、間もなくそれを否定するスターリン談話が入ってきた（『読売新聞』同二五日付「国際共産党の復活に非ず」、『朝日新聞』同日付「コミンテルン復活にあらず」）。また極東コミンフォルム結成のニュースも流れた（『朝日新聞』一九四七年一一月一九日付「極東コミンフォルム設立説」、同一九四八年一月四日「極東共産党の必要力説　毛沢東主席」）。果たしてコミンフォルムはコミンテルンの再来だったのか、そうではなかったのか。再来に決まっている、という単純な話ではない。当初相反する二つの見解が存在していたことに留意したい。ソ連のジダーノフは設立時の基調報告「国際情勢について」において、つぎのように演説している（『コミンフォルム重要文献集』七〇頁）。

若干の同志は、コミンテルンの解散は兄弟関係にある各共産党間の一切の連絡、一切の関係の解消を意味するものであると理解した。しかし各国共産党間のこの種の分離は正しくなく、有害であり、事の本質よりして不自然であることを示した。共産主義運動は国民的枠の中で発展しているが、同時に各国々の党にとつて共通した任務と利害を持つている。（中略）各党の協議と自由意志による行動の調整におけるこの必要性は、分離を続けて行くことが相互理解を弱め、時として重大な誤謬をもたらすかも知れない現在特に熟して来た。

いわばコミンテルン再建・復活説である。ジダーノフ報告は一九五〇年のコミンフォルム批判の際にも重要な意味を持ってくるので、忘れないでおこう。ともあれ、これは独りコミンフォルム加盟党のみならず、旧コミンテルン加盟党すべてに向けられた言葉だった。コミンフォルム批判の種はすでに蒔かれていたといえる。しかし、コミンフォルム結成を伝えるソ連共産党機関紙『プラウダ』一九四七年一〇月一〇日付社説「帝国主義に反対し、平和と民主主義の擁護のために！」（同前一五六頁）には、真逆なことが書かれている。

共産インターナショナル〔コミンテルン〕の解散以来このかた各国共産党は著しく成長し、強固となり、大衆の中における勢力を強めた。かくて共産インターナショナルの解散は無益に終らず、労働運動の発展に積極的役割を演じた。共産党があたかも自国民の利益のためでなく、外国からの命令に基いて行動しているかの如く伝える共産主義の敵の非ぼうには終止符が打たれ、自立した共産党の組織的強化は顕著となった。共産インターナショナルは労働階級指導者の養成に積極的役割を演じ、既に国際労働運動発展史における遠き過去の段階になつてしまつた。今日共産インターナショナルへ復帰することは前進でなく、退歩を意味するであろう。

ジダーノフ報告とは対照的なコミンテルン否定・消滅説である。こうした二面的な報道がさまざまな憶測を呼び起こした。では日本共産党はコミンフォルムをどう見ていただろうか。

コミンフォルム無縁論

コミンフォルム結成を非加盟の日本共産党は『アカハタ』一九四七年一〇月八日付で事実関係だけを報じたが、『読売新聞』同日付「日本共産党とは無関係」に野坂談話（七日発表）が載る。野坂は党の正式見解ではないと断ったうえで、コミンフォルムは「ヨーロッパ各国に共通する目前の重大問題処理のためにヨーロッパの共産党が共同戦線をつくったのであつて、これは国際共産党の再建ということはできない、このヨーロッパの問題についてはわが日本共産党と無関係であると共に今後も関係をもたないであろう、日本共産党は、日本人民の解放をめざす日本人民の政党である、日本の問題は他国の共産党の指導や援助なしにわれわれの力によつて立派に処理し解決することが出来る」と述べた。

コミンフォルム加盟党でなかったので当然の見解だろうが、野坂は一九四六年の帰国以降、ソ連への内通を開始したとされているから、[*46]どこまで信用できるかという問題はある。また後述の極東コミンフォルム問題を考えると、日本共産党がコミンフォルムと全く無関係であったとも言い切れないが、野坂談話は翌九日付『アカハタ』に転載（「欧州だけの問題　共産党の新機関―野坂氏談」）され、一日にして党の正式見解になった。

その後開催された第六回中央委員会総会は戦略戦術問題における「民族的立場」を重視し（『アカハタ』一九四七年一〇月一六日付「全党の固き統一―民族的人民攻勢の先頭に―」）、外務省調査局長の国会答弁さえ引用して、コミンフォルムとの関係を否定している（同一〇月一九日付「プラウダの論説」）。一般紙はコミンフォルム＝コミンテルン再建・復活論をもとに戦前コミンテルンの影を前景化したが、共産党は〈自主独立性〉を訴えた。

たとえば、『アカハタ』一九四七年一二月四・五日付「欧州情報局と日本共産党（上・下）」は、戦前共産党指導者で獄中転向した鍋山貞親が語るところのコミンフォルム・日本共産党「密接不可分の関係」説を批判して、「われわれの方針は日本の具体的な条件に応じて作製せられるものであつて、何ら国際的組織と関連をもつているものではない。またかかる方針は国際的機関と関連をもつて決定せられるべき性質のものでもない。だからわが党を弾圧するために欧州情報局をもち出し、それによつて国際的力をもつてわが党を窮地におとしいれることをちよう発しているのである。こういう悪らつな手段をとるところに資本家の手先としての裏切者の本性が存在する」と論じている。

こうした無関係性ゆえだったのだろうか、一九四七年一二月二一―二四日の第六回党大会はコミンフォルム結成についてまったく言及せず、翌四八年の各中央委員会もふれなかった。これはのちに「所感派」と呼ばれる主流派に限らない。志賀義雄は戦後早々「われわれはモスクワとは何らの関係ももたない」と宣言していたが（『アカハタ』一九四五年一一月七日付「民主主義日本と天皇制」）、コミンフォルムに関しても、コミンテルン復活論は「進歩でなく後退」と否定し、コミンフォルム結成をもって国際共産主義運動の「一国革命の段階から、人民民主主義の世界的な単一政権の新段階」への移行ととらえるのは「発展の不均等性の法則を無視したひとりよがり」の見解だと論じた（『アカハタ』一九四八年一月二七日付「『共産党宣言』百年記念のために④」）。

ソ連に対する自主独立路線が、中央レベルのみならず地域レベルでも確認されていたことを、黒川伊織は一九四八年の栃木県茂木細胞新聞から指摘している。[*47] とりいそぎ、コミンフォルム創立期における日本共産党の〈自主独立性〉

を確認しておきたい。

コミンフォルム論の変化

ところが、コミンフォルム無縁論は半年後に変化し始める。一九四八年六月にコミンフォルムからユーゴスラヴィア共産党が追放されたからである。『アカハタ』一九四八年七月三〇日付「暗い大会の空気　ユーゴ共産党大会」は、同月のユーゴ党大会に関する解説記事だが、コミンフォルム寄りの立場からユーゴ党を批判している。とくに「情報局の批判の内容に不満があれば釈明するのが当然だが、外国の共産主義者の同志的批判にたいして、これに感謝し自ら反省して自己批判することなく頭から否定してかかるのは共産主義者の態度ではない」との一節に注目しよう。ユーゴ党は「外国の共産主義者の同志的批判」を真摯に聞くべきだという共産党の叱責は、一年半後にブーメランとなって舞い戻ってくる。

記事を書いた「T記者」（国際部長の武井武夫？）の筆致はコミンフォルム無縁論とはかなり違う。とはいえ、自主独立路線からプロレタリア国際主義へ単純にシフトしたわけでもない。翌三一日付主張「ユーゴ共産党大会に寄せて」によれば、中心課題はプロレタリア階級・共産党の位置づけであった。すなわち、ユーゴ党の誤謬は「人民民主主義革命におけるプロレタリア階級の指導権の確立という問題を見失い、革命を足踏みさせ」たことにあり、延いては「人民戦線の中に党を解消する」誤り、前衛党否定論にあった。この認識は日本共産党のコミンフォルム傾斜を意味しない。つぎのような当然の見解であった。「東欧の人民民主主義は革命運動の新しい発展の姿ではあるが、あたかもどこにも共通する革命の新らしい型の如く機械的、現象的に定式化すればそれは各国の革命の特殊的な諸条件をまつ殺し、各国における労働者階級の具体的な諸任務を抽象する誤謬に陥り、延いて人民戦線の中に党を解消するユーゴ共産党の誤謬と相似た偏向を犯すものとなろう」。

すなわち、各国独自の人民民主義革命モデルを機械的図式的に他国に応用するのは誤謬だという指摘であり、自主独立路線としての人民民主主義の再確認であった。

予言されたコミンフォルム批判

コミンフォルム結成が提起した問題は、インターナショナリズムとナショナリズムの関係性であった。『アカハタ』一九四八年六月三日付の神山「民族と共産党―読売紙の社説に答う―」は、『読売新聞』五月二二日付社説「共産党の民主民族戦線」への批判だが、「共産主義は、世界の情勢の変化、時代と各国がらに応じて、そのあらわれ方は異るべきなのだ。したがってその国際的内容が、民族的形式をとってこそ共産主義の正しい姿といえるのである」と自主独立の原則的立場を表明している。『アカハタ』八月四日付の中山耕太郎（評論家岩村三千夫の筆名）「民族主義と国際主義」も注目に値する。中山はこう述べる。「進歩から反動に転ずることを欲しないすべての民族主義者は、何よりも国際主義に徹底し、そのなかに民族の利益をのばさなければならない。これがユーゴ問題の示す一つの教訓である。したがって、今日われわれが民族主義者と共同するばあいに、現段階では民族主義が国際主義にとけこまないかぎりは、民族主義でもありえない」。両者の関係をどうとらえるかという問題は、さらに続く。[*48]

ユーゴ党問題に関して、一九四八年八月の第一二回中央委員会総会も「ユーゴスラヴィア共産党問題についての決議」をあげ、『アカハタ』九月三日付が「情報局決議は正当　わが党にも大きな教訓」の見出しで報じている。のちのコミンフォルム批判との関連で注視したいのは、人民民主主義段階でも階級闘争は存続し、党内闘争を進めなければならないにもかかわらず、ユーゴ党の「ブルジョア・民族主義者」は「相互批判をゆるさず自己批判をおこたって、不可避的に官僚主義におちい」ったと述べている点である。「決議」は「今日なお（日本共産）党内には日和見主義がのこっている。戦後急に増大した党員を革命的に訓練し、マルクス主義＝レーニン主義を獲得するためにはこの問題の真実が至急日本の党内で徹底されなければならない。たゞこゝに日本共産党がチトーらにあたえる最良の解答がある」と宣言した。革命運動にとって、党内闘争は不可欠不可避とされた。

ユーゴ党問題以後、日本共産党は従来の「素朴実践主義」からスターリン理論重視、スターリン崇拝に転じたという指摘がある。[*49]原則的にモスクワ・コミンフォルムを相対化していた志賀も動揺し始め、『前衛』一九四八年第三一号に寄せた「ユーゴ共産党の問題について」の中で、「各国の共産党は、もはや一つの中心から、世界にわたって指導することがむずかしくなってきた。弁証法はじつに共産インタナショナルの発展過程をもつらぬくもの」であるとソ連主導の国際共産主義運動を相対化しつつも、「共産党がこれほど発展したあたらしい段階には、またあたらしい形式で各国の党をむすびつける必然性がうまれてくる」「相互に情報と経験とをとりかわし、国際的に共通な利害関係にしたがって行動するために、結合することはぜひとも必要」であるとコミンフォルム結成を正当化した。

日本共産党にとってユーゴ党問題は対岸の火事ではなく、自らの組織問題・党内闘争に跳ね返ってくる契機であり、来るべきコミンフォルム批判を予想させるものであった。そうした近未来を暗示していたのが、社会党機関紙『社会新聞』一九四八年九月一五日付「東欧に粛清の嵐」である。ヴワディスワフ・ゴムウカ（ゴムルカ）が右翼民族主義者として粛清されたポーランド労働者党や、民族主義的偏向を理由にコミンフォルムを破門されたユーゴ党に言及して、「偏狭な民族主義の払拭とプロレタリア国際主義への前進」が見られると述べて、つぎのような極めて興味深い予測をしている。

いまや民族主義の排除をめぐる共産党の粛清問題は東欧の将来を決定する国際問題たるを失わず、またアジア、ことに日本共産党にとつても決して遠いできごとではない、ユーゴー共産党に対するコミンフオルム決議を支持する声明を発して直ちに「国際主義的」態度を明かにし、いわゆる「民主民族戦線」にも微妙な修正を加えたあたり、クレムリン―コミンフオルムに対する感度は決してにぶいものではないが「民族」を乱発する日本共産党ははたしてこの一連の粛清事件の本質にどの程度までの自己批判のメスを下しているか。来るべきコミンフォルム批判の〈予言〉に聞こえはしないだろうか。

極東コミンフォルム論

一九四七年のコミンフォルム結成直後にアジア版コミンフォルム＝極東コミンフォルム結成のニュースが流れる。極東コミンフォルムについては、拙著『「社共合同」の時代』もふれたが、先行研究として、一九四七—四八年成立・不成立説の竹前栄治『戦後労働改革 ＧＨＱ労働政策史』（東京大学出版会、一九八二年）、荒木義修『占領期における共産主義運動』（芦書房、一九九三年、増補版・一九九四年）、柴山太『日本再軍備への道—一九四五～一九五四年—』（ミネルヴァ書房、二〇一〇年）、および一九四九—五〇年成立・不成立説の五十嵐武士『対日講和と冷戦—戦後日米関係の形成—』（東京大学出版会、一九八六年）、和田春樹『朝鮮戦争全史』（岩波書店、二〇〇二年）がある。

数年間にわたる極東コミンフォルム問題に関して、下斗米伸夫は『アジア冷戦史』（中公新書、二〇〇四年）で、極東コミンフォルムは「朝鮮戦争によって設置されなかった」と述べていたが（五一頁）、前掲『日本冷戦史』はソ連側史料に基づき、①一九四八年秋に中ソ間で東方コミンフォルムの形成問題が協議されている、②一九四九年時点で毛沢東は消極的であったが、ソ連側から「中国共産党を中心とする東アジア共産党ビューロー」構想が出され、中ソ間で合意する、③これはアジアにおける中ソ間のパワー・シェアリングを意味し、ソ連共産党は「チトー化」の危険を一程度冒しても中国共産党に自主性と権限を認めた、と指摘している（一四一—一四九頁）。一九四九年から五〇年にかけたスターリン・毛沢東会談（その結果、中ソ友好同盟相互援助条約が締結）以降の極東コミンフォルムの行方は不明としつつも、一九五一年五月に日本共産党綱領をめぐってもたれたスターリンと中共ソ連代表兼大使王稼祥の対談で、スターリンから「中国を中心としたアジア社会主義国家連盟」構想が出されたことは、一九四九年の「東方コミンフォルム」の再提案だったのではないかと述べている（二三九頁）。

近年の研究では、福家崇洋も、一九四九年一月の毛沢東とソ連副首相ミコヤンの会談で「アジア版コミンフォルム」「東アジア情報局」が提案され、四月に毛沢東・周恩来と北朝鮮指導者との間で「東方コミンフォルム」について議論されたとするが[*50]、松村史紀は一連の論稿で毛・ミコヤン会談をとりあげ、「革命の分業論」に着目しているが、毛沢東は極東コミンフォルム結成には消極的であったと指摘している[*51]。

中朝関係の中で極東コミンフォルムを見ているのが、朱建栄『毛沢東の朝鮮戦争　中国が鴨緑江を渡るまで』（〈岩波現代文庫〉岩波書店、二〇〇四年、原著は岩波書店、一九九一年）である。それによると、毛沢東が訪ソ中の一九五〇年一月一七日、ピョンヤンで催された李周淵大使北京赴任送別宴会の席上、金日成はソ連外交官に向って、大要つぎのようなことを述べた。金は一九四九年春の訪ソ時、武力による朝鮮全土解放を提起したが、スターリンから否定された。しかし、朝鮮全土解放は急がなければならない。スターリンを再訪問して南への攻撃の指示と許可を得たいが、それが無理ならば、毛がモスクワから帰国した後、彼と会うつもりだ。毛沢東は中国内戦終了後、朝鮮の軍事行動を援助すると約束してくれた。さらに「コミンフォルム東方情報局の創設の可能性」についても話したい、と（五一頁）。金日成主導の極東コミンフォルム構想が見え隠れしている[*52]。なお、紀勇振によれば、この時期の中国共産党中央東北局は、『東北日報』などの機関紙や座談会や民衆大会などの形式で、コミンフォルム結成の重大な意義を宣伝しているが、極東コミンフォルムを論じた動きはなかったという[*53]。

極東コミンフォルムの影は一九四七年暮から一九五〇年初頭まで伸びている。ソ連共産党が中国共産党に東アジア革命のセンター機能を期待していたことは明らかだろう。『アカハタ』一九四七年一二月六日付「極東共産党情報局はできたか」は、極東共産党情報局設立は噂に過ぎないと一蹴し、「日本共産党は何の関係もない、「日本共産党は日本人民の解放と民族の独立をめざす政党であり、日本の革命は他国の指導や援助なしにわれわれ自身の手でやつてゆける確信がある」ことは伊藤〔律〕中央委員が指てきした通りであつて、日本をふくめた極東各国共産党の共同機関をつくる必要は今みとめられない」「「極東コミンフォルム」などと名ずけて、何か共産党の国際的組織が復活するかのような印象を与えつつある企てをふんさいするためにも、日本の革命はわれわれ自身の手でやつてゆける確信にもとずく党活動と正しい情勢の説得が必要である」と主張している。コミンフォルム結成に対するコメントと同様、自主独立路線の強調・確認であった。『朝日新聞』一二月二日付には極東コミンフォルム設立を「信じ難い」とする伊藤のコメントが載る。

しかし、GHQ文書から一九五〇年に入って日本共産党が極東コミンフォルムに参加している節も見えることから、[*54]一九四九年まで日本共産党は極東コミンフォルムを自主独立の立場から拒絶していたものの、一九五〇年以降対応を変化させていったと思われる。日本共産党とコミンフォルムの関係は未解明な部分が多いが、重要なことは、共産党がコミンフォルム批判以前に〈自主独立路線〉を強力に主張していたことである。

第二章　批判（コミンフォルム批判）

「何だ、裏切りとは誰のいうことか。十八年間外国に亡命していた野坂氏こそ、われわれの裏切り者じゃないか。（中略）平和革命が必ず来るといつて選挙民を釣つた理論は、誰が考え出したんだい。それが、コミンフォルムに叱られると、人民には、何の挨拶もせず、主人に叱られた飼犬みたいに、尾をふつて哀れみを乞つているじゃないか。一体、主人は誰だ。人民かコミンフォルムか……」（長谷健『静かなる怒濤』三笠書房、一九五六年、一〇一頁）

第1節　平和革命・民族独立・自主防衛

第二四回総選挙の勝利と党内対立

一九四九年一月の第二四回衆議院議員総選挙で日本共産党は約三〇〇万票を獲得し、議席数は前回一九四七年に行なわれた第二三回総選挙の四から三五に激増した。[*1] この勝利は共産党にとって、二つの意味で重要な出来事だった。第一は選挙闘争に過度の自信を抱くようになったことであり、第二は選挙勝利によって、平和革命論＝占領下革命論[*2]が国民的支持を得たと思いこんだことである。

一点目について見ていこう。非合法時代が長かった共産党は、本来選挙闘争が苦手だった。総選挙直前に発行された山辺健太郎編『党生活』（徳田球一序文、日本労農通信社、一九四八年）は、「わが党は、合法的な活動はやつと三年の経験をもつにすぎないので、選挙運動などは最も不得手なものの一つである」と記している（八〇頁）。選挙後、

『前衛』一九四九年第三六号は「座談会　総選挙斗争の経験と教訓」を掲載しているが、冒頭で選挙対策部長神山利夫（神山茂夫の弟、一九五四年除名）は、一九四八年一〇月の教育委員選挙（同年七月一五日教育委員会法成立）失敗を自己批判して全党が奮起した結果、総選挙の躍進が生まれたと述べている（三頁）。統制委員・九州派遣の椎野悦朗は、同年暮は九州で大規模ストが続いていたため、「選挙によつて政権に近ずくというスト以上のものと斗わなければならないという筋金」を入れる必要があったと語り（四頁）、全国オルグ・四国派遣の塚田大願も、「十月、十一月までは選挙にたいして本当に確信がなかった」が、社共合同運動により党機関が自信を持ち始めたと吐露している（六頁）。中央委員候補・東北地方委員会議長の保坂浩明[*3]も、東北地方は極度の窮乏状況にあり、「党組織が崩壊状態（中略）党員の脱党がどんどんでるという状態の中に選挙がはじまつたので、党員は全然自信がなかつた」が、社共合同運動で「革命化」が進んだとふりかえっている（七頁）。総選挙前の党勢は厳しく、それを一挙に打破するため社共合同が推進されたという総括である。

司会は中央委員・政治局員・統制委員会議長の宮本顕治がつとめた。宮本は前年一九四八年一二月二六日の高松市の社共合同大会においてつぎのような挨拶をしている（『アカハタ』一九四八年一二月三〇日付「人民革命の勝利へ香川　感激の共社合同大会」）。

▽…いま日本で三つの審判が行われている、一は戦犯であり、二は国会解散に現れた腐敗政府にたいする国民の審判であり、三は共社合同に現われてきた無産政党に対する人民大衆の審判である、くさつた政党に対する大衆の憤激、不満こそ共社合同の基盤である（中略）▽…今度の選挙戦を通じ、この共社の結合と斗争を通じ保守陣営のタライ回しに一撃をクラわせねばならぬ、われらは既に十万の党で百万の票をカク得してきた、百万の党となり一千万の票を獲得すれば政権につき得る、われわれは大衆の生活のなかゝら真理をつかみわれわれの旗を掲げてさらにさらに革命的同志を糾合しつゝ、確信をもつて最後の勝利へ向わねばならぬ

宮本の算段からすると、共産党は政権獲得まで三割（一〇〇〇万票分の三〇〇万票を獲得）の地点に到達したことになる。しかし、宮本の社共合同に対する高評価はいささか怪しい。というのも、五〇年分裂時、宮本は全国統一委員会に所属するが、統一委員会は社共合同路線を批判していたからである。分裂以前に宮本の社共合同論は疑われた。

文化人をめぐる論争

一九四九年から五〇年にかけて『前衛』誌上で統一戦線と文化人をめぐる議論がおこる。青山敏夫（党文化部、映画評論家）と宮本の対立であった。青山は一九四九年第三四号「文化工作隊について」で党の文化政策として「文化工作」を位置づけ、「大衆の中で文化工作ということは、決して、大衆的に一方的に、文化をあたえているだけではなく、大衆から学び、吸収し、その中から、新らしい文化をきずき上げてゆくことである」と論じた。「文化工作主義」と呼ばれた視点である。これに対して、宮本が第三九号「統一戦線とインテリゲンチャ」、第四二号「芸術運動と党員芸術家の課題―党員芸術家会議における発言（要旨）―」で批判し、青山は第四四号「知識人の統一戦線の問題―その基本点について―」で反論し、宮本が一九五〇年第四七号「民主民族戦線の一翼として―統一戦線とインテリゲンチャ問題をめぐって同志青山に答う―」で再批判した。この間の一九四九年第四〇号の徳田「闘争の新しい段階と党員芸術家の任務―党員芸術家会議の書記長報告（要旨）」も重要である。

前後するが、『世界評論』一九四九年三月号の青山「共産党と文化人」は、総選挙の勝因に社共合同と文化人の大量入党をあげ、つぎのように総括している（六七―六八頁）。

もし、（中略）社共合同の大波が押し寄せていなかつたなら、多くの文化人の党への結集は考えることはできなかつた。（中略）何より社共合同の実現は、プロレタリアートを先頭とする大衆の革命化が、その根底であつたことは否定できない。しかし、同時に、この大衆を前にして共産党が、率直に披瀝した自己批判が、この革命化の果実をみのらせたのである。（中略）われわれ党文化人の陣営の中で、今日、この自己批判が痛烈におこなわれているだろうか。かつてのプロレタリア文化運動の業績への正当な誇りが、いつか自惚れとなつていなかつたといえるだろうか。

青山の党文化人批判は手厳しく、「新文化の創造のいとなみは、価値の転倒を前提としておこなわれる（中略）現実的な奇蹟を生む努力を忘れてこれまでの常識の発展のなかで、党の進歩的といわれる文化人が、一定のワクをはめた考えからぬけきれないところに、今日までの新しい文化・芸術の貧困の一因がある」（六八頁）とまで言い放っている。青山の社共合同評価と党文化人批判が、上記の宮本との論争に向った。

後年、『真相』一九五六年九月号臨時増刊共産党特集「スターリン批判と徳球　志田重男はなぜ消えたか？」所収の「スターリン批判と徳球　ベリヤをつとめた伊藤律」は、一九四九年一二月二九日に党本部隣の喫茶店で青山と宮本の芸術論の調整を口実にした集まりがあり、徳田を先頭に宮本に自己批判を求める発言が相次いだと記している。[*4] 宮本擁護の発言もあったが、まるで共産党文化部と新日本文学会の対決の場であった。[*5]

平和革命論と「九月革命説」

つぎに第二点目の選挙勝利後の平和革命論の動きをたどってみよう。二月五・六日の第一四回拡大中央委員会で、野坂は「革命の条件は成熟しつつある」と唱えた（『アカハタ』一九四九年二月九日付「新国会対策に関する報告」）。根拠として、①資本主義体制の全面的崩壊、②革命勢力の世界的躍進、中国革命の勝利、③総選挙における共産党の躍進をあげ、「政権の問題が今日ほどわれわれの身近かに来ていることはなかつた」と論じ、国会は宣伝煽動機関ではなく、「政権獲得闘争のためにもっとも重要な位置の一つ」と定めた。

知られているように、野坂はすでに一九四七年一二月の第六回党大会で「革命の性質についての報告と結語の概要並に本問題についての大会決議[*6]」を報告し、「平和的方法による革命」論をつぎのように説明していた（四六頁）。
一部にはレーニン、スターリンも考えなかった新しい革命の型があるという見解がある。これは社会民主主義的見解で革命にとつてきわめて危険である。平和革命という一つの新型の革命があるのではなく、革命の平和的発展の可能性があるということで、それは一個の戦術にしかすぎないのであつて、客観的主観的条件が変化すれば、これもまた変化するのである。
つまり「平和革命」という型・戦略ではなく、「革命の平和的発展の可能性」という戦術が、総選挙勝利という「客観的主観的条件の変化」によって成熟したというのである。しかし、公然たる政治活動の保障とひきかえに構成員（党員）名簿の提出を求める団体等規正令（団規令、四月四日施行）に応じ、レッドパージを招くことになる。[*7]
徳田も『アカハタ』一九四九年四月一〇日付「日本における民主主義のための闘争」（『恒久平和と人民民主主義のために』同六月一日号に転載）で、「民自党の支配力は、近い将来において瓦解しなければならなくなるであろう。人民民主々義の勝利は近ずいて来た」と展望を語った。まったくの希望的観測である。第二〇回メーデーに向けて、「どうしても吉田民自党内閣を打倒して、人民々主々義革命に一時期を画さなければならない」と宣言し（『アカハタ』一九四九年五月一日付徳田球一「民族独立のために」）、メーデー当日も中央集会で、「わが党は九月までに吉田内閣をぶつたおすために大運動を展開している」と訴えた（同五月二日付「九月までに打倒　全人民とともに統一戦線を結成　徳田書記長熱弁をふるう」）。徳田演説は各地に広がり、[*8]その後も九月革命説は力説され続けた。[*9]
九月革命説は現場の細胞に広がった。五月、東芝鶴見工場労働組合に党から組合長を鶴見地区委員長に転任させたい旨の申し入れがあった。労組は人員整理反対闘争の準備中であり、また初の党員組合長を党機関に派遣することに反対したが、説明に来た党指導者は、「いまや革命の段階である。鶴見工場労働組合の整理反対闘争がどうのこうのという段階ではない。どうしてもこの組合で寺崎同志〔組合長〕を必要とするなら、革命が終った段階で再検討する」

と宣言したという。[*10] 九月革命は完全にスケジュールに入っていた。

『アカハタ』一九四九年六月五日付主張「情勢の評価と革命的立場」も、「革命の高揚期」ととらえ、「あらゆる危機への防衛戦線の結成、民自党内閣の大衆の間におけるバクロと信頼の失墜にともなう共産党の飛躍的発展、各地における三党〔共産・社会・労農〕合同等は、中国革命の勝利とともに、日本における民主人民政府を近ずけている」と論じている。[*11] 六月一八・一九日の第一五回拡大中央委員会で、徳田は「民自党吉田内閣を、九月までには倒さなければならない」と檄を飛ばし、野坂も「吉田内閣を倒せば、われわれが政権をとるのだ、それは共産党、労農党、社会党その他の民主的勢力、さらに労働組合、農民組織、その他の大衆団体の代表によつてつくられる人民政府である」と政権構想を明らかにした（『アカハタ』一九四九年六月二二日付「第十五回拡大中央委員会の報告と結語」）。

一五拡中委の革命構想は多くの中央委員にとって驚きだったが、[*12] 強く同調するものも存在した。志賀はオルグ先の北海道で「共産党の内閣九月打倒説は空念仏や根拠のない希望的観測ではない」と説き（『北海新報』一九四九年七月七日付「志賀義雄氏にきく　吉田内閣のはたん　人民の勝利近し　九月打倒に総力を結集」）、商業誌で徳田を天才と持ち上げた（『文藝春秋』一九四九年七月号「天才的オルグ」）。またこの頃、ソ連引揚者の大量入党も見られたが、引揚者を迎えて、伊藤は「諸君らはよい時に帰つてきた、なぜならば九月までに売国吉田内閣を打倒するからだ」と述べ、徳田も吉田内閣を「九月までに打倒しなければならぬ、諸君はあわてず急いでやつてもらいたい」と発破をかけている（『アカハタ』一九四九年七月三日付「ようこそ解放の戦士　歓呼の嵐あびて東京入り」）。

「九月革命説」の変貌

こうしたなか、国鉄の三大フレームアップが起った。七月五日の下山事件、同一五日の三鷹事件、八月一七日の松川事件である。同一八日に国労の鈴木市蔵副委員長以下共産党系一四名に免職処分が下され、九月革命説は急速に

「九月暴力革命説」と化す。

強まる弾圧に抗して、共産党は反撃に出る。七月一六日に広島市で開かれた政治戦線統一懇談会に出席した徳田は、つぎのような注目すべき発言をしている。「今や情勢は民自党か共産党かの段階にきている。それは吉田内閣に反対するすべての人民が一大統一へ向いつつある証こだ、しかしわれわれはこれをもつて共産党を拡大するという利己心は一片ももつていない、われわれはより大きな統一、社会党も労農党も含めて統一を企図しているのである、もしその場合その党が直にマルクス・レーニン主義に立脚した人民解放の党であるならば、共産党の名前をコシツするものでない、これは東欧諸国、北朝鮮にもみられている」(『アカハタ』一九四九年七月一九日付「広島でも政治戦線統一進む」)。党名変更も辞さない柔軟で大胆な提起であり、社共合同路線をさらに拡大し、海外のように統一革命党結成をめざす発言であった。ところが、八月に入り情況は徐々に変わる。

八月二一日の第一六回中央委員会総会でも野坂は、「わが国の革命条件は、日に成熟しつ、ある」と論じたが(『アカハタ』一九四九年八月二三日付主張「第十六回中央委員会総会は決定の実践を要求した」、同二四日付「第十六回中央委員会総会の報告と結語」)、九月革命の具体的方針はなに一つ語らなかった。九月二一日に中国人民政治協商会議が新体制を決め、一〇月一日に中華人民共和国の建国が宣言される。『アカハタ』九月二三日付は一面トップで共和国成立を報じ、主張「中華大革命の勝利に際して」と野坂「社会主義の勝利」を掲載した。野坂は「中国におこつたようなことが日本の中におころうとしている」と述べた。中国革命の勝利を受けて、中国生活が長かった野坂は鼻高々だったはずである。

消えゆく「九月革命説」

国際情勢は日本共産党に有利であった。しかし、「九月革命」は急速に手放される。野坂は『前衛』一九四九年第四二号「基本的な仕事をやれ」において、「革命の条件は存在するが、しかし、この条件はまだ、成熟してはいない」、いまは革命を準備する段階であり、政権奪取の段階には至ってない、と当面革命は困難であることを明らかにした。中国革命の成功を見ながらも、〈日本革命未だし〉の判断をしたのは、宮本も同様だった。宮本は『世界評論』一九四九年一〇月号特集「日本共産党総批判と反批判」の「独裁と暴力について―デマゴギー・挑発製造者への批判―」でつぎのように述べている（六三頁）。

七月二十二日の統制委員会の決定は「彼ら〔民自党〕は九月暴力革命などの、デマゴギーを流布し、党機関の不法捜査などでデマゴギーの種をねつ造し、非常宣言の発事態布、党の破壊にまでもつてゆこうとするねらいをもつてゐる」とデマゴギーの根拠をばくろしている。（『アカハタ』七月二十三日）八月二十七日中央委員会と統制委員会の共同声明も「九月暴力革命説も民自党がふるまくデマゴギーであつて、もしもこれに影響されて党内にあせりとうわずつた気分が出るなら、それこそ、やすやすと反共陰謀の餌食となるであろう」と、支配階級の挑発にのるなと警告している。

文中に二つの『アカハタ』記事があがっているが、前者は七月二三日付統制委員会「挑発と破壊工作から党と大衆団体を守れ」（七月二二日発表）、後者は八月三〇日付中央委員会・統制委員会「三鷹事件に関して労働者および人民諸君に訴う」（八月二七日発表）である。ともに「九月暴力革命説」を否定している。しかし、「革命」を諦念していたわけではない。「革命にたいする日本人の希望は冷却させられるものではない」、「人民民主主義革命の条件を現実的可能性に成熟させるための最大の要因は、革命のために主観的条件を飛躍的に成長させることである」（六五頁）と述べている。

おそらく宮本「独裁と暴力について」の認識が、この時期の情勢にもっとも適応した判断だっただろう。『世界評論』同号の野坂「共産党批判にこたう　一問一答」になると、「九月暴力革命説」どころか「九月革命説」それ自体が否定されることになる（八五頁）。

われわれはできるだけ早く日本に人民政府ができることを要望し、そのために全力をあげている。しかしこのような政府は第一次吉田内閣から片山内閣、次いで芦田内閣といつたようには、簡単にできるものではない。一個の革命政権である。したがつて客観的、主観的条件があることが必要である。われわれはこの八月、九月にこれらの条件が熟するとは考えていなかつた。だれも、そんなことをいつた者はない。

前掲『前衛』「基本的な仕事をやれ」と同じ趣旨であり、革命の客観的情勢は存在せず、当面の最大の課題は「共産党の拡大強化、質的向上」であるとする。そして、むすびの「だれも、そんなことをいつた者はない」という箇所に誰しも唖然としたのではなかろうか。九月革命説、すなわち「革命の平和的発展の可能性」を消し去る発言であった。

革命の「亡霊」

「九月革命説」のゆくえを興味深く示唆するのが、清水俊雄『日本の革命と共産党』（三一書房、一九四九年）である。清水俊雄は『アカハタ』記者・労農記者会員で、伊藤が序文を寄せている（一〇月一日付）。九月革命説について清水はこう述べる（一二九頁）。

ひとたび革命の問題が広はんな大衆の関心をとらえると、政府も民自党も、社会党をふくめて右の各政党も、口をそろえて「共産党の暴力革命」「共産党の九月革命」のデマを（中略）ふりまきだした。これこそまた革命が広はんな人民大衆のものになりつゝあることの反証であつた。革命の「亡霊」にとりつかれた人民から、この「亡霊」をとりのぞくためには、どうしても政治をよくして人民の生活を安定してやらなければならない。しかしそれはもう彼らにはできない相談だ。そこで「狐つき」から「狐」を追いだす祈祷師のように（中略）革命の「亡霊」を追いだそうと祈りに祈つている。それが「暴力革命」の祈祷である。「九月蜂起」のデマの正体である。

つまり、「九月暴力革命説」は〈革命の「亡霊」にとりつかれた人民〉が存在していたからこそ機能したというのである。共産党自身がその可能性を否定した「九月革命」は、権力側によって暴力革命・武装蜂起イメージで再生産され、再「祈祷」されたのである。

ではなぜ〈革命の「亡霊」にとりつかれた人民〉は存在したのか。それは言うまでもなく、総選挙勝利後に共産党が革命幻想をふりまいたからである。当初それは共産党単独の革命ではなく、社会党・労農党などと共同した人民民主主義革命であったが、結果的には社会党の拒絶もあって潰える。その時点で共産党は九月革命説を消した。革命的リアリズムである。九月二八日の第一七回緊急中央委員会総会でも九月革命説はまったく言及されなかった。〈革命の「亡霊」にとりつかれた人民〉は置き去りにされ、やがて共産党に不信を抱く。

九月革命は幻に終わった。七月半ば頃まで徳田を先頭に盛んに論じられた九月革命説は、七月後半から急速に消滅する。その経緯を党中央は説明しなかったし、野坂にいたっては九月革命説の存在そのものを否定した。この時点における野坂のポジションはきわめて微妙であろう。来るべきコミンフォルム批判を予期していたかの如き非平和的革命路線への傾斜を見せながら、つぎに見るように自主独立路線もにおわせている。

民族独立と自主防衛

一九四九年二月二二日、フランス共産党書記長モーリス・トレーズは中央委員会緊急会議で万一仏ソ戦が起った場合、ソ連軍を支持すると声明した。[*13] これに対し、イタリア共産党、ドイツ統一社会党、アメリカ共産党などが支持表明を出す。『アカハタ』三月三日付「平和への決意! 仏伊共産党書記長の声明」は、社会主義国は他国を侵略しないと宣言したが、『朝日新聞』三月四日付の徳田談話「侵略外国とは戦う」には、「日本共産党はわが国の完全な独立を確保するために闘い、いかなる外国でも侵略するものがあればこれと抗争する」と見える。さらに同紙三月二三日付の野坂談話「中共と結ぶ要なし」もつぎの三点をあげている。

①「日本共産党は中共またはその他の極東諸国の共産党と結びついていく〝必要〟もなければ、その積りもない、日共は日本の四つの島の中で〝民族の独立〟を主張しつづけるであろう、また極東コミンフォルムの必要はないし、現に極東コミンフォルムとかそれに類似の組織はない、その理由は、極東問題は各国によってそれぞれに違つているし、アジアの問題はヨーロッパのそれとは異つているからだ」。

②「日共は毛沢東と他の中共指導者たちから〝ある技術的なもの〟を学んではいるが、日共も他の極東共産党も毛氏をアジアの中心的な共産主義の人物とは考えていない、私は日本問題を独自の方法で解決する十分な力をもっている」。

③「日本の〝民族独立〟とは日本人はソ連をもふくむどんな国による帝国主義的な侵略にも抵抗するだろうことを意味する、もつともソ連や北鮮が侵略を試みるだろうことは考えられない」。

第一章でもふれた明確な自主独立路線の強調である。すでに一年以上前、『アカハタ』一九四八年一月二〇日付「『東欧連邦』の構想」は、東欧の人民民主主義諸国による連邦国家・国家連合・単一国家構想を報じていたが、野坂談話の①はそうした〈統合〉化への牽制であり、②③は日本共産党が中国共産党や極東コミンフォルムとは無縁であり、「ソ連をもふくむどんな国による帝国主義的な侵略」にも反対するという表明であった。

この立場は堅持され、『アカハタ』一九四九年一一月一〇日付野坂談話「対日講和」も、単独講和となれば日本は「最も関係の深い中国、および近隣のソ同盟などを敵として交戦状態におかれる」ので、単独講和は阻止しなければならない、万一戦争状態になれば、「日本の国土は、われわれ日本人の手で防衛する、外国の御やつ介にはならない、これが日本民族の直情である」と再論している。眼前で勝利した中国革命を無条件に支持する一方、中国革命の方式を絶対視はしないという自主独立的「直情」の表明であった。

第2節　コミンフォルム批判の衝撃

徳田球一・野坂参三・志賀義雄

一九四九年は党中央が九月革命説を放棄する一方、自主独立路線を前面化する中で暮れようとしていた。コミンフォルム批判の二週間ほど前、一九四九年一二月二一日はスターリンの七〇回目の誕生日だったが、共産党の不安定さが浮き彫りになる。『アカハタ』同日付第一面に野坂「スターリンの演説」と志賀「同志スターリンの七十歳記念日をむかえて―上―」(下は二二日付)が載る。野坂は一九三九年のソ同盟第一八回大会時に初めてスターリンと会ったときの想い出を語り、志賀は「スターリンは最大の世界政治家である」「同志スターリンの七十歳を祝う最良の方法は、かれのマルクス主義＝レーニン主義の最高の理論と実践を、今日の日本に、全党員がただしくいかすために、決意をあらたにして活動することである」と無条件にスターリンを賛美した。徳田の論説は載ってない。

三者の立ち位置の微妙な差は、『アカハタ』一九五〇年一月一日付にもうかがえる。第一面に徳田「偉大な勝利めざし全力をあげよう」、野坂「一九五〇年の世界政治を語る」、志賀「新しい年とプロレタリア国際主義」が掲載されているが、一人志賀だけ気を吐いている。一九四九年暮、『アカハタ』がコミンフォルム第三回協議会(一一月一六―一八日)の三本の決議「平和擁護と戦争放火者との闘い」「労働者階級の統一と共産党・労働者党の諸任務」「殺人者とスパイの支配下にあるユーゴ共産党」を載せたことに関連して、志賀はこう述べる。「一九五〇年のはじめにあたつて、日本共産党が第一に決意すべきことはなにか?プロレタリア国際主義のたちばをつらぬいて、ブルジョア民族主義を克服することである」。徳田と野坂はプロレタリア国際主義にまったく言及していない。志賀はコミンフォルム決議が党内で「歴史」的所産として放置されていることに驚き、「あれはただの歴史ではない。人民民主主義になつた国々の共産党と、フランスやイタリアのような資本主義国のもつともすぐれた共産党とが統一してつくつた決議なのである。世界各国の共産党は、こうした決議が出るごとに、自国の状態と、自党の活動とを吟味して、その活動をただしく発展させている」と憤慨している。コミンフォルム絶賛であり、コミンフォルム批判をめぐる志賀の基本的立場が予備的に開示されている。[*14]

「日本の情勢について」

その数日後、一九五〇年一月六日付『恒久平和と人民民主主義のために』にオブザーヴァー署名の論評「日本の情勢について」(※1)が掲載される。下斗米伸夫と加藤哲郎によれば、[*15]「オブザーヴァー」とは一九四五年以降日本・朝鮮を担当したワシリー・コヴィジェンコであり、「日本の情勢について」は彼が執筆した原タイトル「破産した日本労働者階級の日和見的「理論」」がスターリンとモロトフによって加筆・改題されたものであるという。コヴィジェンコはのちにソ連共産党国際部日本課長となる。[*16]

論評は「日本の勤労者は明白な行動綱領をもつことが必要である」にもかかわらず、「日本共産党の若干の活動家の行動」は「日本の勤労者にまちがった方向をあたえている」、その代表である野坂は、「戦後の日本には、占領支配の条件のもとでさえ社会主義への平和的移行を実現するために一切の条件がそなわり、それが「マルクス・レーニン主義の日本の土地への帰化」であるかのように証明している」が、「反動が民主主義に、帝国主義が社会主義に、平和的に生長転化するという、ずっと以前に暴露され、労働者階級に縁のない、反マルクス主義的、反社会主義的「理論」の日本版にすぎない」と断じ、「反民主主義的、反社会主義的」「反愛国的」「反日本的」理論であると全否定した。

コミンフォルムの日本共産党・野坂への眼差しは、〈第二のユーゴスラヴィア〉〈第二のチトー〉視のように見えるが、[*17]野坂は「チトー主義者」として粛清されたハンガリーのライク・ラースロー(一九四九年死刑)、ブルガリアのトライチョ・コストフ（一九四九年死刑）、ポーランドのヴワディスワフ・ゴムウカ（ゴムルカ、一九四九年除名）、チェコスロバキアのルドルフ・スラーンスキー（一九五二年死刑）などとは異なる。日本共産党はコミンフォルム非加盟党であり、東欧人民民主義国と違って政権を握っていなかったから、当然の話だが、前掲不破『干渉と内通の記録 下』はこう述べている（三一〇・三一二頁）。

コミンフォルムの論評は、形のうえでは、批判の対象を、野坂の「占領下の平和革命論」にしぼるという手法をとっており、日本共産党の方針全体を否定するものとはなっていませんでした。（中略）コミンフォルム論評は、党が解決の必要にせまられながら、徳田を中心にした非民主的な指導体制のなかで妨げられていたこの問題〔日和見主義の方針〕の解決に、新たな道をひらく役割を果したのでした。

いくら国際派の系譜に立つとはいえ、これは逆立ちした論理であろう。コミンフォルム批判の肯定的評価[*18]は、いわば〈外圧〉待望の従属的思考である。ただし、なぜソ連共産党の「干渉と内通」のエージェンシーであった野坂が公然と批判されたかという問題について、『干渉と内通の記録 下』は興味深い解釈をしている。すなわちこうである。

スターリンらは内通者野坂が「ソ連側の意向を体して転換の先頭にたつような「忠誠な」人物であるかどうか、もとめられる転換を実行できるだけの「力量」をもっているかどうか、また党全体をその方向にひきいてゆくだけの党内的な「権威」をもっているかどうか、こうしたことの詳細な吟味が、必要になった」（三三九—三四〇頁）とき、野坂のいわば勤務評定をおこなった。それが一九四九年一〇月二九日付の報告文書「日本共産党中央委員会政治局員・書記野坂参三について」だという。報告文書は野坂を絶賛したが、モスクワとしては野坂が徳田に遠慮し「待機の姿勢」をとっていることで、武装闘争＝人民解放戦争への切り替えが遅れていることにいらだっていた。不破はこうまとめる（三四九頁）。

「待機の姿勢」にある野坂に断固とした形でモスクワの方針をしめして、転換の覚悟をさせるためにも、その野坂が、徳田らに働きかけて、日本共産党をモスクワの注文どおりの方向に動かすようにするためにも、思いきった手段をとる必要がある――これが、日本共産党にたいする干渉を開始するにあたっての、スターリンらの考えだった

つまり、ソ連は野坂の内通者としての働きを充分認知したうえで、コミンフォルム批判の形で野坂の背中を押したというのである。野坂に内通者としての最終的覚悟を突き付け、日本共産党の路線転換を国際共産主義運動の名のもとに迫ったということである。[*19]この指摘は序章でふれた下斗米『日本冷戦史』の野坂＝「国際派」指導者論に連なるだろう。

批判の意図

コミンフォルム批判に関して、「中ソ連携」による本格的な「日本共産党対策」の開始とする見解があるが、[*20]最新の研究である河西陽平『スターリンの極東戦略 1941-1950　インテリジェンスと安全保障認識』（慶應義塾大学出版会、二〇二三年、とくに第七章、参照）によれば、一九四九年一二月から一九五〇年二月にかけてモスクワに滞在していた毛沢東はスターリンと中ソ友好同盟相互援助条約の調印に向けて会談を重ねるが、その際日本による再侵略の可能性について関心をよせたものの、日本共産党については、ベトナムやインドなどアジアにおける共産党の事情に関する議論にとどまり、特段の取り扱いはなく、数カ月後の朝鮮戦争に向けて、日本を後方基地化するような構想も語られていないという。となると二つのことが考えられる。

一つは「中ソ連携」の「日本共産党対策」はコミンフォルム批判よりかなり前に開始されていた可能性が推測される。もう一つは、後述するようにコミンフォルム批判が日本共産党対策に限定されるものではない可能性である。この場合、同時期の世界革命運動の武力化路線という全般的戦略の中に位置づけられるだろう。

さて一九五〇年一月七日付ソ連共産党機関紙『プラウダ』は論評を転載したが、八日以降、日本国内の各紙もコミンフォルム批判を報じる（海外では『ニューヨークタイムズ』一月七日付がCOMINFORM HITS NOSAKA; Journal Assails Japanese Red Leader for 'Bourgeois Attitude の見出しで速報し、同一三日付がJapan's Reds Bow to cominform But Hold Policy Is Best Possible の見出しで、「所感」は「卑屈な謝罪」とは縁遠いと記す）。七日と九日にはモスクワ放送が記事を流した。共産党は八日に「党かく乱のデマをうち砕け」（『アカハタ』九日付）で論評をデマと一蹴したが、一二日に政治局「「日本の情勢について」に関する所感」（『アカハタ』一三日付）を発表する。徳田ら多数派が宮本・志賀らの少数派を押し切って採択した「所感」は、コミンフォルムに敬意を払い、日本の事態に関心を寄せてくれたことに感謝しつつも、①野坂理論の諸欠点は実践において克服されており、現在は正しい発展をとげている、②占領下の現況において、「ジグザグの言動」「奴隷の言葉」「紆余曲折した表現」が必要であることを顧慮していないのは遺憾である、と述べたうえで、「人民大衆の受入れ難いものである」と反論し、野坂は「もっとも勇敢な人民の愛国者」であると擁護した。

党内討議と党外の声

コミンフォルム批判に即応した中西功の動きもあり（一月一〇日除名、『アカハタ』一月一三日付袴田里見「敵にまわった中西一派」）、議論は全党的に広がった。[*21]『アカハタ』「所感」掲載の前日一月一二日付で書記局は各地方・府県・地区委員会宛に論評討議に関する指示[*22]を出している。『アカハタ』一月二〇日付「〝日本の情勢について〟と〝所感〟の討議について」はこの指示に言及し、討議は「実践と理論の統一の立場」からなされるべきで、「今後どういふ「スローガン」で、どんな風に闘争していくかゞ討議の焦点であ」り、「高踏的批判」は「不平分子が自己の無活動を合理化する手段」にすぎないと釘をさしている。党中央は党内論争のヘゲモニーをいち早く掌握することで、「不平分子」が論評に呼応して中央批判を高めるのを抑え込もうとした。

さらに一月一七日付の中国共産党機関紙『人民日報』「日本人民解放の道」[*23]がコミンフォルム批判支持の立場から、野坂の平和革命論は「原則的誤謬」を含んでいると断じ、革命闘争において「議会は単に一つの補助的手段」「敵を暴露する演壇」にすぎないと「所感」を批判した。[*24]「日本人民解放の道」は『アカハタ』一月一九日付に掲載される。

その前日一月一八日から二〇日にかけて第一八回拡大中央委員会が開かれるが、直前まで「所感」路線が強調されていた。一八日発表の書記局「〝日本の情勢について〟と〝所感〟の討議について」(『アカハタ』一月二〇日付)は、「他の機関ないしは個人の批判を絶対無条件に無批判に盲従することは有害であり、ボリシエヴイキ的ではない」と記している。党中央は「所感」路線で一八拡中委を乗り切ろうとしていた。

一月二七日付には政治局「あたらしい発展のために」(発表は一月二五日)が掲載されている。従来あまり注目されてこなかった論文だが、一八拡中委がもたらした新しい党風をうかがうことができる。それは党の大衆化であり、細胞レベルに限らず「細胞群委員会、地区委員会、県員会、各種大衆団体のグループ指導部、地方委員会、中央委員会、各種議会グループ等の指導的同志」に求められたつぎの主張は、一八拡中委を契機に党内民主化が大きく前進する可能性を示唆していた。

いままで党員諸君は幹部の方ばかりを向いて、その指示にしたがつて働くことにかたよりすぎるきらいがあつた。そのためにひきまわし主義が一層濃厚となり、へい害を深めてきた。今後は大衆の方向にみんながみて、そして幹部の方向にも向くように、ことばをかえていえば大衆の要求を十分とりあげるとともに、大衆に党の方針を十分浸とうさせる相互作用が完成させることが大切である。

コミンフォルム批判の「役割」を評価するのなら、前出のような徳田執行部批判の糸口としてではなく、広く「日本共産党の方針全体」に関する党内民主化の入り口としての衝撃を論ずるべきであろう。たとえそれが、希望的観測であり、読み違いだったとしても。

一八拡中委では、論評をめぐり主流派と反主流派の激論が闘わされ、「日本人民解放の道」の影響もあって、「所感」は撤回された。その結果、「コミンフォルム機関紙の論評に関する決議」と「同志野坂について」が発表される（『アカハタ』一九五〇年一月二一日付）。前者は論評の「積極的意義」と野坂の自己批判を認め、後者は野坂の今後の「指導的健闘」に期待・信頼を寄せるものだった。その後、『アカハタ』二月九日付に徳田「斗いは人民の信頼のもとに第十八回拡大中央委員会の諸決定を全力をあげて遂行すること」が掲載される。徳田は第六回大会行動綱領の筆頭項目「ポツダム宣言の厳正実施」に関して、「もつとも、それだけやれば連合軍の撤退をともなう全面講和なしに、なにごとでもなしうるというあやまりに陥つてはならない」と平和革命路線の限界を示唆した。

〈危機〉はどうとらえられたか

この間、一般紙はコミンフォルム批判に関して数多くの報道をしているが、概して日本共産党は批判に屈するだろうという観測であった。たとえば、『読売新聞』はいち早く一九五〇年一月九日付につぎのような社説「日本共産党の危機」を発表している。

日本の現実や大衆の気持を無視して、ソ連共産党の忠実なる手先として反米闘争に重点を向けるか、それともモスクワにそむいてもあくまで日本の大衆の意思と気持を尊重し日本の現実に応じた戦術を続けていくか、第一の道を歩むことは野坂コースを完全に清算し、大衆の気持を無視してモスクワの意向のまゝに党をひきずつていくことを意味する。このことは党をますます大衆から孤立化させることは明かである。といつて第二の道を歩むことは党の分裂を覚悟してチトーのようにソ連共産党及びその手先きからの迫害をうけることを意味する。

一方、『毎日新聞』一月一五日付座談会「コミンフォルム批判と日本共産党の方向」は「第三の道」を取りあげている。出席者の一人、評論家の淡徳三郎（一九五二年総選挙で東京第三区から共産党支持で出馬）は「第一の道」は暴力革命路線、「第二の道」はチトー化・中国国民党路線であるから、日本共産党は「第三の道」を模索するのではないかと発言している。社会党書記長鈴木茂三郎は野坂・神山派の分裂を示唆している。鈴木は『朝日新聞』一月九日付「〝共産党の分裂必至〟」でも、「野坂君がねらわれたのは中共のチトー化を非常におそれているコミンフォルムにとって、中共につながる野坂君をまず指摘したのであろう」と述べていた。[*25] 鈴木説に対して、鍋山貞親は「たやすく分裂は出来ない」「組織上の分裂というのはそう簡単に生じない」と応え、淡も同意している。コミンフォルム批判はさまざまな反響[*26]を引き起しながら、複雑な道を辿る。

共産党はかかる危機説に対して、「原則的な問題を、公然と徹底的に討論できるのは、共産党のほかにはない。これは党の弱さではなく、わが党のもつ不敗の強さを意味する」と反論したが（『アカハタ』四月二一日付主張「日本共産党の「危機説」」）、党指導部は動揺を繰りかえすことになる。[*27]

辛辣な眼差し

多くの雑誌もコミンフォルム批判を取りあげるが、もっとも辛辣だったのは、『人間』一九五〇年三月号の福田恆存「二つの世界のアイロニー――現代文明論のための覚書――」ではなかっただろうか。福田は直截にこう述べる。「今度のコミンフォルムの批判はなにも日本共産党にのみむけられたものではなく、占領下における社会主義革命への漸進を考へたあらゆる進歩的知識階級にむけられたものと見なされなければならない」（二頁）、それにもかかわらず、彼らは「自分たちにむかつて放たれたこの非難の矢面に立ち、責任をとらうともしなければ、また反批判をこゝろみようともせず、まるでひとごとのやうにすべてを共産党に転嫁し、傍観者のやうに共産党の動きを見まもるだけである」（同前）。

コミンフォルム批判に対する進歩的知識階級のしり込みに反して、「ひとびと」は批判や所感を先取りしていた。「ひとびとはそれを認めてゐる。認めてゐればこそ、こゝ一年間における共産党の戦術に疑惑の眼がむけられたのではなかったか。議会主義による平和革命への方向がどうやら性急な暴力革命の方式〔九月革命〕に切りかへられた――真相はどうか知らぬとしても――すくなくともさうではないかといふ不安が多くのひとびとの心を共産党から離反せしめたのである」（三頁）、ゆえに商業新聞はその「事実」をふまえて、「露骨に反共的論調を示しはじめ」、コミンフォルム批判を共産党批判のために利用したと述べる。

コミンフォルム批判の本質は自明である、それは「すべての問題の底流をなす共通な原則、すなはちインタナショナリズムかナショナリズムか、世界主義か民族主義かの二者択一にほかならぬ」（四頁）。福田はこう指摘しながら、そのような「二者択一はわれわれのものではない」（五頁）と断じる。それは「外部から与えられたもの」であり、「いひかへればわれわれ日本人は自家製の世界主義を編みだせなかつたといふことではないか。のみならず、自家製の世界主義を編みだせぬものが、自己の民族主義を押しだせるはずはないではないか」（同前）と急所を突く。ここには前述（第一章第三節）したような神山や中山に連なる民族主義と国際主義の関係性を問う視線があった。

コミンフォルム〈介入〉

コミンフォルム批判によって日本共産党は混乱・分裂状況に陥った。武装闘争の押し付けを日本共産党に限定する見解[*28]もあるが、それは違う。『アカハタ』一九五〇年二月八日付に『恒久平和と人民民主主義のために』一月二七日号社説「植民地と従属国における民族解放運動の強力な前進」が載る。社説は冒頭、「現在の国際情勢の特ちようの一つは植民地と従属国の民族の未曾有な範囲の革命的斗争であるこの斗争は多くの国で武力的性格をもつている、労働階級と共産党に指導されるこの斗争の規模と性格と、植民地と従属諸国の民族が植民地奴隷に反対し民族解放をめざす革命の道を決然としてとったことを示す」と述べ、一九四九年一一月(一六―二二日)に北京で開かれたアジア・大洋州労働組合代表者会議における劉少奇テーゼをふまえて、「民族解放闘争に勝利する決定的条件は必要な国内の条件が許すときには共産党の指導下に人民解放軍を組織することである」と武力革命論を展開した。同社説をインド・パキスタン両共産党は歓迎している。[*29]

コミンフォルムによる各国共産党への〈介入〉は、アジアに限らない。すでに創設時から加盟党に対する指導・統制は見られた。[*30] その後の動向を見て行こう。前節で一九四九年二月にフランス共産党書記長のモーリス・トレーズが仏ソ開戦の場合、ソ連軍を支持すると声明した旨を記した。コミンフォルムはトレーズ声明を支持し、各国共産党に同調することを求めた。フランスと共にコミンフォルムに加盟していたイタリア共産党もトレーズ声明を支持したが、コミンフォルムの支配には抵抗した。

前掲グェルラ『コミンフォルム時代』によれば、当時のイタリアには「カソリックとの対話と提携を支持する共産主義者の最初のイニシアチブ」が登場し、共産党・社会党・カソリックの間に統一組織が形成されていたため、コミンフォルムからの「セクト的な閉鎖性の誘い」は退けられ、「人民民主主義諸国の共産党の立場、方法、様式に全面的に右へならえさせようとしたソヴェト党のいくつかの試み」も阻止・撃退された(三一〇頁)。そこにおこったのが、コミンフォルムによるイタリア共産党機関紙『ウニタ』への介入である。

一九五〇年秋にイタリア共産党機関紙『ウニタ』およびチェコスロヴァキア共産党機関紙『ルデー・プラーヴォ』に対する検討会議が開かれ、とくに『ウニタ』に対して「異端審問」が行われ、同紙の『プラウダ』化を求められた。イタリア共産党はこれを拒否し、自主独立の意思を明らかにしたという(三一〇頁)。

抵抗するトリアッティ

具体的に見ていこう。一九五〇年一一月一六—二二日にポーランドのワルシャワで第二回平和擁護世界大会が開かれる。これを受けて、平和運動におけるメディアの重要性を論じた論文「共産主義印刷物の焦眉の任務」が『恒久平和と人民民主主義のために』一九五〇年一二月八日号に掲載される(『コミンフォルム重要文献集』三一九—三二五頁)。同論文は『ウニタ』と『ルデー・プラーヴォ』を「平和、民主主義および社会主義のために闘っている大衆の集団的な宣伝者、煽動者および組織者としての共産主義的ならびに一般に民主主義的な印刷物の役割と任務は測り知れないほど増加している」と評価したうえで、厳しい批評を加えている。『ウニタ』に対しては、同紙がイタリアで重要な位置を占めていることを認めつつも、「ブルジョア諸国の若干の共産主義新聞」と同様、「戦争挑発者の暴露において未だ弱力」であり、「マルクス・レーニン主義の宣伝の展開は未だに不十分」と批判している。『ルデー・プラーヴォ』に対しては、「人民民主主義諸国の共産党ならびに労働者党の印刷物は新戦争の脅威に反対する闘争の一般的な諸問題には大きな注意を向けているけれども、具体的な戦争挑発者、米英帝国主義の買収され易い手先である右翼社会主義者の裏切的活躍の暴露において未だ不十分であり、マルクス・レーニン主義の諸問題に関する論文の発表において不十分である」と一般的傾向を述べたうえで、同紙は「チトーのファシスト一味に対する闘争の諸問題に向ける注意を弱め」ていると指摘している。[*31]

両党機関紙への批判は、コミンフォルム結成の目的である「各国共産党活動の調整」の範囲内であっただろう。しかし、「相互の合意」がなければ調整は成立しない。チェコスロヴァキア共産党は、一九五一年から五二年にかけて、スターリンによる粛清(スラーンスキー事件)が行われるが、イタリア共産党は不合意の立場を鮮明にし、一九五〇年一二月にスターリンが提案した書記長トリアッティの党指導部からの撤退・コミンフォルム指導部入りを拒絶する(『コミンフォルム時代』三一一—三一三頁)。トリアッティはスターリン批判に関する立場を表明するとともに、それをめぐる「われわれの『責任』」を反省している。[*32]

第3節　一九五〇年一月、第一八回拡大中央委員会

第一八回拡大中央委員会

あらためて、一九五〇年一月の第一八回拡大中央委員会について考えてみよう。[*33] コミンフォルム批判をめぐる熾烈な論争のきっかけは、志賀の同月一五日付「拡大中央委員会書記長一般報告草案にたいする意見」（※1、以下、志賀意見書）であった。

志賀意見書は一八拡中委向け一般報告草案（徳田報告）に対する修正意見として政治局に事前提出されていた。志賀は従来「調停主義的立場」だったことを自己批判したうえで、政治局や中央委員会における合議制の無視やセクト主義を戒め、プロレタリア国際主義を対峙・強調し、革命運動において「労働者階級のヘゲモニーがまるで失われ」、「労働者は農民・漁民・小市民・中小資本家と同列の人民的要素としてあつかわれ、民主民族戦線はそれらの寄せ集めとして理解されている。これこそブルジョア民族主義の根源であり、組織的にいえば解党主義の再生産である」と報告草案を批判した。さらに、「吉田内閣を何月に打倒できるとか、これを打倒して人民民主政府を作るとかいう空論」は「平和革命論」「主観主義」であり、「世界的独占主義者の掌中で共産主義者が参加する人民民主政府が成立するという結論」に連なると九月革命説・人民戦線論を批判した。志賀意見書が野坂の平和革命論は勿論、徳田の民主民族革命路線にも反対していた事は明らかである。

志賀意見書は政治局の討議により書き直され、一八拡中委で配布された。その後意見書原文が野田弥三郎・宇田川恵三を経由して党内外に流れ、混乱が拡大する。野田は『アカハタ』一九五〇年元旦号に接し、「志賀同志が今年こ

そはプロレタリア国際主義を党の方針のうえでつらぬかねばならないということをハッキリと宣言した時、私はつよい共感をもった。この点では党内に私とおなじ見解をもった同志はけっして少なくなかった」と述べている。[*34] 四月七日の政治局・書記局・統制委員会合同会議は、志賀と宮本に分派活動の否定を全員一致で要望した（統制委員会「分派活動の全貌について」※2）。『アカハタ』四月一五日付に椎野「同志志賀提出の「意見書」を中心とする策動に就て」、同二〇日付に宮本「党のボリシェヴィキ的統一強化のために」、同二六日付に志賀意見書（原文）、志賀釈明文「全党の同志諸君にうったえる」、紺野「「志賀意見書」について」が発表される。

紺野論文は「これまで、多少の問題はあったが、政治局の意見は統一されていた。過去の全国大会でも中央委員会でも、すべての重要な決定に対して彼（志賀）は常に積極的な支持を与えてきた。ところがコミンフォルムの批判が発表されるや、彼は突如として折衷主義をかなぐりすてたと称して、過去の党の全指導が誤っていたと公言するに至った」と述べ、志賀の豹変を非難したが、見てきたように志賀はコミンフォルム批判直前にスターリン・モスクワ寄りの傾向に転じていた。

一八拡中委は論評の「積極的意義」を承認し、野坂の自己批判を認める決議をした（『アカハタ』一九五〇年一月二一日付「コミンフォルム機関紙の論評に関する決議」）。後日、春日庄次郎は党の分裂が回避されたことで、出席者一同「異常な感激を覚えた」と回想している（「わが党内紛争について」※2、一九五〇年九月三〇日）。党内外の大波を乗り越えた喜びが伝わってくる。しかし、徳田の一般報告「新しい情勢とこれに対応するわが党の政策」（『アカハタ』一九五〇年一月二四日付※1）はコミンフォルム批判に言及せず、末尾に「われわれは、プロレタリアートの国際的連帯性を強調することが必要である」と記すにとどまった。徳田が論評に言及するのは、「たたかいは人民の信頼のもとに—第十八回拡大中央委員会の諸決定を全力をあげて遂行すること—」（『前衛』一九五〇年第四七号※1）においてである。

野坂参三の自己批判

野坂は『アカハタ』一九五〇年二月六日付に「私の自己批判」（『前衛』一九五〇年第四七号に転載）を発表し、平和革命路線を社会民主主義的偏向と認めた。野坂は以下の五点の平和革命論を自己批判している。①一九四六年二月第五回党大会宣言、②『毎日新聞』一九四六年五月二二・二四・二五日付「平和的革命の道」、③一九四七年一月第二回全国協議会における「平和的革命の道」配布、④一九四八年四月中央委員会発言、⑤一九四九年六月中央委員会総会発言。

①は「日本共産党は、現在進行しつゝあるわが国のブルジョア民主主義革命を、平和的にかつ民主主義的方法によつて完成することを当面の基本目標とする」と述べ、「中心問題は暴力革命をさけることである」と断言し、現情勢下では「平和的、民主的、教育的方法により民主主義革命をやり、さらに社会主義革命にもつてゆく可能性が生れた」と説明している。②は「或る情勢の下では武力行使の戦術をとり、他の場合には平和的教育的戦術をとらねばならぬ」との原則を示したうえで、困難だが「平和的革命の方針は目前の情勢下においては最も正しく、最も犠牲の少いそして最も可能性」があると結論づけている。③において②が配布される。④は一九四八年三月の第一〇回中央委員会総会か五月の第一一回中央委員会の記憶違いと思われるが[*35]、一九四七年一二月の第六回党大会の前掲野坂報告「革命の性質についての報告と結語の概要並に本問題についての大会決議」と同一内容の発言であり、平和革命を「レーニン・スターリンも考えなかつた新しい革命の型」とする見解は「社会民主主義的見解で革命にとつてはきわめて危険である」「平和革命という一つの型があるのではなく、革命の平和的発展の可能性があるということで、これは一個の戦術にしかすぎないのであつて、客観的条件が変化すれば、これもまた変化するのである」と平和革命論の絶対化を戒めているが、第二四回総選挙後の⑤（第一五回拡大中央委員会ヵ）はふたたび平和革命論へ傾斜し、「共

産党、労農党、社会党、その他の民主的勢力、さらに、労働組合、農民組織、その他の大衆団体の代表によって作られる〝人民政府〟を作ることができる」と展望することになる。

武力革命路線への逡巡

野坂は「私の自己批判」で、占領下「平和革命」論は「右翼日和見主義」であり、「共産主義と社会民主主義との折衷」であったと自己批判したが、コミンフォルム批判後も野坂は党の顔であり続けた。コミンフォルム批判により、「民族独立の反米闘争にカツが入った」[*36]とも言われ、基本路線は民主民族革命路線が踏襲され、一九五〇年三月二二日に中央委員会「民族の独立のために全人民諸君に訴う」「民主民族戦線の結成とその共同綱領についての檄文」の発表、民主民族戦線東京準備会の結成となり、五月三〇日に同準備会主催で全面講和を中心とする人民総決起大会が開かれる（後述）。

『前衛』一九五〇年第四七号の徳田「たたかいは人民の信頼のもとに──第十八回拡大中央委員会の諸決定を全力をあげて遂行すること──」[*37]は、一八拡中委決定をめぐる、①コミンフォルム批判を絶対視して決定を否定的に受け止める「はねあがり屋」「のぼせ」の偏向と、②決定を軽視して情勢をとらえきれない「不感症」「政治能力の低さ」の偏向の二点を指摘し、①に関しては、国会議員グループ内の「非合法的方向」への動きを警戒せよと呼びかけている。徳田は「大衆の闘争力を動員して、公々然と活動を発展させ、行動の自由を拡大すべき」であり、「国会における闘争を有効に運用する必要がある」と論ずる。「外国の経験をひきうつしたり、単に抽象的な政策をかかげるだけでは、問題にならない」の一節は、コミンフォルム批判に対する徳田の率直な思い、所感への固執だった。

「世界革命」をめぐって

徳田論文が末尾で「世界革命の一環をになうわが党の任務は、とくに重大である」と述べているものの、基本的に〈内向き〉の論旨であったのに対して、宮本は〈外向き〉の議論をしている。前述のように『前衛』一九五〇年第四九号「共産党・労働者情報局の『論評』の積極的意義」で、コミンフォルムを中軸とする明快な世界革命論を開示している。

しかし、その前にコミンフォルム批判直後の『世界評論』一九五〇年三月号（特集・世界状勢と日本共産党）の「検討会　世界共産運動の現段階」（出席者は宮本のほか、鈴木安蔵、西沢富夫、岩村三千夫）における宮本の発言を見ておきたい。宮本はこう述べている。日本革命は「世界革命運動の一環」であり、反帝・民族独立が中心課題だから、コミンフォルム批判で「帝国主義権力の役割、帝国主義支配下の革命について原則的に誤つている「理論」がきびしい検討の対象におかれた」のである（三五頁）。宮本はソ連共産党の「指導的役割」を認め、ソ共は「革命をおしつけるんじやなく」「国際的連帯の立場から必要な場合の忠告を、コミンフォルムを通じてあたえているにすぎない」（三九頁）、「私たちもはつきりしたプロレタリア国際主義をもつて積極的に評価し、理解する必要がある」（四九頁）と主張した。志賀の見解とほとんど同じである。

そしてこの立場をより明確にしたのが、前掲「共産党・労働者情報局の『論評』の積極的意義」（執筆は三月五日）であった。宮本は、コミンフォルムは「一つの友党的存在という以上に、ソ同盟共産党を先頭する世界プロレタリアートの、新しい結合であり、世界革命運動の最高の理論と豊富な実践が集約されている」組織である、にもかかわらず、党内にはそう見なさない「ブルジョア民族主義的な、狭く、正しくない態度」が見られると述べて、コミンフォルム成立時の「ある同志」の言説を引用する。「ある同志」とは誰か、その言説とは何か?　「ある同志」とは野坂であり、その言説とは一九四七年一〇月の談話（『読売新聞』八日付、『アカハタ』九日付）であった。宮本は論説前半で野坂の名前を挙げているにもかかわらず、なぜか「ある同志」と表現している。奇妙な言い回しである。野坂への配慮だったのだろうか。しかし、不自然である。宮本は「ある同志」＝野坂の見解は「プロレタリア国際主義の精神からみて、はなはだ妥当でない」と断言した。

宮本はコミンフォルムの結成・活動が「単なるヨーロッパの問題でない」ことは、コミンフォルム第一回会議のジダーノフ報告「国際情勢について」[*38]が、「直接日本について言及していることでも、あきらか」であり、「今日、『日本の情勢について』は、さらにこれを示している」とも論ずる。第一章第3節でふれた点である。たしかに後段はそうだが、前段は無理がある。日本についてはドイツやイタリアとともに、第二次世界大戦における帝国主義的役割を述べているにすぎない。ジダーノフ報告の主調が、圧倒的にアメリカの対ヨーロッパ政策―トルーマン・ドクトリン、マーシャル・プランなど―への対抗とポスト・コミンテルン時代の国際共産主義運動に置かれていたことは明らかである。

一八拡中委の決定遵守は全党的なものであった。三月一五日に統制委員会は「党の強化と党規律の厳粛化のために」（『アカハタ』一九五〇年三月一七日付）を出しているが、そこではつぎのように述べられていた。

第十八回拡大中央委員会の決定は満場一致であり、全力をあげて実践すべきものである。しかるに、党内の一部に、これが実践の義務をはたすことなしにその当否について紛議をかもしつゝある。これは党規律に反するのみならず、反動勢力が最も熱心に遂行しつゝ、ある党内へのスパイ潜入とかく乱とを可能ならしめることになる。

一八拡中委時の統制委員会議長は宮本だったが、その直後、宮本の九州行きが決まり、椎野悦朗が議長代理（まもなく「議長」と公表）となる。三月中旬には統制委員会は椎野の影響下におかれたので、「党内の一部」とは宮本や志賀らをさすことになる。

第三章　分裂

もし、いま、俄かに党が一せいに弾圧されたら、おれは徳球みたいに十八年もロウ屋でがんばられるだろうか。多喜二みたいに死ねるだろうか――。（中略）おれはずい分働いた。自分でもボルシェヴィキだと信じこみ、いやそう高まるためにこそ、党を信じ、大衆の先頭になつて闘つた。そのおれに、今になつて、こんな日和見の虫がのたうちまわるなんて――。これア、何としたことだ。――（吉田嘉志雄「日和見虫よもう来るな」『月刊東奥』一九五〇年三・四月合併号、七一頁）

第1節　一九五〇年四月、第一九回中央委員会総会

〈ボリシェヴィキ〉の軛

一八拡中委から一九中総へかけた一九五〇年三月末から五月初めの『アカハタ』紙面は興味深い。まず三月三一日から四月三日にかけて椎野悦朗「日本共産党の歩んだ道」全四回が連載される。その後一五日付にも椎野「同志志賀提出の「意見書」を中心とする策動に就いて」が載り、一七・一八日付は一八拡中総の徳田書記長報告が『プラウダ』に全文、モスクワ放送で要旨が紹介されたことを報じている。これを受けて、一九日付主張は「プロレタリア国際主義のために」を載せ、「論議のための論議は、断じてプロレタリア国際主義に忠実なのではない」と反主流派を牽制している。

二〇日付は徳田報告がコミンフォルム機関紙でも発表されたと伝えているが（「共産党情報局機関紙も」）、その記

事の隣に政治局員・統制委員の肩書で宮本顕治「党のボリシェヴィキ的統一強化のために」[*1]が載っている。宮本論文は一五日付椎野論文への反論であった。ついで二二日付に主張「レーニン生誕八十周年記念日を迎える　党ボリシェヴィキ化のために」、二六日付に紺野与次郎「「志賀意見書」について」（二三日発表）と志賀義雄「全党の同志諸君にうつたえる」（二四日発表）、そして一九中総終了直後の五月二日付に志賀「党のボリシェヴィキ的統一のために分派斗争をやめよ」（四月三〇日発表）と続く。

キーワードは〈ボリシェヴィキ的統一〉〈ボリシェヴィキ化〉であった。それは〈多数派〉形成、少数派＝〈分派〉排撃を意味した。〈ボリシェヴィキ〉志向は党中央に限らない。四月二九日付の東海地方委員会声明「分派排す〝決定〟の実践」（四月二四日発表、原題「志賀意見書をめぐる」）は、「わが党はかかる分派策動者とのテツテイ的斗争を通じてボリシェヴィキ的に鍛えられるのである」と宣言している。党内に〈ボリシェヴィキ〉という共有価値が存在していたが、それは怪しげな共同幻想であり、また敵対意識でもあった。

人民民主主義革命としての議会闘争

そうした状況をさらに発展させたのが、四月二八―三〇日の第一九回中央委員会総会に向けた徳田の綱領草案「当来する革命における日本共産党の基本的任務について（草案―原案）」（「徳田テーゼ草案」「五〇年テーゼ草案」※1）である。草案は、日本は「外国帝国主義権力の全一的支配下にある」[*2]というコミンフォルム論評に関して、「全一的」という文字にとらわれて支配の実態をみないのならば、「来るべき革命の針路をあやまり、空論に花を咲かす結果となるであろう」と述べ、さらに国会から市町村までの議会活動を一律的に「議会主義」と排撃することは、「議員をすべてこの議会主義のかたまりであるかの如くののしり、そして、すべてを議会外の行動、とくに経済的ゼネストやあるいは現在の瞬間においてパルチザン戦争遂行までにもう想をはしらせるものがある」と批判した。

徳田は暴力革命至上主義ではなく、後述するような合法・非合法の複合革命論に立っていた。その立場から、議会闘争至上主義は「社会民主主義的改良主義戦術」であるが、かと言って、「議会無視は革命の遂行にとり有害である。要はこれを如何にマルクス・レーニン主義的に運用するかにある。（中略）もっとも恐るべきことは地域闘争はすべて議会主義であり、ダラクであるという断定である。これは全くの独断であって、現在の瞬間における闘争形態を無視しているものである」と主張し、議会闘争の重要性を自覚していた。[*3] 議会主義に関して、人民民主主義革命のつぎの理解にも注目したい。

東ヨーロッパ諸国においては、すでに戦争中、独伊ファシスト、ならびにこれと結合する反動勢力にたいして、人民解放軍をもって闘ったことと、赤軍の勝利という後援と保障とが人民民主主義革命を達成する二つの重大な要件となった。こうしてプロレタリアートの独裁の下に敵階級の抑圧機関を掃蕩し、人民勢力をもって議会その他の国家機関を充実して社会主義を前進しつつある。これに比すればわれわれのおかれている条件ははるかに困難である。それ故にわれわれは民族解放をもとめる一層広汎な人民をさらに強固な新しい組織に結集しなければならない。それに加えて日本の反動勢力の攻勢からいっても、直ちに社会主義に飛躍することはできない。ここに日本における人民民主主義革命の特異的な内容がある。

徳田のこの見解に対して、神山は中国・朝鮮の例をあげて、人民民主主義革命の可否は赤軍（ソ連）の支援の有無ではなく、「社会経済的内容の複雑さ」が問題なのだと批判し（『アカハタ』五月五日付「テーゼ草案に対する修正意見」※1）、志賀も日本革命の「困難」性の強調は「独断にすぎる」と反論した（同六月六日付「草案にたいする意見」※1）。

急転・解体する中央委員会

第一九回中央委員会総会は一九五〇年四月末に開催されるが、眼目は分派主義批判だった。徳田の「第十九回中央委員会総会における報告」(『アカハタ』一九五〇年五月二日付※1)はそれに徹している。志賀も「党のボリシェヴィキ的統一のために分派闘争をやめよ」(※1)と呼びかけ、意見書流出の経緯を明らかにした。一九中総は「同志的な自己批判ののち、全出席者の一致によって、分派主義者、党攪乱者と徹底的に闘争し、民主的中央集権を確立して、党の統一を確保することを決議」した(『アカハタ』同五月二日付「第十九回中央委員会総会を終えるにあたっての声明」※1)。『アカハタ』の五月三・四日付「理論と実践」欄に劉少奇「党内闘争を論ず(上・下)」、五月二四日付同欄に「分派を粉砕したフランス共産党の経験」、六月一二―一五日付同欄に「分派の芽を粉砕せよ①～④」が続けて連載されたのは、一九中総の反映だろう。

共産党弾圧が強まる中、五月三〇日に東京・皇居前広場で人民決起大会が開催され、共産党支持のデモ隊と占領軍が衝突する。「人民広場事件」である。六月六日には徳田ら中央委員二四名が公職追放となる。法律上追放後二〇日間の猶予期間が認められていたが、翌七日、統制委員会は中央委員会に代わる次回大会までの暫定的中央指導部として、統制委員会議長代理(のち議長)の椎野悦郎を議長に、輪田一造・杉本文雄・多田留治・鈴木市蔵・聴濤克己・河田賢治・谷口善太郎による臨時中央指導部(臨中)を置いた(『アカハタ』一九五〇年六月八日付、聴濤と谷口は公職追放により外れる)。後述もするが、第六回大会選出の統制委員九名(議長:宮本顕治、委員:松本総一郎・山辺健太郎・西沢隆二・岩本巌・岡田文吉・椎野悦郎・増田格之助・輪田一造)全員が臨中を構成したわけではない。宮本顕治ははずされた。臨中に入ったのは椎野悦郎と輪田一造のみである。

臨中設置によって、中央委員会召集の道はなくなる。臨中は「追放中央委員は党活動に関係しないこと、もしそのような事実があった場合には断乎とした処分をする」と公言したというが(春日「わが党内紛争について」※2)、それは主流派中央委員と連絡を取る一方で、国際派中央委員を排除する手段であった。[*4]

規約に臨時中央指導部という機関は存在せず、きわめて異例の越権行為であった。臨中は同一八日に「これまでの拡大中央委員会、または全国協議会に代えるもの」として全国代表者会議（全代会、第三回全国協議会）を自ら召集して、その設置を承認させるという変則的手続きで成立する（『アカハタ』一九五〇年六月二〇日付「嵐の中でこそ飛躍」）。ただし、全代会には臨中設置に反対していた中国地方委員会議長・岡山県委員長も出席し、賛成したという（日本共産党臨時中央指導部・日本共産党統制委員会「中国地方の同志諸君に訴える」『党活動指針』一九五〇年八月一二日付※2）。中国地方委員会党報『革命戦士』一九五〇年一〇月三〇日付・第二四号（2-0065）「中国地方委員会の解散並に同常任地方委員の除名に対する異議申請」も、「組織原則はあくまでも守られた上で合法指導機関としての臨時中央指導部が設置されたものとして、この規約にない措置を認めた」と説明している。公式には後述する一九五一年二月の第四回全国協議会（四全協）で新規約が決められ、附則「情勢に応じて、ボリシェヴィキ的原則にしたがい、この規約の精神にもとずいて、臨時の最高党機関を確立することができる」の規定により、倒錯的に、また〈ボリシェヴィキ〉的に、〈合法〉化されるという、きわめて歪な設置経緯だった。

主流派の優勢

なぜ一九中総で平和革命路線が維持されたのか。前掲「五〇年問題について」は、所感を撤回して論評を受入れ、野坂の自己批判を決めた一八拡中委でも、「所感の処理についての明確な決定と率直な自己批判がなされ」ず、徳田らは「「所感」を弁護する態度をとりつづけた」と記している。有名な話だが、一九五〇年九月三〇日の春日庄次郎「わが党内紛争について」（※2）によれば、一八拡中委後も徳田らは、「なお依然として、コミンフォルムの論評の発表された当時、その論評の筆者、オヴザーバーを「青二才」「コミンフォルムのチンピラ」等と呼び、コミンフォルムの権威をすこぶる毀損し、コミンフォルムの論評を無条件に支持するものを空論家、ハネアガリ、コミンボケ等と侮辱したと同じ精神を持ちつづけ、実際にはおいてはさきの所感の態度をひそかに維持しつづけた」という。

一年後の一九五一年九月、春日庄次郎は秋月二郎の筆名で長文の『私の自己批判　何よりも正しい態度と全党的観点をつらぬくこと＝本当に党と革命に忠実であるために＝』(2-0575)を提出するが、あらためて主流派は「その後も依然として「所感」の線を固持し、コミンフオルム論評の意義をつとめて過少評価するか、あるいは無視し、その趣旨を掘り崩すような傾向がありました」と述べている。[*5]

国際的な動きも主流派に有利に働いた。『アカハタ』一九五〇年四月一五日付「正しい道を示すモスクワ放送　日本の民主民族戦線」は、同一二日のモスクワ放送を根拠に、「日本共産党と進歩的団体がよびかけている全日本民主民族戦線の結成は日本人民に平和と民族独立の道を正しく示している」と述べている。『アカハタ』同一七日付は「日本人民革命の勝利を信ず」と題して、『プラウダ』同一五日付が一八拡中委における徳田報告を全文掲載したこと、香港発行の共産党系新聞『大公報』三月三一日付も徳田報告を支持している旨を報じ、『アカハタ』四月一八日付「全人民の戦線統一」は、モスクワ放送が『プラウダ』報道について放送したことを伝えている。さらに同一九日付主張「プロレタリア国際主義のために」は、一八拡中委決定の実践を強調し、「論議のための論議は、断じてプロレタリア国際主義に忠実なのではない」と論じた。前掲同二〇日付「共産党情報局機関紙も」は、『恒久平和と人民民主主義のために』最新号が徳田報告を掲載したことを、同二六日付「北京放送十八拡中委決定を報道」は同二四日の北京放送が徳田報告を放送したことを報じた。

また同じ二六日付には紺野与次郎「「志賀意見書」について」、「志賀意見書」全文、志賀の自己批判「全党の同志諸君にうったえる」が載り、一九中総直前に志賀は「恫喝」(前掲春日「わが党内紛争について」)といえるほど集中砲火を浴びる。同二七日付掲載の大阪府委員会「原則に立ちかえれ—党防衛に対するわれわれの態度—」(二五日発表）は、大阪を基盤とする志賀の言動と分派行動を厳しく批判するものだった。

第2節　一九中総以後の動向

綱領策定をめぐる対立

一九中総は「分派主義者、党撹乱者」との徹底的闘争と党の統一を全員一致で決議したが（前掲「第十九回中央委員会総会を終るにあたっての声明」）、「戦略戦術の問題」に関する徳田テーゼ草案―一九五〇年秋予定の第七回党大会（開催は延期）に向けた「草案の、そのまた草案」（同前六八頁）であった―をめぐって、その後党内論争が闘わされる。

徳田はテーゼ草案提出にあたって、草案の微妙な位置をこう述べている。「この草案は、戦略戦術の問題に関するテーゼである。しかしながら、現在の党の実情にかんがみて、基本的な綱領も、国際国内情勢の詳細な分析も、テーゼとしては必要以上に述べている。それは、これだけにしておかないと、党内のすべての人々が、問題を十分に納得することができないだろうと思われたからである」（同前）。文意が不明だが、とまれ「この草案は、中央委員会が認めた場合は、全党員にわたるようにハン布する」（同前）とされた。

この手続き論が問題を深刻にし、複雑にした。すでに第四回大会（一九四五年一二月）と第五回大会（一九四六年二月）で行動綱領を決めていたが、一九四七年一二月の第六回大会は行動綱領（ならびに農業綱領）を決めたうえで、「戦略ならびに戦術に関する基本的方向」を示す綱領策定にあたって、①起草委員会（徳田、野坂、志賀、宮本、伊藤律、鈴木市蔵、竹内七郎、渡部義通）の選出、②起草委員会の方針書作成、③新中央委員会における方針書審議と草案決定、④全党機関における草案討議、⑤全国協議会における草案の仮決定、⑥次期大会における正式決定、という手順をたてていた（「大会決議要旨」）。

すなわち、テーゼ草案は①②のように起草委員会で作成されなければならなかった。しかし、宮本「来るべき革命の性質と日本共産党の基本的任務（十九中総提出原案）に対する意見」（※1）や中央委員会宣伝教育部「来るべき革命における日本共産党の基本的任務について（草案）のまえがき」（※1）が記すように、草案は徳田から直接政治局に提出され、政治局で討議した後、一九中総にかけられた。つまり、草案は起草委員会を素通りし、一九中総の了承を得て、いきなり④の段階＝「細胞を中心として討議をすすめ、その結果を中央委員会書記局に送られたい」に飛んだのである。

神山は「現在日本の国家権力の性質およびそれにともなう革命の戦略について」（※1）で、「綱領委員会（起草委員会）が、今日まで、何一つ活動していないことは遺憾であり、この責任は、中央委員会全体、とくに政治局におうべきものがあるが、今日の機会に大会決議の精神を生かし、戦略問題に関する以上の諸問題を審議し、よりまとまった草案を起草する委員会をつくるべきである」と妥協をした。のちに春日も起草委員会は「一回もひらかれることなく放置」されていたと述べている（前掲「わが党内紛争について」）。コミンフォルム批判をめぐる党内対立以前に、基本的な党組織・党規律はすでに崩壊していたといえよう。

こうした手続き論もさることながら、重要なのは志賀・宮本・神山らが綱領ではなく「行動綱領」を優先的に作成せよと主張したのに対して、徳田が断乎拒絶したことである。志賀は「原則綱領をつくることは、多年の準備と正確なしあげとを要する」から当面は行動綱領の作成に止めるべきだと述べ（「草案にたいする意見」※1）、宮本も「もっとも合意の可能性の大きい行動綱領の部分をまず確定」することを求めた（前掲「来るべき革命の性質と日本共産党の基本的任務（十九中総提出原案）に対する意見」）。神山も「現在の諸条件下でもっとも必要なのは、明確な行動綱領である」と論じた（前掲「現在日本の国家権力の性質およびそれにともなう革命の戦略について」）。

徳田が「『来るべき革命における日本共産党の基本的な任務について』の批判を出版するにあたって」（※1）において、テーゼ草案への反対意見を激昂した口調で批判したことはよく知られている。たとえば、「日本の革命を外国の人民勢力の発展にたよっておこなおうとしている」「国際的な力に革命をまかそうという点がきわめて強い」（志賀に対して）、「ブルジョア学者的」「自分のいっていたことも否定しているではないか」「うるさい論評」（宮本に対して）、「文献主義者」「子供らしいいい分」（蔵原に対して）、「まったく気が狂っているのではないか」（亀山幸三に対して）、「左翼はねあがり屋」（春日に対して）等々。

綱領論争

しかし、こうした激烈さの陰に綱領論争をめぐる本質が隠されていた。徳田は行動綱領優先論に対して、つぎのように反論している。

現在になってはじめて、党は意志の統一をはっきりしておかなければならないときにきたのである。これが行動綱領ですむくらいなら、なにも戦略戦術の問題にまでおよばなくてもよかったのである。いまここに戦略戦術の問題がテーゼとして発表されるにあたって「いや行動綱領でよいのだ」といったのでは、問題の解決ができないではないか。（中略）結局戦略戦術の問題までつっこまなければならなくなったのは、革命が近づきつつあることをしめしている。

徳田の立論は志賀・宮本・神山への反論にとどまるものではなかった。想起してもらいたい。コミンフォルム批判は「日本の勤労者は明白な行動綱領をもつことが必要である」と述べていた。日本共産党は第四回大会、第五回大会、第六回大会でそれぞれ行動綱領を決定していたから、コミンフォルムはそれらを否定したことになる。徳田はコミンフォルムによる行動綱領批判に対して、自前の戦略戦術問題＝綱領の策定をもって対峙しようとしたのである。徳田のコミンフォルム批判〈批判〉の本質はここにあった。

テーゼ草案をめぐる主要な対立は、革命前夜の戦略戦術綱領を一挙にめざすのか、当面の課題をめぐって合意可能な行動綱領とするかにあった。党内の対立状況を背景にしたテーゼ草案論争は五月いっぱい続くが、最終的な草案である「来るべき革命における日本共産党の基本的任務について（草案）」（※1）は五月一八日にまとめられる。その後、六月六日に中央委員全員が追放されることで、綱領策定の工程は完全に消滅し[*6]、前述したように翌七日に臨時中央指導部が指名される。綱領策定の道はさらに複雑化する。

反ファシズム闘争と反帝国主義闘争

ところで、一九五〇年六月の全代会において椎野は、直面する戦後的ファシズムに対して、かつてディミトロフが提唱した人民戦線より「もつと広はんな戦線、すなわち反フアツシヨ民主民族戦線」を対峙させる必要性を強調している（『アカハタ』一九五〇年六月二〇日付「すべてを反ファッショ民主民族戦線へ―党全国代表者会議における一般報告―」※2）。というのも、反ファッショ民主民族戦線をめぐり党内は一致していなかったからである。同二一日付主張「地域人民闘争をつよめよ」によれば、主流派＝臨中の地域人民闘争・反ファシズム闘争に対して、反主流派は全国ゼネスト闘争・反帝反戦闘争を掲げていた。反ファシズム闘争と反帝国主義闘争は相容れず、前者は平和革命路線・反吉田政府闘争・合法主義、後者は武装革命路線・反米帝国主義闘争・非合法主義とされた[*7]。

朝鮮戦争開始後、党内では主流派の民主民族統一戦線論に対する反主流派の攻撃が激しくなる。全国統一委員会に結集した中国地方委員会は、「反帝闘争を対岸におしやり反ファッショ闘争にすりかえようとする意図をもっている。こうして彼ら〔臨中〕は党を合法的な統一戦線に解消しようとするのであり、したがってまたその統一戦線はセクト的なものとならざるをえない」と臨中を批判し（『革命戦士』一九五〇年七月一八日付第一七号「右翼日和見主義分派を粉砕せよ！　―党のボルシェヴィキ的統一のために全党に訴う―」※2)、関西地方委員会も、臨中が政治研究会テキスト「合法・非合法の根本問題」を頒布禁止処分にしたことを批判し、「レーニン・スターリン・コミンテルン・コミンフォルムの基本原則を党員に教えることを怖れ、非合法的組織の設立を主張するものを分派主義者と誣い、合法性の殻にかじりついて、党を一歩一歩武装解除して帝国主義に媚を呈するもの、―底ぬけの合法主義者」と最大級の非難を投げつけた(七月二七日付「チトー的臨時中央指導部による「政治研究会テキスト」の頒布禁止に関して全党の同志諸君に訴う！」2-0021)。

主流派は「党の指導する民族統一戦線と広汎な人民の闘争のたかまりが、党が非合法であることの故に妨げられることはけっしてないことを理解しない」とも非難されている(八月一日付「党の革命的統一のために全党の同志諸君に訴える！」※2)。さらに反主流派に立った新日本文学会中央グループも、臨中は反帝闘争を避けて、人民党結成を企んでいると批判した(八月「党中央に巣くう右翼日和見主義分派に対するわれわれの態度―党のボルシェヴィキ的統一のために―」※2)。

中国共産党からの批判―第一回目の修復チャンス―

コミンフォルム批判はソ連共産党からの圧力・干渉であったと同時に、中国共産党からの圧力・干渉でもあった。日本共産党は二重に国際批判を浴びたことになる。中国共産党機関紙『人民日報』は①一九五〇年一月一七日社説「日本人民解放の道」(※1)、②七月七日「日本人民闘争の現状」(※2)、③九月三日社説「今こそ日本人民は団結し敵にあたる時である」(※2)を出す。①は第二章第2節でもふれた平和革命論批判である。②はロシア革命における非合法党と合法的可能性、中国革命における合法闘争・公開工作と非合法闘争・秘密工作といった二面性の重要さを指摘して、ソ共と中共の経験は、「日本はいうまでもなく、その他の非合法においこまれようとしている各国の共産党が、正確な政治コースと組織コースを厳格に堅持し、内部が一致団結さえすれば、それは、いかなる困難な条件のもとにあっても、依然として人民の革命的闘争の前進を、ひきつづき指導できることを証明している」と展望を示した。③は日共の「基本方針は正確」なので、党員は「党中央の周囲にかたく団結し、中央の決定したコースにしたがってともに敵に向い奮闘しなければならぬ」と主流派＝臨中を支持し、臨中は誠意をもって反主流派を説得すべしと忠告した。

一九中総まで表向き統一が保たれていた党内は、②以降全党的に分裂状況となり、③以降統一への模索が行われる。九月五日に臨中議長の椎野悦朗は談話「北京人民日報社説発表に際して」（※2）を発表して、臨中主導の統一を呼びかける。談話は七日の臨中と統制委員会の合同会議で承認されたのち（後掲「一回、二回会見記」『統一情報』第二号 2-01602）、『アカハタ』九月一一日付「党活動指針」に掲載された。

第3節　反主流派の陣営

多様な反主流派

ここであらためて反主流派を整理しておこう。反主流派は「国際派」あるいは「統一派」と呼ばれていたが、以下のような組織である。

①国際主義者団（一九五〇年七月結成：志賀意見書の配布活動で除名された野田弥三郎を中心とするグループ、一九五一年九月解散）[*8]、②全国統一委員会（一九五〇年八月結成：宮本顕治・蔵原惟人・春日庄次郎・袴田里見・遠坂良一・原田長司らが指導したグループ、のち全国統一会議、一九五一年一〇月解散）、③団結派（一九五〇年八月結成：最初に除名された中西功を中心とする小グループ）、④統一協議会（福本和夫を中心とするグループ）[*9]、⑤神山派

（神山茂夫を中心とするグループ）[10]、⑥亀山幸三グループ[11]、⑦全統会議（一九五一年四月結成：全国労働組合統一情報委員会）、⑧新日本文学会、⑨全学連（全日本学生自治会総連合）グループ。

国際主義者団（1）―野田弥三郎―

野田弥三郎らの国際主義者団はもっとも早く正式結成された反主流派である。野田はマルクス主義哲学者として知られていた。東大在学中は新人会で活動し、吉山道三名でエンゲルス『史的唯物論に就て』（共生閣、一九二七年）、ロゾフスキー『レーニン　階級闘争の大戦略家』（共生閣、一九二七年）、エンゲルス『背教者カウツキー』（吉山道三訳、共生閣、一九二八年）、ポポフ『同盟軍としての農民』（共生閣、一九二八年）を訳出している。一九三〇年に卒業後、日本共産青年同盟（共青）に加盟し、共産党の非合法活動（中央機関紙部員）に参加する。一九三三年治安維持法違反で検挙・投獄され、一九三六年に出獄後、鉄鋼連盟（調査部）や鉄鋼統制会（燃料部長）・石炭統制会・帝国瓦斯協会（石炭部長）に勤め、満州の資源調査に従事した。一九三九年には訪問先の中国新京（現長春）で当時満洲重工産業部次長だった岸信介と石炭問題を話し合っている。[12]

野田は戦後、「党が結成されるや一切の個人的栄達を捨て、退職金持参の上で入党」し[13]、『アカハタ』経営局長をつとめる。[14] 一九四六年一月には『民主評論』に「農地制度改革案の反動性」を発表し、同年五月に再度ポポフ『同盟軍としての農民』を翻訳出版している。版元は敗戦直後に堺利彦・幸徳秋水訳『共産党宣言』（解放文庫1）を出版した彰考書院である。一九四八年四月には彰考書院からエンゲルス『フォイエルバッハ論』（マルクス・エンゲルス著作集）も訳出している。一九四七年の秋から冬にかけて、野田は哲学者の出隆と出会い、一九四八年四月に出は野田と見田石介（甘粕石介）の推薦で入党する。[15] 出の入党は小松摂郎・関戸嘉光・梅本克己らを共産党に引き入れる契機となる。また党内闘争開始後の一九五〇年四月、野田はレーニン『プロレタリア革命と背教者カウツキー』（社会書房、マルクス・レーニン主義選書7）を出している。

よく知られているように一九五〇年一月作成の志賀意見書は野田に渡り、三月初めに野田から宇田川恵三（渋谷区委員会常任委員・『アカハタ』渋谷分局長）の手許に至り、党内外に流布する。三月末に宇田川は除名され、四月一日の除名処分抗議書[16]を発表するが、抗議書は宇田川本人ではなく野田が執筆したという。[17]意見書の党外流出について志賀は自己批判するが（『アカハタ』一九五〇年四月二六日付「全党の同志諸君にうったえる」、五月二日付「党のボリシェヴィキ的統一のために分派闘争をやめよ」）、野田は宇田川を擁護し、「この時点をもって私と志賀との協力関係は完全に断たれた[18]」と述べている。野田も四月二八日に除名され、出隆との共著で『哲学教程―マルクス主義哲学の基礎について―』（古明地書店）を出す予定だったが、この件で出の単著の形をとる。[19]

国際主義者団（2）―結成と解散―

国際主義者団の話にもどすと、一九五〇年三月には、民主民族戦線を提唱した前掲中央委員会「民族の独立のために全人民諸君に訴う」をとりあげ、「人民政府だの、民主民族戦線政府だのというお体裁にいうけれども、その政府における立法機関、執行機関について少しも考えていない。平凡なブルジョア議会主義者なのだ。人民政府とは社共合同、野党連合政府らしい」と酷評し、「解党主義、清算主義」と批判した。[20]さらに六月の「プロレタリア国際主義の旗の下に[21]」では、国際派内部の「戦略・戦術上の意見の相異をなくして、全国的に統一した行動」を遂行する臨時指導部が必要だとして、「日本共産党（国際主義者）」の結成を謳い、同時に「日本共産党国際主義者団への加入条件」（※3）を提示している。しかし、関係者に中央委員がいなかったことから、団の結成は中央委員会の分裂とは直接連動せず、「東京で反対活動をおこなっていた者の中心グループが、関西の反対派グループと提携しておこなったもの」にとどまったという。[22]

つまり正式結成は一九五〇年七月のことで、「親愛なる日本共産党の同志諸君!」と呼びかける檄文(2-0025)、「日本共産党国際主義者団結成声明」(「檄」、※3)、「当面の闘争における日本共産党の基本的任務について」[*23]、「「当面の闘争における日本共産党の基本的任務について」の理解のために」[*24]が矢継ぎ早に発表される。

この間の経緯を成富健一郎(関東地方委員会オルグ)「「団」の生れたあの日の回想」で補強するとこうである。一九五〇年七月のある夜、京都で野田はすでに除名されていた成富相手に「当面の闘争における日本共産党の基本的任務について」「日本共産党国際主義者団結成声明」「日本共産党国際主義者団への加入条件」を口述筆記させていた。前日開かれた関西グループとの会合において、野田たちが関西グループ作成の行動綱領草案を批判したため、対案の提示が求められていた。翌日再度もたれた関西グループとの会合で改訂版綱領草案は全面的に承認された。この時、「関西グループの代表格で出席していた下司順吉君が、日本共産党国際主義者団という名称を提案した。われわれはこれに賛成した。かくてかの〝悪名高き〟「団」は生れたのである」[*25]。下司は六全協後党中央に入る。

結成後の国際主義者団に関して、野田は困難点を二つあげている。一つは同時期に志賀・宮本・春日庄次郎ら反主流派中央委員を中心に全国統一委員会が結成されたことである。国際派勢力は二分されてしまった。もう一つは前述したように中共九・三社説が主流派を支持したことである。党復帰を拒絶した学生団員数十名は団を去り、最盛期二〇〇名いた団員は一〇〇名ほどに減少した[*26]。結果的に離反するが、「プロレタリア国際主義」という紐帯が志賀との間で維持されていたならば、また全国統一委員会に先んじて全国規模の組織化が開始されていたならば、最大の反主流派勢力になっていたかもしれない。国際主義者団は一二月に機関紙『火花』(一九五一年七月『赤い星』と改題)を発行する。機関紙に掲載された主要論説は野田の『共産主義者の責任』に収められている。国際主義者団は全国統一委員会からは「極左分派主義」とみなされた(「両翼の変更の克服と党の統一のために—相互批判と自己批判の一つとして—」※2)。

国際主義者団は五全協の直前、一九五一年九月二六日に解散するが、直接的理由はコミンフォルム『恒久平和と人民民主主義のために』八月一〇日付に「「分派主義者にたいする闘争にかんする決議」について」（※3）が掲載されたからである。「分派主義者にたいする闘争にかんする決議」（※3）は主流派四全協の決議であった。国際主義者団はコミンフォルム論評を無条件に受諾し、分派の解消、臨中への結集を八月二三日付で臨中に「申入書」（※3）を提出し、団内の異論には「「論評」の下に党の統一にすすめ」[*27]で理解を促している。九月二六日付「日本共産党国際主義者団の解散に関する声明」[*28]が出るが、臨中に復帰した団員は一人もいなかった。[*29]野田は団解散について、コミンフォルムの第二批判を受け入れたのは国際主義をめぐる「盲従主義」[*30]であったと自己批判している。

全国統一委員会（1）―臨中との対決―

全国統一委員会（以下、統一委員会）は最大の反主流派であり、その中心は中国地方委員会であった。中国地方委員会は『人民日報』七・七論説を受けて、一九五〇年七月一八日に第三〇回拡大地方委員会を開催した。臨中宛意見書（※2）が採択され、中国地方委員会を代表して内藤知周が具申のため上京する。その経緯は中国地方委員会党報『革命戦士』八月五日付・第一八号（2-0054）に「意見書に対する党中央の態度」と題して掲載されている。[*31]内藤は七月二〇日に党本部で臨中議長椎野への面会を求めたが、不在のため翌二一日に椎野をはじめとする臨中指導部員と面会することとなった。二〇日夜、内藤は中国地方選出の代議士（鳥取：米原昶→のち主流派、島根：木村栄、岡山：苅田アサノ、山口：田中堯平）を招集して中国地方委員会決定を伝え、異議なく確認された。二一日に党本部に赴いたところ、統制委員会室に回され、そこで臨中指導部員・統制委員である輪田一造から「話をする必要はないから、すぐ帰れ！」、同席していた統制委員の西沢隆二から「お前たちはスパイだよ、トロツキストだよ、スパイやトロツキストと話をする必要はないんだ、帰れよ」、さらに統制委員の岡田文吉から「おい！貴様らやるなら勝手にやれ！

どっちが勝つかやろうぢゃないか！　馬鹿野郎！」と罵詈雑言を浴びせられた。

結局、椎野は顔を出さなかった。その後、内藤は他の臨中指導部員に会う。多田留治（のち国際派に転じ除名）・鈴木市蔵・杉本文雄・河田賢治の四名であり、彼らは統制委員ではなかった（他に梶田茂穂が同席、一九五一年から臨中）。内藤の事情説明を彼らは「沈痛悲愴な表情」で聴くだけだったという。臨中内部も統制委員グループと非統制委員グループとでは温度差があったことがうかがわれ、統一委員会も一枚岩ではなかったと思われるが、臨中は統制委員グループが主導権を握っていたことは明らかだろう。

全国統一委員会（2）―内部対立―

中共九・三社説が主流派を支持し反主流派を批判する内容だったので、前述したように、反主流派内に復帰の動きが高まる。主流派と反主流派の関係が修復する最初のチャンスだった。しかし、前掲亀山『戦後日本共産党の二重帳簿』「全国統一委員会と臨中の折衝」によれば、その後、統一委員会指導部にはつぎのような三つの反応が生れた（一一二頁）。

一つはこのさい、旗を巻いて臨中のもとに復帰統一をはかるという方向で、これは多少の差はあったが七人の中で一番左翼の志賀と一番右翼の神山がえらんだ。次は全国統一委員会を出来るだけ早く解消して臨中と折衝し統一を実現する。したがって闘争指導はやってはいけないというもので、これは宮本と蔵原が主張した。残る一つは全国統一委員会を維持して活動しつつ臨中との間で折衝するという案で、春日や私がこのコースをとった。袴田は基本的には宮本と同じように行動するが、それでも蔵原とは違って、この頃ひどく動揺していた。

文中の「七人」とは、徳田派から排除された七人の中央委員、志賀・宮本・蔵原・袴田・春日（庄）・亀山・神山をさす。統一委員会はこうした内部事情を抱えながら、臨中と話し合いを複数回持つ。[*32] 臨中は統一委員会を分派主義者と規定し、解散を求めるが、統一委員会は自らを党統一への「過渡的なコミッティ」と位置づけ（『統一情報』一九五〇年九月一二日付「「北京人民日報」の社説放送に際して」※2）、「統一促進運動」を求めて（同九月一八日「九・三社説の全面的承認を前提とする無条件大同団結のために―再び統一のために訴える―」※2）、解散に向けて踏み込む（同一〇月六日「直ちにみんな原則に立ち返ろう―三たび党統一のために訴う―」※2、同一〇月二一［二三？］日「党の統一促進のためにわれわれは進んで原則に返る！ ―全国統一委員会の解消に際して―」※2）。

こうしたやりとりの間、統一委員会はふたたび臨中との話し合いを持つ。統一委員会機関誌『統一情報』第二号（2-0160）によれば、九月九日と一一日の二回、いずれも党本部においてである。九日の出席者は、統一委員会が多田留治・遠坂良一・原田長司・松本惣一郎（統制委員）・宮川寅雄・戎谷春松、臨中は輪田一造。輪田は椎野談話の線で統一問題をとらえている旨を答えている。一一日の出席者は、統一委員会が多田留治・遠坂良一・原田長司・西川彦蔵・宗川某、臨中・統制委員会は椎野悦朗・岡田文吉・西沢隆二・輪田一造。冒頭、椎野は統一委員会との交渉には応じられない、なぜならば統一委員会は分派だから「解散しなければ交渉には応じない」と言明した。統制委員ではあったが臨中指導部員ではなかった岡田は、より厳しく「それだけでもうい丶。椎野君、それだけ云ったら打切りだ。党員でない諸君と交渉しても無駄だ」とはねつけた。このやりとりから、臨中における椎野の主導権は疑問である。臨中は統制委員の岡田を先頭にきわめて威圧的に統一委員会の要望を蹴っている様子がうかがわれる。

なお、この時点で重要なことは、統一委員会内でも先の中共七・七論説の影響もあり、合法・非合法両面の戦術が強調されていたことである。[*33] 春日庄次郎はつぎのように非合法と合法の二面作戦を論じている（一九五〇年一一月「党の統一とボルシェヴィキ化のために―われわれの進むべき道―」※2）。

今日あらゆる闘争と宣伝煽動は単に合法の枠内のみにおいては革命的なスジ金を入れて行くことができない。またこのような非合法的活動と組織が強化されない限り最も大胆な合法的活動も利用されない。（中略）我々にとって議会その他の合法的舞台の利用は革命的闘争のための従属的手段である。今日我々の非合法活動の強化と結合してあらゆる合法舞台を余すところなく積極的に利用せねばならぬ。非合法活動のみにとじこもる非合法主義は党を完全なセクトにおとし入れるものである。

団結派(1)―『中西功意見書』―

団結派の資料は『日本共産党五〇年問題資料集3』に機関紙『団結』第二八号一九五一年五月「党統一闘争の新段階と吾等の当面の基本方針」(以下、「基本方針」)と一九五一年九月解散時の「党統一の勝利的発展とわれわれの態度」(以下、「態度」)が所収されている。団結派を率いた中西功は中国問題に精通する評論家であり、参議院議員だったが、論稿としては、中西篤(功の実弟)編『戦後日本革命の性質と日本共産党の綱領・戦略・戦術について―中西功意見書』(高田書店、一九五〇年三月)が重要である。『中西功意見書』は一九四九年九月に第一七回中央委員会総会に提出された。

前掲上田『戦後革命論争史』(上巻)は、『中西功意見書』は党内で公然と平和革命論を批判した唯一の書であり、戦後日本の支配体制を、一面では日本本来の支配関係の上に国際管理が存在するという二重構造であり、他面では内外独占資本の二重的結合(ブロック)という二重性をもつ、特殊な「二重体制」として把握すると整理している(六七―六八頁)。上田は『中西功意見書』には占領下革命論を見過ごすなど批判すべき点もあるが、「当時の共産党の理論のように国内権力のみに注目するまちがいを排し、また一九五〇年以後のように帝国主義権力のみに注目してしまう逆のまちがいをも排して、アメリカ帝国主義と国内の支配体制の二重性という正しい規定と、内外独占資本にたいする闘争という正しい戦術が提起されていた」と評価し(六八頁)、「日本共産党の理論と戦術の根本的再検討という問題を提起した点で、大きな積極的意義をもっていた」と結論づけた(六九頁)。

ただし、上田によれば、『中西功意見書』はオリジナルの意見書ではなく、コミンフォルム批判後にかなり加筆訂正されているため、「正しい全ぼうを伝えていない」という（七四頁）。『中西功意見書』「篇者のことば」（一月三日付）を読むと、『中西功意見書』は篤の「勝手な個人の責任」で公刊したもので、功には相談しなかったとある。それは功に「統制違反」の迷惑をかけたくなかったからだという。また加筆訂正もかなり行ったと述べているが、上田の言う「正しい全ぼうを伝えていない」との関係は詳らかではない。

『中西功意見書』は言うなれば、一九四九年のレクイエムである。「一九四九年に入つてからの国際平和勢力（主として社会主義勢力）の大攻勢は、日本勤労大衆を勇気づけ、敵の力を非常に弱めていたのである。したがつてこの時、もし労働者階級が決意をもつて立ち上るならば、その周囲に広大な勤労大衆を結集し、その力によつて敵の攻撃を撃退しうる相当の可能性があつた。そしてそれに、労働者階級が勝利するならば、さらに攻勢に出て、決定的な革命状勢を戦い取ることができたのである」（六頁）。中西には一九四九年上半期の情勢は、一九四七年の二・一ゼネスト以上に革命的に見えていた。中国革命を中心に国際情勢も有利に働いていた。「労働者階級が全勤労大衆とともに、敵の攻撃を撃退しうるならば、敵の崩壊は急速であつて、革命側は直ちに攻勢に転じ、革命情勢に入り得る可能性があつた」（一〇頁）。

『中西功意見書』を検討した一七中総で、志賀は中西のストライキ至上主義的戦略・戦術は「〔ローザ・〕ルクセンブルグ流のあやまり」「神聖なおめでたさ」だと批判したが（三八九頁）、それ以上に注目されるのは、志賀が、中西は「日本のプロレタリアートが決然とたつてたたかえば、国際プロレタリアートも決意ある手段をもつて、これを援助するであろうとの希望にもとずく観測をしている。それは日本の階級闘争の成否を、ただ外国の革命の援助にもとめるものであつて、トロツキー的偏向の変種である」と非難している点である（三九〇頁）。これは『中西功意見書』中の「日本勤労大衆が決定的に闘争するならば、世界の平和勢力もまた決意をもつて援助すべく待ちかまえている」

（「世界革命と日本革命」、二一一頁）との箇所に対するコメントだが、志賀が放った矢はコミンフォルム批判をめぐる論争で、志賀自身に向って帰って来る。

団結派（2）—解散まで—

一九五〇年八月に結成された団結派は約一年間の活動を経て、一九五一年九月に解散する。その際に出されたのが「態度」である。「態度」は同年二月の四全協および明記してはいないが八月のコミンフォルムからの「分派主義者」批判を受けたものだろう。党の統一とは、「第六回大会の「中央委員会」を復活することでもなければ、また機械的に臨中（現在の中央部）と他の組織の「中央部」とが「新中央部」を作ることでもない。現にある中央部を唯一の中央と認めその周囲に全党の団結をなしとげることである」（二四九頁）と述べる。つまり、「四全協と現中央部を認めて行動を共にする」（二五〇頁）という主流派への無条件降伏である。しかし、それは完全敗北ではないと弁解する。「党の生存のための第一義的な統一」であって、次なる「ボルシェヴィキ的統一」「真の統一」に向けたステップとされたのである。団結派の展望は、組織的統一から思想的・政治的統一への道であった。ゆえに組織論的には現執行部への結集を拒否しない。その背景には「敵自身が臨中機構を日共の基本組織と認めており、最大の敵と考えている」、「臨中」（現中央）が党の主体である」という政治リアリズムがあった（二五四頁）。

機関紙『団結』の誌面には労働運動や講和問題に関する論文が目立ち、また統一委員会（中国地方党）を批判する記事もあるが、ここでは一九五〇年後半のものと思われる「9・3アッピールを如何に理解し行動すべきか　補足」（7-2669）をとりあげたい。表紙には「参考資料　組合問題研究会」と偽名が記されている。はしがきによれば、先に同タイトルのパンフレット（不明）を刊行したが、合法・非合法の問題を省略したので「補足」を出したという。よって目次には「全党団結と合法・非合法」とあり、①「合法・非合法の基本問題」②「非合法における組織問題」

③「現在の日本の場合の特徴」④「合法主義と分派主義」⑤「全党団結と党内闘争について」⑥「理論問題の重要性」を論じている。

①では「合法と非合法の間に万里の長城はない。労働者階級が権力を握らない限り、党にとって完全な合法性はない」との原則的立場を明らかにしつつ、合法と非合法の絡み合いを説き、「合法性の拡大だけを主張することは合法主義であり、非公然問題だけを問題にすることは非合法主義である」と整理している。

②では労働組合（大衆団体）・民主民族戦線（民主人民戦線）・党の関係性を混同せず峻別する事が重要であるが、党を大衆性のない少数分子による秘密集団と化すようなセクト主義は避けられるべきであると論ずる。

③は共産党の非合法化の動きをたどり、④ではコミンフォルム批判以降の党内分裂、とくに中央委員会の解体と臨時中指導部の設置について検討している。明快な論旨ではないが、臨中の現実的機能を承認する議論を展開している。⑤は④を受けて、臨中主導による党活動の統一を訴え、⑥では党の政治コース（組織コース）と理論コースを区別して、後者は引続き検討されるべきことを述べている。

以上のことから、団結派は五一年九月の正式解散のかなり以前、おそらく五〇年八月の正式結成後、早々に臨中指導への復帰をめざしていたのではなかろうか。

統一協議会（1）—福本和夫—

中心人物の福本和夫は戦前の福本イズムで知られるが、コミンフォルム批判前夜の一九五〇年一月六日に入党（再入党）した。福本は『世界評論』一九五〇年三月号に「「福本イズム批判」の経験から」を載せている。一見すると、コミンフォルム批判とは無関係に戦前の二七テーゼや三二テーゼについて述べているようだが、そうではない。冒頭、「重大な批判ないし根本的な批判というものは、そうスラスラとすなおにうけとられるものではない」（二五頁）としながらも、コミンフォルム批判の意義を意識している。二七テーゼに関して記すつぎの箇所にその意識は明らかである（二六頁）。

それまでは、日本における革命闘争のことは、だれよりも、日本のわれわれが一番よく知っているのだ、というせまい根性と、うぬぼれた自信とを、多かれ少なかれ、われわれのだれもがもつていたことを否定できないと信ずる。わたしも、もとよりその例外ではなかつたことをざんげする。しかし、これはまことに大きな思いあがりであつて、この思いあがりこそが、世界のプロレタリアートの心からなる一致団結を、さまたげる心理的要因の一つをなしているのである。

さらに、コミンテルンとコミンフォルムについてつぎのように述べている（二七頁）。

コンミンテルンは、世界のプロレタリアートが一致団結したその集中的表現といつてよい。コミンフォルムにしても、同様のことがいえる。しかるに、このコミンテルンないしコミンフォルムの批判にたいして、日本における革命運動のことなんか、なにがほんとにわかるものか、などというのは、まことに智えのない豪語であり空威張りであることを、われわれは経験によつて、痛切に感ずるのである。

論文のむすびに「こんどの批判問題について、わたしの予測とけんとうとは、すつかりあたつた。ピシピシとあたつた」（三二頁）と見える。創立期からの共産党運動をふりかえる中で、福本は確信をもってコミンフォルム批判を歓迎したのである。

さて、「党内闘争の目標と方向」（※3）という史料がある。『地下潜入の態勢を整えた日本共産党の文献集（続編）』（日刊労働通信社、一九五一年）は「この文献の出所は明らかではない。統一協議会と明記してあるが、統一協議会なる名称を附した文献は後にも先にもこれが唯一のものである」（一五八頁）と説明し、「パンフレットにすぎないが、その内容は終戦いらい今日までの日本共産党が内包していた諸欠陥や矛盾をあますところなく批判しているという点では稀有のものである。一面再建後の日本共産党の党内小史としての価値も充分である」と評価している（一六〇頁）。また、前掲小山『戦後日本共産党史』も、「当時の分裂と内争のなかで異色あるものであり、きくべき点がすくなくなかった。この内争全体の欠陥であった大衆のたちばを無視した両派指導部の共通の弱点をするどくしてきし、その独断的行動へのかたむきを批判したものであり、福本のながい経験からにじみでた観察と見解が反映していた」（一〇七頁）と評価するが、「現実的に作用するだけの力をもたなかった」（同前）とも述べている。作成時期は中共九・三社説の直後と思われる。

統一協議会（2）――党内闘争――

「党内闘争の目標と方向」はいったい何を主張していたのか。まず、敗戦直後に主流派にはアメリカ帝国主義美化論が見られたと指摘したうえで、「中央指導部の社会的構成」は「徳田一派を中心とする単なる有志の情実的集団」「小ブル分子、出世主義者等」であり、「党全体の不健全な社会的構成」も「申込書一本で、あるいは集団入党、社共合同等の名目で、殆んど無条件に等しい入党が許されてきた」と非難している。「党内闘争の目標と方向」の主調はつぎのようなチトー主義批判であった。「戦後の世界史的条件のもとでは、「帝国主義者美化」の理論とこれに「協力」せんとする政策は、好むと好まぬとにかかわらずチトー的傾向に通ずるものであり、これをあくまで固持せんとするならばやがてチトー主義に転落する危険をもっている」（二五八頁）。それゆえ、福本は特異な認識を導き出す。主流派の「「帝国主義美化」の理論にねざすチトー的傾向」はアメリカ帝国主義・吉田政府にとって好都合であり、「その傾向が党内の批判を受けて維持困難になったとき、「中央委員会を「追放」することによって徳田一派とその政策を救った」ととらえる（二六〇―二六一頁）。つまり、主流派＝スパイ説であり、権力による徳田派温存説である。

一方、統一委員会に対してはつぎの三点をもって批判している。第一は合法主義の危険性。統一委員会が個々のメンバーや地方諸機関名を「何の必要があってラレッしなければならぬだろうか」と指摘している（二六一頁）。第二は党内基礎の不在。統一委員会の結成は「党内大衆にとっては、突如として、特定幹部乃至特定分子によるボス的交渉を望見するにすぎない」と論難した（二六二頁）。第三は徳田派との相似形。徳田派と統一委員会の対立は「恰も二つの全国的団体による団体交渉の観」、「二つの中央指導部をもち、同一系統の各級機関と組織を相対置する仕組」を示しており、「チトー的徳田分派の裏がえし」「相互に各級機関の奪い合いの方式」をとっていると批判した（同前）。

こうして主流派＝徳田派も反主流派＝統一委員会もいずれも党を真っ二つに割る「分裂主義、セクト主義」に立っていると非難したのである。しかし、結論で述べている「ボルシェヴィキ的統一」のための「下からの統一」「労働者、農民の大衆闘争をつうじての真の統一」は、抽象的な訴えにとどまり、具体性は見られない。この理念先行が統一協議会の組織的拡大が見られなかった要因だと思われる。

なお、中共九・三社説が反主流派の党復帰を求めるだけではなく、主流派の粛清工作に反省を求めたことで、臨中の統制力は低下する。臨中議長椎野の交代がささやかれ、新指導部代表に福本の就任が噂されたという（『社会運動通信』一九五〇年九月二〇日付特報「日共椎野議長孤立化か」）。見て来たような福本の国際主義からすると、その線もありえたかもしれない。また、GHQ資料[*34]によれば、一九五一年の組織図の中、福本和夫の名前は「臨時中央指導部委員」「全国オルグ部長」「第二戦線指導部」に見出せる。遅くとも同年春頃には党に復帰していたものと思われる。

第四章　呻吟

「あなた共産党が厭にならない！」「厭になりましたねェ。」「でしょう！　いつもあんなふうだから、困るのよ。……江口さん、もし革命が成就したら、あたしたちは銃殺よ！」（中略）「――銃殺ですね、この調子では。」

　鸚鵡がえしにこたえながら、然し……とわたくしは思った。そしてその思った通りを、口にした。「それでもいいから、かくめいが成就すればいいですね。」「ほんと。……ほんとにそうね。」（江口榛一『背徳者――悩める魂の告白――』実業之日本社、一九五七年、一八〇頁）

第1節　苦悶する党員

引き裂かれる前衛たち

日時ははっきりしない。一九五〇年にレッド・パージの嵐が吹き始めたころ、分裂状態の日本共産党に入党した作家の江口榛一は都内で開かれた「北部文化人会議」に出席した。それは国際派の会議だった。そこに所感派の地区常任委員がやってきて、「分派」活動、党規約違反を理由に解散を命じた。悶着の末、開催は黙認されたが、会議終了後の帰路、中本たか子（蔵原惟人夫人）は江口と冒頭のような会話を交わした。

　分裂下、苦悶しながら前進する文学者の姿が浮かんでくる。周知のように、反主流・国際派『新日本文学』（一九四六年三月創刊）と主流・所感派『人民文学』（一九五〇年一一月創刊）の対立は文学界に混乱を及ぼした。抗争ではなく共同歩調に努めた地域や、一九五二年六月結成の「富士山麓米軍演習地をめぐる農村事情調査団」のように中央レベルでの共闘[*1]も存在したが、対立と混乱は、一九五五年一月の新日本文学会第七回大会での終息まで四年余り続いた。紙幅の関係もあり、文化運動における「五〇年問題」は文学史研究[*2]に譲るが、六全協後につぎのような意見が出されていることに注目したい[*3]。

当時の党が分裂していたことを認めるなら、いわゆる「主流派」だけが党であったのでなく、いわゆる「分派」「国際派」も党の一部分だったのです。それは大衆にたいする意味において、特に客観的にそうでした。「分派」はそのとき党の政策の決定に参加できませんでしたが、だからといって文化運動や大衆に損害をあたえなかったとはいえません。（中略）たとえば、「党主流」が大衆団体をひき廻したり割ったりするような誤った態度に出た時、いわゆる国際派の同志たちの多くもまた、この攻撃に挑発されて、みずから大衆団体を党内紛争遂行の手段に転化しなかったでしょうか。

こうした視点、あるいは第二章第2部でみたスターリン批判をめぐるイタリア共産党トリアッティの〈われわれの『共同責任』〉という視点を持たなければ、〈分裂〉は正と否、勝者と敗者の単純な二項対立物語と化し、党史の〈分裂〉認識はきわめて皮相なものになってしまう。

学生たちの党批判（1）―『最近の学生運動』―

コミンフォルム批判が学生運動に大きな衝撃を与えたことはよく知られている。全学連中央や東京大学・早稲田大学などは国際派となり、北海道学連・東京都学連・関西学連などは主流派についた[*4]。九州大学は主流派と国際派に分裂し、国際派の教養部細胞は地区委員会の指導を無視して、反戦学生同盟や「第一分校独立共産党」を結成した[*5]。ここでは①共産党全学連中央グループ（学連グループ）が一九五〇年三月に提出した全学連意見書『最近の学生運動』

と②早大細胞が同四月に提出した意見書を見てみよう。[*6]

『最近の学生運動』は「東大意見書」をたたき台として、力石定一・武井昭夫・不破哲三の三人が中心となり、東大細胞内のG・P（秘密党）メンバーが回覧した上で仕上げられたという。[*7] 党中央の無指導のため学校細胞は「『平和革命論』『主体性論』を基調とする小ブルジョア的近代主義」という「右翼的偏向」に陥っていたが、統制委員会議長宮本の「ボリシェヴィキ的指導」によって一九四八年初めから克服し立ち直りつつあると述べる。[*8] しかし、九月以降青学対の主導権が西沢隆二（統制委員）や恩田秀一（青年対策部員）に握られることで、学連グループは「極左トロツキスト」視され「全学連党的偏向」に陥ったと批判されるようになった。党中央の対学校権力闘争→対地方権力闘争→反政府闘争という地域人民闘争コースと全学連の反帝反植民地闘争コースは一九四九年五—六月の大学法案反対闘争で激突し、後者が主導権を握る。これに対して、青学対指導者の志田重男をはじめ党中央は学連グループの指導方針を否定し、全学連無用論まで飛び出す。学連グループは党中央の問題点をつぎの四点にまとめた。

（一）インテリゲンチャ間の党活動におけるセクト的偏向
（二）学生運動の革命的エネルギーの過小評価の「理論」
（三）プロレタリアートの前衛党が自己の分遣隊を学生層の中に派遣し、「層」として獲得する任務の軽視
（四）地区党機関が学生細胞を機関のオルグのプールとしてのみ考え、全学連という大衆組織を軽視する「理論」

学生運動・インテリゲンチャ運動をめぐる党中央との闘争のなか、「ひたすら国際批判を待ち望むようになっていた」ところに、コミンフォルム批判が飛び込んで来た。[*9] 学連グループは「国際批判の無限の偉大さ」に打たれ、つぎの三点を自己批判している。

（一）日本反動と外国帝国主義との結合において帝国主義こそが日本人民の最大最強の敵であり、これを駆逐することによってのみ日本におけるブルジョア支配の終熄に進むことができるという革命コースに関して、なお責任

を政府に追求するという合法主義的態度を克服することができなかった点

(二)「地域闘争」の批判においてもこれが「平和革命」論にむすびついたものであることを明確に掴み得ないで「地域人民闘争」戦術にも一時的に屈服し、同様して非妥協的闘争を遂行出来ずにいた点

(三)そして自己の日和見主義と理論の低さのために国際批判に対する「待機主義的」偏向に陥っていた非ボルシェヴィキ態度

学生たちの党批判(2)—早大細胞意見書—

『最近の学生運動』はこのラインに沿って、長文の反主流派論を展開するが、〈外圧〉待望は国際派の権威主義の一端を示していた。とはいえ、単純なモスクワ盲従主義ではなかった。そのことを②早大細胞意見書が教えてくれる。国際プロレタリア主義の説明の箇所で、「植民地の日本に於て本国に於けるアメリカ帝国主義に対抗する英雄的アメリカプロレタリアートとの結合は殆ど見られず一九四八年七月二十三日の米進歩党結成大会に於ける即時対日講和要求に対しても積極的活動は行れ得なかった」と記している。

アメリカ進歩党は一九四八年のアメリカ大統領選挙に出馬したヘンリー・A・ウォーレスの支持母体である。ウォーレスはフランクリン・D・ルーズベルト大統領時の一九四一年一月から一九四五年一月まで副大統領を務めた。[*10] 朝鮮戦争をめぐって、進歩党全国委員会は朝鮮民族の解放戦争と位置づけ、ウォーレスはトルーマン大統領と国連を支持する。早大細胞がアメリカ進歩党を高く評価していたことは注目できよう。一九四八年の大統領選挙はトルーマン再選という結果に終わる。占領下で大統領選の結果を論ずることには限界があっただろうが、重要な点は早大細胞意見書が「フランスとベトナムに於ける如く労働運動と帝国主義打倒の闘争に於ける共同は遂に問題とはならな」かったというように、国際プロレタリア主義を共産党同士の連帯=指導・同盟としてではなく、プロレタリアート同士の

連帯＝共闘としてとらえていたことである。

学生細胞と党中央の対立は、一九五〇年五月の東大細胞・早大細胞・全学連書記局細胞の解散、六月の指導的学生党員の除名に至る。東大では主流派再建細胞が作られ、除名派（国際派）も統一委員会の下に再組織された。

知られざる行商隊

呻吟する党員の中でも、とくに党機関の常任や争議団は経済的困窮にあえいでいた。臨中は一九五〇年一一月三日付で『報告書　行商隊一ケ年の記録』（7-2775）を出している。行商隊自体は戦後まもなくからあったが、[*11]『前衛』一九四九年第三四号の野坂りょう（龍、野坂参三夫人、党婦人部長）・松崎濱子（党婦人部員）「婦人の間における活動について」は、東宝争議で家族会が行商隊をつくったことを記している。争議の「内部と外部の連絡」をとる「完全な宣伝隊」だったという。北海道の国労や全逓の職場離脱者家族や福島県猪苗代発電所で解雇された労組員家族も行商隊をつくった。公職追放にあった蔵原惟人夫人の中本たか子も、質屋通いの生活を支え切れず洋品の行商をはじめたという。[*12]
『前衛』一九五一年第六〇号「婦人の闘争は革命の勝利をもとめている―当面の婦人政策―全国婦人政策会議の決定」は、つぎのように述べている（六九頁）。[*13]
家族はいままで党員のかくし田的存在の傾向があった。これは、日和見主義の温床となる。全党員が、家族をあげて細胞活動に参加し、家庭生活を党生活のなかで大衆的に点検する運動をおこし、党風を確立することは、大衆路線の出発点である。北海道の革命的行商隊の経験は、大胆にわれわれが全生活を革命に従属させれば、大衆のなかでこそ党員の生活をまもることができるという確信をもたせた。党がまず率先してこの方向を実践しなければ、真に人民の信頼をかちうることはできない。

「北海道の革命的行商隊の経験」に関する具体的な説明はないが、『党活動指針』一九五一年一月三一日付第七八号(7-2751)は北海道空知の行商隊活動を「全生活を党活動にうちこむ革命的な全生活」と紹介している。また『新女性』一九五四年一一月・第四六号の口絵には、日鋼室蘭争議(人員整理反対闘争)において割烹着姿で籠を担ぐ「行商隊の主婦たち」の写真が掲載されている。こうした情景は「革命的行商隊」と映っただろう。行商隊が女性党員あるいは党員家族の活動とみなされていたことがうかがえる。*14

富岡行商隊

しかし、『報告書　行商隊一ケ年の記録』が描く情景は少し異なる。党機関の男性常任たちの苦労話である。そのような行商隊組織は全国で三〇カ所以上あったという。たとえば、群馬県富岡町(現富岡市)の行商隊は三二名から構成され、「玉ねぎ生活」を強いられ、極度の生活難に陥っていた。なぜ行商だったのか。それは「就職の道」が閉ざされ、「ヤミ屋・ブローカー等は人間を駄目にするし、党員としての信用を落す」から、党活動の面からも戸別訪問をする行商が最適とされたからだという。その際重要なことは、「共産党の行商」であることを公言し、「マルクス=レーニン主義の立場に立って、普通の人達が十年の経験で獲得したところの経験の集積を、短期間の内に、科学的に研究し、獲得する」ことであった。

党分裂の状況下、富岡行商隊はなんども危機をのりこえた。行商それ自体が階級闘争とされ、つぎのような方針を決めていた。

1、売行きが悪いからといって、いたずらに動揺し他の職業に転向しようと考えたり、農家え手伝いに行ったりするのは、あやまりであること。

2、売行きが良くない場合にも、根気よく歩くことによって顧客が確保されるのであって、これも資本の投下であること。

3、従来は「福島の小間物でございます」或は「高成の小間物屋」とゆうふうに、まち〳〵な形だったのを統一し、性格をはっきりさせるため、協同組合の様な形にし、それによって信用を高めること。名称は甘楽小間物雑貨化粧品購買協同組合とする。

4、機関紙を発行し、商品案内・便利欄等と共に時事問題を載せて、党の方針を宣伝する。機関紙の題名は「ふじ」と決定。

富岡行商隊は、規模の拡大、協同組合の名称のわかりづらさ、あるいは機関紙発行の困難が原因で、3と4は実現しなかったが、行商隊の経営自体は順調だった。その後、税闘争に参画して甘楽納税民主協議会を結成し、悪税反対郡民大会を開催し、税務署・地方事務所へのデモも敢行した。行商隊と党の関係は当初あいまいだったが、つぎのように整理されていく。第一に「行商隊は、党員及び党の同調者であって、行商隊の決議に服し、宣伝その他、党員と同様な行動をするものに限る」。第二に「行商隊は、その村の細胞と常に連絡をとり、出来るかぎり、その村の細胞会議に出席し、その方針に従って活動すること。細胞と別個に勝手なことをするのは誤りである」。第三に「行商隊の活動は、時によれば、地区・細胞の連絡、或いは税闘争の場合の様に、直接組織活動をする事もあるが、平常時の活動は、主として宣伝活動に限定される。併し、そうした限界性を持つが故に、その特殊性を生かして、徹底的にビラを持込むこと」。

行商隊は地元の細胞の下に置かれる特宣隊的存在であったが、のちに効率性を考えて行商隊自体が細胞（経営細胞）となり、選挙運動もおこなう。富岡行商隊は成功したケースであっただろうが、全国的に見ると行商隊活動は辛酸をなめた。*15

第2節　日本共産党と朝鮮人

党再建期の朝鮮人党員

日本共産党は日本人だけの党ではなかった。「一国一党の原則」のもと、日本の全居住者に党員資格があった。敗戦後の一九四五年九月二四日、金斗鎔らが日本人共産主義者に呼びかけて「政治犯釈放運動懇談会」を開き、右派も含めて「政治犯釈放促進連盟」(委員長金斗鎔)を結成し、共産党の再建が協議される。[*16] 翌二五日に金らがGHQに出向いて政治犯と思想犯の即時釈放を陳情した結果、一〇月一〇日に政治犯釈放指令が出され、徳田ら党指導者が府中刑務所や豊多摩刑務所から出所する。同夜、朝連結成準備事務所で「党再建と拡大強化促進委員会」が組織され、徳田ら七名が中央委員となった。一九四五年一〇月一五日に在日本朝鮮人連盟(朝連)が結成されるが、党再建過程はそれと並行する。

一九四五年一二月開催の第四回党大会規約で共産党中央委員会内に朝鮮人部(日本共産党朝鮮人部。部長金天海、副部長金斗鎔。一九四九年九月以後は山辺健太郎が部長)を設置し、翌一九四六年二月の『前衛』創刊号には①金斗鎔「日本における朝鮮人問題」、②資料「朝鮮共産党の行動綱領」、③ハンクン・ツラリム[*17]「朝鮮の便り」が掲載される。

朝鮮人問題は重視されていたが、評価は厳しい。①は朝連を中心とする朝鮮人の闘争は、「すべて民族的な、特殊的な利益擁護のための闘争」「闘争しやすく、また勝利をかち得ることも比較的容易な問題」に限定され、「人民としての根本的な生活条件を闘ひとるための基本的な本質的な闘争ではない」と指摘している(一六頁)。「基本的な本質的な闘争」とは何か。それは「天皇制打倒」だった。つまり、「われわれ自身及び全日本の人民を圧迫し、搾取してきたところの、天皇制を打倒しなければ、われわれ自身の解放があり得ない」から、「そのために日本の人民解放闘争に参加するやう一切のキッカケと機会を捉へなければならない」とされ（一八頁）、日本の解放闘争が主で、朝鮮の解放闘争は従とされた。③も朝鮮の解放闘争は日本の解放闘争との「強力な提携」を前提とすると論じた（三二頁）。

こうした認識は一九四六年の「八月方針」[*18]にも明らかであり、第一項は「各地にある朝鮮人だけの細胞やフラクションは、共産党の地域細胞やフラクションに加入し、日本人党員と一体となつて活動する」こととし、朝鮮人党員や朝連は民族性を抑えて、「日本の人民民主革命」の一環たるべきと指示した。その後の『前衛』一九四七年三月号の金斗鎔「朝鮮人運動は転換しつつある」、三月一九日付書記局指令第七一号「朝鮮人間における活動方針」（5-0010）、『前衛』五月号の金斗鎔「朝鮮人運動に正しい発展のために」、九月七日付書記局指令第一四〇号「朝鮮人運動の強化のために」（5-0014）、一九四八年三月一七日付朝連グループ中央指導部指令「党性強化について」[*19]、四月二七日付書記局指令第二四四号「朝鮮人の学校問題について」（5-0016）、などでも同様の認識が追認できる。地方レベルでも一九四八年九月八日には関東地方朝鮮人党員会議で「新しい段階における在日本朝鮮人運動と共産主義者の任務」[*20]、一九四九年一〇月二日には関西地方朝鮮人党員会議で「転換期に立つ在日本朝鮮人運動と共産主義者の任務」[*21]が報告されている。

しかし、この間一九四七年三月に朝連書記長白武の脱党・除名がおこっている。脱党届には「日本在留六十万同胞は、祖国の自主独立戦取と、民主主義国家建設過程にある段階においては、本国の一翼となつて、民族的に賦課された使命と課業を忠実に遂行しなければならない」と見える。日本革命との〈提携〉ではなく、朝鮮革命の〈一翼〉を意識した立場であり、その点が民族的偏向として批判され除名されたのである。[*22]

分裂期の朝鮮人党員

一九四九年一二月に朝鮮人部が発展した民族対策部（民対、部長は朴恩哲）設置から一九五五年七月一五日の解散までの経緯については、前掲黒川『戦争・革命の東アジアと日本のコミュニスト』や前掲松村「強制と自主独立の間―日本共産党「軍事方針」をめぐる国際環境（1949〜55）―(7)」に詳しいが、分裂期の状況をわかる範囲で見ておこう。

一九四九年九月、朝連（構成員三〇万六〇〇〇名）や在日本朝鮮民主青年同盟（民青、一九四七年三月結成、構成員三万名）は団規令によって解散させられ、朝連総本部の全財産も没収された。両団体の解散は朝鮮人党員の組織力低下につながったので、党中央委員会組織活動指導部は九月二五日付で各地方・府県委員会宛指令「朝連解散後における組織活動について」[*23]を出している。注目されるのは非公然活動に関するつぎのような指示である。①「特殊活動」に従事していたものは統制委員会の管轄下に入ること、②今後失業者同盟の勢力が増大するだろうから、「革命は失業者ならびにこれに準ずる者の暴動の形態をもつて発火するであろう」、③「暴動」の準備として各地方委員会に朝鮮人青年を中心とする「特殊工作隊」を設置し、優秀な青年を「党オルグ」に採用すること。つまり、コミンフォルム批判以前の段階ですでに革命の「暴動」化が計画されていた。

分裂下の動きはどうであっただろう。『アカハタ』一九五〇年四月五日付宣伝・教育の手びき「朝鮮人問題」には、「朝連はあるときは日本人自身よりも日本の民主化に力をかしてくれていた。これは日本の軍事基地化＝植民地化が日本人にとつてばかりでなく、朝鮮人にとつても共同の運命であることを植民地民族としての四十年の経験を通じて強く感じているからである」と見える。「共同の運命」は大人だけの問題ではなかった。中央委員が追放された六月六日以降、朝鮮人児童・生徒は品川区や目黒区の党委員会や党本部・東京都委員会・神奈川県委員会などを訪れ、「ぼくたちはだれが正しいかをしつています、もしものことがあればぼくたち南部地区少年団は全員でおじさんたちをまもります」「共産党がなくなつたらぼくらを守つてくれるものはありません」「共産党のおじさんたち頑張て下さい」と激励している（『アカハタ』六月七日付「ぼくら、わたしたちが共産党をまもる　朝鮮人学童が涙で激励」、同九日付「朝鮮少年団が激励でも」、『解放』六月一三日付第一一号「川崎朝鮮少年団　共産党をげきれい」9C-0368)。

こうした状況下、一九五〇年九月三日付中央指導部指令第四一五号「在日朝鮮人運動について」(4-0988)は、「全朝鮮党員を細胞活動に参加させ、ちかんしがちな規律を強化しなければならない」と論じ、分派主義に走らぬように戒め、「プロレタリア国際主義は自分の現在立つている地点＝日本において如何に実践するかという立場がぬけると、チトー的ブルジョア民族主義に、おちいる」と指摘した。朝鮮革命を日本革命の従属部分として位置づけ、自立的革命運動を民族主義的偏向・チトー主義と批判したのである。

なお、朝連解散後、一九五一年一月に在日朝鮮統一民主戦線(民戦)が結成されるが、それより前、一九五〇年六月一六日の「祖国統一戦取八・一五記念月間闘争全国代表者会議」で民戦準備会は設置され、以後中央準備会を重ねている。[*24] 朝鮮戦争開始直後の六月二八日に共産党民族対策部は「軍事活動の指導機関」として祖国防衛中央委員会を結成し、下部に祖国防衛委員会と祖国防衛隊を設置した。[*25] 一〇月二九日には朝鮮青年党員各県責任者会議を京都・大阪で開いた模様である(一九五〇年一〇月一四日付臨時中央指導部「朝鮮青年党員各県責任者会議召集について」4-1015)。同年一一月二五日付ビラ「親愛なる中国地方の全同胞に訴ふ!」(7-2062)は、中国地方の朝鮮人活動家は分派主義者の動きに警戒するように述べているが、文中に「中央の民戦に結集するよう数ヶ月に渉って同志的に要請した」と見える。作成者は「在日朝鮮民主統一〔ママ〕戦線・祖国防衛在日朝鮮青年戦線」。祖国防衛在日朝鮮青年戦線は一九五〇年一一月開催の「在日朝鮮青年全国代表者会議」で結成された。[*26] 祖国防衛在日朝鮮青年戦線は共産党の指導下、結成されたとみてよかろう。一一月の在日朝鮮青年全国代表者会議決定書[*27]には「中国、福島地方の分裂主義者に対する決議」も載せられ、共産党臨中に結集して、中国地方を拠点とする分派主義者(国際派)の行動を批判することを呼びかけている。

朝鮮革命運動の自立化

その後一九五〇年一一月下旬に神戸「長田区役所襲撃事件」がおこる。二〇日と二四日の両日に数百人の朝鮮人が生活擁護を求めて長田区役所に押しかけ、多くの逮捕者が出た。二七日には神戸市のみならず全県下の朝鮮人に呼びかけて逮捕者の奪還などを求める「祖国統一決起大会」が開かれ、警官隊と激しく衝突している。指導にあたった関西地方委員会は事件直後に臨中椎野議長宛「緊急報告」(7-1690)を送っているが、それによれば二七日の大会を機に「全県下にわたり税斗争で税務署に再審査要求を承認さす談判斗争」を計画したが、「少数者の直接的行動」主義、「一揆主義的傾向」をコントロールしきれず失敗したと自己批判している。また「労働者階級特に組織された労働者を斗争の先頭に立たしめることなく、朝鮮人・市民を斗争の先頭に立てている点」も反省している。上記したように、朝鮮解放運動と日本解放運動の連携がうたわれていたにも関わらず、共産党は十分な指導を果たせなかった。

緊急報告を受けた臨中は関西地方委員会宛に一一月二九日付「神戸朝鮮人人民大会事件について」(7-1686)を送っている。それによると、闘争は拙速主義に陥り、「極左的傾向と引廻し主義」「民主民族戦線の方針に対する無理解」が見られたという。「極左的傾向と引廻し主義」とは何だったのか。それはつぎのような誤った戦術だった。

現在の情勢では一ヶ所で敵との衝突が起った場合、味方の力をその一点にくり返して何度も集中することは誤っている。むしろ大きく力を結集して一ヶ所を攻撃したならばその成果を全体に拡大し、次にいたる所で同じような攻撃が行われるようにしなければならない。

つまり、一点突破的な集中闘争ではなく、全県規模の連続闘争が求められたのである。神戸事件の教訓をふまえて、一九五一年二月の四全協、同年一〇月の五全協では「在日少数民族との連携の強化」が謳われる。この間、五月一〇日には党民族対策部全国代表者会議で「在日朝鮮人運動の当面の任務」[*28]が決められ、六月二五日には臨中から朝鮮人指導部に宛てて「朝鮮人指導部に対する指令（要旨）」[*29]が出されている。後者では、「朝鮮祖国防衛委員会」（五〇年四月結成）と「朝鮮祖国戦線統一協議会」を一九五一年六月末日に「朝鮮祖国戦線防衛委員会」に統合し、七月以降、朝鮮人指導部が直接指導して、「民戦活動の推進母体たること、反帝斗争を朝鮮で開始する後衛部隊たること。日共の斗争に協力し、特に革命準備部隊たること」とされた。

一九五二年一月一日付党民対機関紙『北極星』「理論の武装を強化せよ」[*30]は、朝鮮革命を日本革命はもちろん、世界革命の一環として位置づけている点が注目される。

在日朝鮮人の祖国防衛斗争は、党の指導のもとに斗われるものであり、従つて「新綱領」を実現するその一環として斗われてこそ前進しうるものである。たしかに祖防斗争を遂行するにあたつて、自己の祖国を守るため、あらゆる場合、朝鮮人民民主主義共和国国民としての民族意識を昂め、自己の民族統一の戦線を強めることに積極的努力がなされるのであるが、斗争の内容はすべて現段階における世界的な階級斗争に直接つながつており、従つて「新綱領」の内容と背馳するものではなく、そのものをうけもつものである。

一方、共産党内における朝鮮人の人事採用は紆余曲折した。同年一月一四日付の中央各部宛「クラブ№7　各部人事」（4-1393、「クラブ」については不詳）は本部員の採用に不適格な人物として、①「家族や友人関係に、敵権力の弾圧、情報機関につとめる者のあるとき」、②「敵権力に屈服した人であるとき」に続けて、③「朝鮮人」をあげている。理由は「現在敵の追求が最もはげしく、又意識的にその中にスパイもいれこんでいて、とく別の場合をのぞいては、本部員としては適当でない。在日朝鮮人の祖国防衛斗争はますます重要になつてきているので、優秀な同志はその方面で活動の部署をきめる方が、より適当である」ということだった。ところが、③は一か月後の二月一六日付中央各部宛通達「第一〇一三号　「人事について」の通達一部削除」（4-1394）で、理由なく削除される。

祖防隊と民戦

一九五二年六月一日付の『国民評論』第三九号に祖国防衛全国委員会（祖防委）「在日朝鮮人民の祖国防衛斗争を強力に発展させるために、祖防隊の組織と行動を拡大強化せよ」[*31]が載る。祖防隊は祖防委の指導統制のもとに軍事行動をおこなう「在日六〇万同胞の武装力の中核」とされた。これに対して民戦は「合法的諸団体の結集」であり「主として合法的な斗争手段と斗争形態」にとどまる。共産党の組織論として合法・非合法＝公然・非公然の複合性があったが、朝鮮人組織の場合も同じように、民戦と祖防隊による「合法、非合法の結合と統一」が求められた。『軍事ノート』同年八月二五日付第七号（4-1561）には論説「祖防隊を掌握し指導せよ」が掲載されている。

この線に乗って、「新綱領」を反映した「在日朝鮮民族の当面する要求（綱領）草案」[*32]が七月に発表される。九州のある細胞機関紙（『白頭山』一九五二年七月二一日付第八号〔7-2265〕「Ⅱ綱領対議について 二、日本革命との関連について」）は、民族綱領の討議から導き出された実践的結論は「民族的な愛国心を高揚し、愛国的な行動による祖国防衛斗争をもつと強化し高めてゆくこと―此の行動が日本の革命と別なものではなく、全く一致するものであることを大衆に意識づけねばならない」と結合関係を強調している。[*33]

一九五三年七月に朝鮮戦争は休戦となるが、それによって日本は米軍の後方基地から最前線基地になり、再軍備反対闘争は継続する。『アカハタ』一九五四年四月一五日付主張「日朝両国民の統一戦線の強化を！」は、東京都教育委員会の民族教育への弾圧と教育二法案を通じた教育支配をとりあげて、「ここに日本国民と在日朝鮮人とが、兄弟の連帯をもって固く腕を組んで、平和と独立と文化をまもるためにたたかわなければならぬ基礎がある」と論じた。『前衛』五月号「在日朝鮮人運動について」も、「在日朝鮮人の闘いを成功にみちびくためには、この日本国民の闘いと在日朝鮮人の闘いを固く統一することが肝要であり、それによって保証されるのである」と述べた。『アカハタ』六月二五日付主張「再び朝鮮人学校に対するやばんな迫害について」でも、「在日朝鮮人と日本国民は、いっしょに手をたずさえてたたかわなければならぬ共通の敵をもっているのである。それはアメリカ占領者と吉田政府である」と統一連帯を強調していた。[*34]

しかし、一九五四年八月三〇日に北朝鮮外相南日（前朝鮮人民軍総参謀長）が在日朝鮮人迫害への抗議声明の中で、「日本に居住する朝鮮人が朝鮮民主主義人民共和国公民としての正当な権利をもっている」と明言する。[*35] これは朝鮮人党員の共産党離脱を促した。これ以降在日朝鮮人コミュニストの指導政党は日本共産党から朝鮮労働党にかわる。同一〇月の中国紅十字会代表団の来日の際には華僑・留学生細胞の解散も通達されている。[*36]

切り離される朝鮮人党員

一九五五年一月に出た党中央指示「在日朝鮮人の運動について」[*37]は従来の方針を一変させた。一つは民戦からセクト性を抜き、「在日朝鮮人の全体が包含させる民族戦線組織結成の方向、例えば在日、華僑総会の如くに尽力」し、「生活権と共和国公民の意義と権利」を基調とした。これは「内政不干渉」の立場であると説明し、「日本と朝鮮の間にのみ他国と異る歴史的、地理的関係があるといったことは、この問題の解決には何ら影響しない」と論ずる。二国間関係を特別視しないというわけである。もう一つはより直截な主張である。「在日朝鮮人に日本革命の片棒をかつがせようと意識的にひき廻すのは、明らかに誤りである」。在日朝鮮人が闘争において果たす役割を「過少評価するものではないし、朝鮮人党員は日本共産党の目的・規律に従って行動すべきであると但し書きしているが、「日本革命の片棒」という表現には従来主従関係があったことが告白されており、「ひき廻す」ことを自己批判している。後述する六全協直前の党民族対策部解散に向けた布石である。

中央指示に対して、三月三日の中央民対会議結語は「新綱領は、日本の革命のためのものであり、われわれは祖国を保持するためでその目的が違ってくるから、党籍を離脱する」[*38]と述べている。五月二四日開催された民戦六全大会は従来の運動を自己批判し、民戦を発展的に解消して在日本朝鮮人総連合会（朝鮮総連）を結成することを提案した。翌二五・二六日には総連の結成大会がもたれる。

この直前の五月二二日に党本部で六全大会の成功に向けて朝鮮人党員全国代表者会議が開かれている。党中央からは春日正一中央指導部議長と秋山（名前不詳）組織部長が出席している。「正会における秋山氏の発言の要点 4/13」(6-0173）と題する史料があるが、「正会」は朝鮮人党員全国代表者会議を意味すると思われる。「4/13」が日付だとすると、会議用の事前メモであろう。秋山が強調している点は、六全大会では「共和国公民としての精神的高揚」「内面的前衛勢力の結集」が重要であり、党が上から指示することは避けて、「自主的に結集される過程で民対が解体され党籍が解除される」ようにし、前衛勢力の結集によってできるであろう「指導部はその内部で自主的にきめられるべき」であると述べている点である。今後の指導は「民対の力だけではとても不可能」とも告白している。〈内面的〉〈自主的〉という言葉に、党中央なかんずく民対の責任放棄が見られはしまいか。

秋山メモは民対全国会議の開催は六全大会で統一を勝ち取った後が良いだろうと記しているが、実際六月に開催された。報告草案（要旨）「在日朝鮮人運動の転換について」[*39]では、「外国居留民としての運動が、主権打倒を目的化する内政干渉になりかねない形で組織されがちであった」と反省し、共産党との関係について末尾でつぎのように明言した。

在日朝鮮人運動の転換に従って、従来の在日朝鮮人運動の中における、前衛勢力の組織形態とその任務も、また、変らなければならない。従来、日本共産党に属していた朝鮮人党員は、日本共産党から、その籍を離脱し、在日朝鮮人運動の性格と内容に応じて、独自的な前衛勢力として組織されなければならない。

六全協の直前七月一五日に党民族対策部は解散し、同二四・二五日に最後の民対全国会議を開く。こうして「一国一党の原則」は解消し、朝鮮人コミュニストは「独自的な前衛勢力」として、日本共産党から切断放出される。これが六全協のもう一つの姿であった。

第3節　混迷と模索

分裂前後の歴史家たち

共産党四全協の数カ月後、一九五一年五月一九・二〇日に歴史学研究会五一年度総会・大会が開かれる。[*40] 大会テーマ「歴史における民族の問題」は、前後する四九年度「各社会構成における基本矛盾について」、五〇年度「国家権力の諸段階」、五二年度「民族の文化について」という流れの中でとらえなければならないが、「学問の必然的な流れとして出てきたというよりは、もっと政治的な要因、あるいは国際情勢がある」[*41]と思われていた。[*42] この問題の中心人物石母田正[*43]が述べているように、前段階として、一九五〇年の『前衛』第五一号にスターリンの「言語学におけるマルクス主義について」（初出は『プラウダ』同年六月二〇日・二九日・七月四日付）および「言語学の若干の問題について」が発表され、それ以降数年にわたり、『中央公論』『思想』『文学』『理論』などに関連論文が載る。その間、一九五〇年九月には民主主義科学者協会（民科）東京支部主催のシンポジウム「言語・民族・歴史―スターリンの言語論を中心として―」が開かれ、石母田は民族問題の理解のために同論文が大きな理論的意義をもつことを論じた。[*44] つまり、田中克彦が整理したように、言語の階級性を否定して、「民族語を唯一の言語の存在形態」としたスターリン言語学の「言語的保守主義」によって、日本共産党の文化政策（蔵原惟人など）は支えられ、歴史学研究における民族主義を進めたのである。[*45]

具体的にみていくと、歴研五一年度大会直前の『前衛』一九五一年第五七号に臨中「文化闘争における当面の任務―全国文化工作者会議の報告と結語―」が掲載されている。あげられている当面の任務は、①「党の戦略戦術に従属するという原則」の具体的実践、②「党機関の指導」の確立、③「大衆路線の確立」であった。①は「文化中心主義的偏向」の克服、②は各種文化団体中央グループによる「引廻し指導」の排除を意味した。

さらに文化工作の要点として、「第一に、民族的自覚を高め、愛国的情熱を昂揚し、全民族的・全人民的な民族独立の要求と憤激とをもりあげること。第二に、過去および現在において闘った民族的英雄、日本民族がもつすぐれた革命的伝統と力を正しく評価し、あらゆる文化面でうち出すこと。第三に、民族文化のあらゆる形式を十二分に運用すること。第四に、地域人民闘争を強化し、地域の人民を結合し、これをますます高めるという目的意識を明確にすること。第五に、ますます悪質になってきている文化面における分派主義者と徹底的に闘い、これら不純分子をわれわれの陣営から放逐すること」を列挙している。

「党員歴史家の当面の任務」

これを受けて、同年四月の党員歴史家会議に「党員歴史家の当面の任務」草案[*46]が出され、つぎのような項目の実行が迫られている。①「学界を眼当てにではなくて、人民の中で人民に服務せねばならぬ」、②「党員歴史家としての党派性を確立する」、③「党的実践によって「真の創造」を達成する—研究と普及との統一」、④「当面の研究課題は、「民族の独立と解放」の方向で選ばれる」、⑤「植民地教育に対する斗争を組織すること」、⑥「発表機関を組織的に強化拡大し、研究成果を急速に人民のものとする」、⑦「党員歴史家は学界における統一戦線の柱になる」。

全体を通して理念的な主張であるが、④において「逃避的な小ブル史観」として、「生産力史観」と「窮乏史観」が指摘されている。前者は「下部の経済構造を図式化してその推移は見るけれども、革命的階級の成長と隆起を権力との関係で正しくとらえない」「マックス・ウエーバーに系譜を引く小ブル的な社会民主主義史観」である大塚史学であり、後者は「支配階級の収奪と窮乏大衆の叛逆は見るけれども、指導のない蜂起による革命を賞讃する」「羽仁五郎によって代表されアナーキズムに通ずる左翼小ブル史観」であった。[*47]

大塚久雄批判の嚆矢は、大学新聞連盟編『大塚史学批判』（大学新聞連盟出版部、一九四八年）である。まえがきには「この暴圧時代において、一定の進歩的役割をもった―すなわち良心的な学問の最後の一線であった―大塚史学にたいして、こんにちの民主革命の進展は、それを時代の進歩にそぐわぬものとなしつつある」と見える。直前の『前衛』同年第三〇号は特集「近代主義の批判」を組み、蔵原惟人「近代主義とその克服」を掲載している。蔵原論文の元は一九四七年一二月の党第六回大会での蔵原報告「文化問題に関して」であり、一九四九年の伊豆公夫編『近代主義批判』（同友社）に再録される。

『大塚史学批判』の中でもっとも辛辣だったのは、井上清「後向きの歴史と前向きの歴史」だろう。井上は大塚（および高橋幸八郎・信夫清三郎・松田智雄）の立場はすべての歴史事象を「型」で決定する「カタログ史観」「カタロギズム」だと批判した（七五―七六頁）。一方、服部之聰「大塚史学の系譜」は、大塚の方法論的転回（マルクスからウェーバー）を指摘しながらも、「いちはやく祖国日本の現実について、民主主義革命の戦列に身を置きつつ筆をとった大塚久雄氏を何人がその「小ブルジョア」性の故に筆誅する権利をもつというのか！」と擁護した（一六九頁）。

大塚は渡部義通・平野義太郎・林基・松本新八郎・倉橋文雄・石母田正・高橋幸八郎・藤間生大・林健太郎と並んで『社会構成史体系』（日本評論社、一九四九年―未完）の編集委員であり、大河内一男・大山郁夫・清水幾太郎・末川博・羽仁五郎・平野義太郎ら並んで『日本資本主義講座　戦後日本の政治と経済』（全一〇巻、岩波書店、一九五三―一九五四年）の監修者に就いていた。後年、望田幸男は「大塚史学は戦後少なくない批判者の存在にもかかわらず、今日の地位を確保してきた。この秘密の大半は、その論理構成もさることながら、この学派の創始者の内奥からほとばしり「体制」＝日本のアンシャン・レジームへの対決の姿勢の中にあった」と論じている。[*48]

歴史学と政治

さて、党員歴史家会議「党員歴史家の当面の任務」に含まれている問題点を、山田敬男はつぎのように整理している。[*49]

第一に、「民族独立と人民解放に役立つ研究」というが、占領下の現状を「帝国主義の植民地支配」と規定し、発達した資本主義国である日本をアジアやアフリカなどの植民地・従属国と同一視している（中略）そのうえで、「地域人民斗争」という中国革命の影響を受けた闘争への参加を事実上強要している（中略）第二には、「研究と普及とを二元的に考え、研究を普及よりも尊ぶ考え方」が「われわれの間にも広汎に存在」しているとして、「書斎から出て、本来の党員歴史家に帰ること」を強調し、事実上、専門研究の独自性を否定している（中略）学問の創造活動の意義を理解せず、直接当面の政治活動への参加を強要する政治主義的歪曲である。第三は、近代主義や社会民主主義への一面的で打撃主義的な批判を繰り広げる乱暴なセクト主義である。

「文化闘争における当面の任務」や「党員歴史家の当面の任務」という日本共産党方針に沿って、歴研五一年度大会が準備されたわけではない。この時期、一般的に「「いつでも勉強は捨てる覚悟だ」というような、革命的浪漫主義」があったが、[*50]大会テーマ「歴史における民族の問題」はすでに一九五一年一月二六日の委員会で決定されていた。[*51]

五一年度大会の報告者は原始古代社会が藤間生大、封建社会が古島和雄、近代社会が鈴木正四・遠山茂樹・野沢豊だった。報告者の一人遠山は後年『戦後の歴史学と歴史意識』の中で、「五一年度大会での「歴史における民族の問題」の報告の基調は、藤間生大・古島和雄の古代・中世の部と、鈴木正四・遠山・野沢豊の近代の部との間にへだたりがあった」（一〇六頁）と述べている。

はるか七〇年以上も昔の歴史学界の動向は、現在では忘れ去られている。今から十数年前に須田努は、「民族の問題・国民的歴史学ともに、一九五〇年のコミンフォルム「論評」以降における日本共産党の内部分裂と武装闘争路線といった政治動向と密接に結びついて展開したことは、当時自明のこととされていた。しかし、五〇年以上経過した現在（二〇〇八年現在）これは共通の知識となっていない」と指摘した。[*52] 須田は当時の概況を整理しているが、[*53] 五一年度大会における党派性をめぐり、遠山が指摘したような報告者間の「へだたり」に関して、民族主義に立つ主流派〈所感派〉＝古代・中世史家と反民族主義に立つ反主流派〈国際派〉＝近代史家の対立とみなす見解があった。犬丸義一はこれに関して、「主流派対国際派の対立という傾向が皆無ではなかった、と考えるが、それだけでは一面的だと考える。近現代史を専攻した者が、現代史の分析に強く、50年テーゼ草案、四全協の情勢分析、51年綱領に納得がいかず批判的見解をもち、「組織的分裂」に反対して臨時中央指導部系統に属していながら、国際派＝全国統一会議系の分析に近い見解をもっていたことが事実である」と整理している。[*54]

五一年度総会では五大国平和協定締結よびかけ（ベルリン・アピール）の署名をめぐって激論があり議決されず、採択は一一月の臨時総会に持ちこされた。[*55] こうした事態を「かれら分裂主義者〈所感派〉は「愛国」運動を平和ヨーゴ闘争からきりはなし民族の問題を平和の問題からきりはなそうとする」と批判する向きも歴研外にあったが、[*56]「大会で、また会誌で、同一の学会内で、賛否両論が討論されるような状態が、その討論の激しさにもかかわらず、一応存在した点にも、『人民文学』と『新日本文学』のように、二つの会誌が出された文学戦線などと、歴史学の場合、根本的に様相が異っていた」[*57] とも指摘されている。はたしてそうか？

歴研一九五一年度大会

五一年度大会（歴史学研究会編『歴史における民族の問題―1951年度歴史学研究会大会報告―』岩波書店、一九五一年）では確かに古代・中世の部の討論において、「近頃主張される国際的な連帯主義を形式的に理解し、民族というものの実体と、それが含む合法則性というものを理解できないこと」を取りあげ、「プロレタリア的な立場にたつ民族意識は国際主義と対立せず、むしろ結合する」という所感派の立場に立った発言（藤間生大）が見られた（五六頁）。民族問題をめぐる討論を打ち切ろうとする議長の進行に対しても、「徹底的に民族的英雄の問題、民族的文化の問題、民族的誇りの問題に集中されてよいのじゃないか」という提案（犬丸義一）も出された（五七頁）。

一九五二年発行の『日本歴史講座』第一巻歴史理論篇（河出書房）の座談会「歴史科学の方法」において、石母田正は農村史をめぐって歴史学研究の最新動向をつぎのように述べている。当時の情況がわかる（四一―四二頁）。

今までは、民科の地方支部などでも歴史を問題にする場合は、すぐに百姓一揆のことを問題にするし、そういうものがない所は他にあまり研究する対象がないというようなことが相当多かったのです。もちろん百姓一揆の研究も非常に大事なのですが、それが非常に偏陂であったと思うのです。所が、去年あたりから、農村の政治情勢というものが非常に複雑になって来、（中略）一揆一本鎗から相当発展してきているのです。

歴研一九五二年度大会

一九五二年五月、メーデー事件直後に開催された五二年度大会（歴史学研究会編『民族の文化について―1952年度歴史学研究会大会報告―』岩波書店、一九五三年）の議論も沸騰した。北山茂夫は近代史部会の討論で、「非常に問題がたくさん残され、かつ混乱した形でこの大会が閉じようとされていることに対して、私は非常な危惧を抱くのであります。（中略）この近代史部会がほんとうにいい結論をみんなの努力で出さなかったならば、われわれの歴史学研究会は二十年の歴史を持っていても、ファシズムに屈服することになるということを私はおそれるのであります」（一六六頁）と危機感を露わにした。[*58]

議論のさなかの熱気を、高橋磌一は切迫さを以ってこう伝えている。「たいへんはげしい討論が行われましたが、いま一人の学生が私の席のうしろに来て涙を流さんばかりにして、いまこうして討論されているうちにもパンパン

〔ママ〕文化がとう〳〵として山奥の村のすみ〴〵にまで流しこまれて、私たちの祖先の残してくれた文化が破壊されつつあるのだ。そのことをもっと考えて、その上に立って民族文化の問題を考えてくれないかなあ、と話しておりました。そのことをもう少し考えないと、せっかく私たちが民族文化という主題を立てて研究し論じあってもむだなのではないか」（一七四頁）。

五二年度大会について、北山は「空虚、おろかさ」を指摘し[*59]、代表の江口朴郎も「全体にわたっておびただしい不統一」の感想を抱き、「多くの異った意見があることそのものが問題なのではなく、その意見の相違が整理され影響しあって全体として発展するというような方向に向わず、極端にいえば意見の差異さえもが意識されていないのではないか」と嘆息した（『民族の文化について』二六九頁）。江口の視点に立つならば、文学界と異なり、「賛否両論が討論されるような状態が、その討論の激しさにもかかわらず、一応存在」していたという認識（犬丸）は甘かったのかもしれない。歴史学界が文学界以上の次元に存在していたとは限らない。文学界以下であったとも言えるのである[*60]。

歴研一九五三年度大会

一九五三年五月三〇・三一日開催の五三年度大会（歴史学研究会編『世界史におけるアジア―1953年度歴史学研究会大会報告―』岩波書店、一九五三年）でも、北山の厳しい発言が注目される。北山は英雄時代説を批判するなかで、石母田が英雄時代説を打出してきた「客観的な条件」には「革命に対する幻想」があり、占領下における「民主革命」「無血革命」という「平和コース」が想定されており、「世界史の基本法則をわれわれの国の歴史の中に、理論的な要請として定着させることによって、革命に対する確信、あるいは確信を生み出すところの学問的な操作がやれるという論争」があったが、「なかなかその後の革命の情勢が進まないで、屈折に屈折を重ねるに従って、今度は今まで忘れていた民族という問題が前面に出て来て（中略）あるいは農民の、あるいは市民の、勤労者の素朴なる悩み、願い、そういうものと密着しながら、われわれの歴史学を建設しなければならない、こういうところへ落ち込んで行かざるを得ない。そういうところにわれわれの歴史学の非常な危機、つまりわれわれが学問の上で国民に奉仕するという上における非常な危機に、われわれが立っているということを考えるわけであります」（二一一―二一二頁）と歴史学界の深刻な状況を憂えた。

大会直前、北山は期待を持てないと語っていたが[*61]、大会参加後、前年度に比べれば危機的状況は改善されたとの感想も抱いている（二一二頁）。しかし、大会の席上、北山は英雄時代論批判を通して、つぎのように問うた（二一四頁）。本質的な発言である。

われわれは歴史の法則性の中において幻想を持つことはたいへんな誤りである。（中略）われわれはこの歴史に対してやはり幻想を持たないで、あるがままの関係においてこれを見て行かなければならぬ。われわれは周辺のあるがままの関係から歴史の理論からやって行かなければならぬのではないか。そういう意味において、単に英雄時代のみならず、戦後のわれわれの歴史学を貫いている世界史的法則の名によって、客観的なもの、民族の問題を提起することによって初めて破られつつあるんではないか。そういう民族の問題なんかは今年の討論を通じて、今までの二回の大会での成果をふんまえてだんだん本ものになりつつあるという確信とまでは行きませんけれども、希望を持ってきょうの大会に連なっているわけです。

厳しい対立分裂の下で開催された歴研大会であったが、歴史学研究の原理的地平が開示された点は、大きな収穫・前進であっただろう。あらためて北山は五三年度大会の感想として、「気分が楽」で「原則的に言論の自由が確保されていた」と述べている[*62]。

歴史学の転換点

歴史学界が五〇年問題の影響を受けていたことは言うまでもない。遠山は「一九五一、五二年は、四九、五〇年に引続いて知識人と政治とのかかわりあいの歴史にとって貴重な年であった。戦前に大規模の人民戦線の体験をもたなかったわが国では、この年の政治体験は重要であり、学問への影響も大きかった」と振り返っている。[*63]

京都の状況をあげてみよう。岩井忠熊『戦争をはさんだ年輪　一歴史研究者のあゆみ』（部落問題研究所、二〇〇三年）によれば、『アカハタ』編集部文化部長や『人民文学』編集長をつとめていた伊豆公夫（赤木健介）が岩井の下宿を訪ね、所感派への協力を求めたという（一八一頁）。岩井は一九五二年のメーデー事件を中心とする極左冒険主義の中で内乱史への関心が高まり、大学（立命館大学）の同僚だった林屋辰三郎らも「眼前の内乱的現象に刺激されていたことはまちがいな」く、「一見マルクス主義に無縁そうに見えた林屋さんも、エンゲルス『ドイツ農民戦争』を熟読していると語ったことがあった」（一八五―一八六頁）と述べている。岩井が会員だった日本史研究会も一九五〇年代にはいり、民族問題に焦点をあて、一九五二年春季大会の「現在の日本人は歴史家に何を望むか」と題するシンポジウム（議長・北山茂夫）では、民族をめぐって激論が交わされた。[*64] 立命館大学夏期講座も一九五一年「民族と文化の危機」、一九五二年「日本民族の抵抗と文化」をテーマにしている。[*65]

北の歴史家たち

また当時存在していた歴史学研究会支部の動きも興味深い。一九五二年晩秋、札幌支部の案内で服部之聡が来道している。その様子は「望郷―北海道初行脚―」（服部『微視の史学』理論社、一九五三年）に描かれているが、服部は美唄市の三菱鉱業茶志内鉱業所炭労茶志内支部の坑夫集会所で講演をしている。題目は「民族文化と労働者階級」。聴衆は講演旅行中、「いちばんささやかな」三〇人ばかりだったものの、「いちばんふかい思い出」だった。服部は「仮りにこの主題を、私が所属する歴史学研究会の春の大会にかけてみたとするとき、どんな討論が渦まくかは見ものである」「坑夫諸君は、この主題に食いいって、私を迷わせることがなかった。貧農から坑夫へ—。三代にわたって蓄積されたカンが、二・一ストまでとその後を背景に、朝鮮戦争と〔サンフランシスコ〕条約と破防法の現在史で、するどく心内に現象されてきつつあるのだ」と記している（二九三頁）。

さてその札幌支部は一九五三年六月二一・二二日に第一回大会「近代の再検討」を開いている（北海道歴史家協議会『季刊　歴史家』第二号、一九五三年）。フランス史の井上泰男が「大会の基本的観点」として、つぎのような問題提起している（三七頁）。

御承知のように、現在の世界にはこのような我々の「近代観」に対し、色々な意味で反省を迫る問題が多いように思います。特に注目に値するのは「新民主主義革命」後の新中国の動向でありましょう。こゝに建設されつゝある社会は、従来我々が西欧を模範にして考えてきた近代社会とは多分異つたものであることは明らかなようです。（中略）恐らく西欧が市民革命を通じて果してきたような課題が、今の中共の政策の中には全く織りこまれていないとは限らないでしようが、その目指している方向そのものは、西欧近代社会のそれとは決して同じものではないことは明らかです。ある意味では、西欧近代が果すべくして果しえなかつた理想、換言すれば「近代の彼方のもの」が部分的にせよ、実現されつゝ、あるようにさえ思われるのです。

井上は、中国の現状を見て、「我々の従来の近代観に従うならば、それは明らかに「歴史の飛躍」であり、もし飛躍を認めないとすれば、それは我々の「思考錯誤」に他ならないでありましょう」とさえ述べている（三八頁）。折しも来道中の上原専禄が挨拶に立ち、「ヨーロッパの危機」「西洋文明の危機」という問題に関連させて、こう論じている（五四頁）。

この危機という言葉は大変尋常でありませんので、私ども実証的歴史研究に従つておりますものが、危機というような言葉をやたらに使うことは、警戒しなければなりません。しかしながら、その言葉に該当するような事態があるとすれば、それを危機と呼ぶのに躊躇すべきでないのみならず、まさしく危機として意識しなければならないのではなかろうか、と考えるのであります。

しかし、上原は単純な政治〈危機〉論、社会〈危機〉論を強調したのではない。「危機意識の内省」に関して、つぎのような〈希望〉論も開陳した（五六頁）。

例えば学界では、日本の後進性を如何にして克服して行くか、という視角で問題が提起されて来たのでありますけれども、しかし現在に於ける政治や社会や文化の実際の問題というものは、日本の後進性を如何にして克服すべきか、という問題だけではないと考えるのであります。（中略）何か優劣とか先進・後進とかいう問題視角から考えるのではなくて、もっと個性的に自己を意識すると同時に、他というものをも意識して行くというそういうやり方を素直に持つことによつて、決して容易にとは申しませんが、我々の前には、研究の方面でも実際の活動の方面でも伸びのびした自由な世界が、或いはコースが開けて行くのではなかろうかと思うのでございます。

上原はこう述べて、「危機の観察と危機意識への内省の問題、之を学問的仕方でとり扱つて行くことは、まさしく歴史学の任務である」と主張した。上原はこの研究会の前日、六月二〇日に第六回北海道社会科教育研究会で「社会科教育における歴史意識について」と題する講演もおこなっている（『教育新潮』一九五三年九月号）。一九五〇年代初め、歴史学は深刻な危機に直面していたが、大きな使命と希望も語られたのである。

第五章　修復

〈虚偽〉は見つめられることを恐れている。しくまれた社会的〈陰謀〉は、はたらく人々の、作家芸術家たちの、社会活動家たちの真実の、澄んだその眼の、じつと見つめるのを恐れている。その〈虚偽〉〈陰謀〉は、ただ自分が見破られることで、すぐ次に、その真実の眼たちが、こぶしをふり、ペンを取り上げて、自分にせまつてくることを、知つているからだ。（松川文集編纂委員会編『真実は壁を透して』月曜書房、一九五一年〔のち青木文庫、一九五三年〕「編纂者のことば」）

第1節　東北からの問いかけ

福島県党と平事件・松川事件

一九五〇年八月結成の全国統一委員会には、関西地方委員会・中国地方委員会・福島県委員会・茨城県委員会・長崎県委員会、岩手県東部地区委員会・宮城県中部地区委員会・埼玉県西部地区委員会・静岡県中部地区委員会・福岡県筑豊地区委員会が結集した（「党の革命的統一のために声明する」※2）。[*1] このうち、福島県委員会についてみてみよう。

一九四九年、福島県党は六月の平事件と八月の謀略事件松川事件で揺れていた。[*2] 東北地方委員会議長の保坂浩明は九月革命説に立って革命前夜を煽り、[*3]『新しい世界』一九四九年三月号「東北の選挙の経験と批判」では、東北が「日本でいちばん先に革命化する」と論じていた。福島県党は数千の党員を擁し、[*4] 常磐炭田を基盤とする炭労、東北本線を主軸とする国労、会津を拠点とする電産、東芝の労働運動が展開していた。運動の高まりにはＧＨＱも注目したが、一般的に広く知られていたとは言い切れない。松川事件一審判決後に出版された『真実は壁を透して─松川事件文集─』に支援の声を寄せた石母田正（宮城県育ち）は「東北線」と題して、つぎのように述べている（一八五頁）。

下山、三鷹事件のような首府の周辺で大きな陰謀を企てた反動勢力が、同時に東北線に沿うたこの後れた平和な山間地方を同じような陰謀の舞台として選んだことは理由があるとおもう。大都会のように人民の勢力がまだ組織されていないところで、戦前には想像もできなかつた帝国主義者特有の大規模な近代的な陰謀が突然おこされれば、それは大都会より容易に成功するからである。はじめ反動勢力の企図は三鷹事件にくらべて松川では容易に進行したように見えた。残念ながら私たちも十分松川事件の被告を援助できなかつた。松川事件は終始おされ気味であつたと思う。この情勢を転換させた力は、一つには松川事件の被告諸君の英雄的な斗争であつた。この後れた地方出身の少数の若い人たちが、進んだ地方の労働者と同じく真実のために身をすてて斗う力をしめし、その力が日本の人民の広い階層の人たちに真実がいずれの側にあるかについて教え、共感を呼びおこしていつた。

福島県における「人民の勢力」を過小評価した東北後進論が色濃い。[*5] 一九四九年の諸事件の流れを整理すると、後述するように、平事件は下山・三鷹事件の準備として実行され、松川事件は下山・三鷹事件の延長として実行されたといえよう。

平事件とは、六月三〇日に共産党の掲示板撤去をめぐり平市（現いわき市）警察署で群集と警官が衝突した事件である。この日県内では、傍聴問題が起因で県議会が混乱した福島事件（県会赤旗事件）、若松警察署で被検束者釈放を求めた若松事件、郡山警察署に労働者・共産党員がおしかけた郡山事件もおこっていた。また福島地方検察庁には三菱製鋼広田工場労組委員長の不当逮捕に抗議して多くの組合員が殺到するという、闘争の日であった。福島県委員会は『平事件の真相─祖国の植民地化とファシズムの台頭を防がう─』（東北文化商事福島出張所、一九四九年）で平市政の混乱を指摘し、党教育宣伝部編『デッチあげられた平事件』（機械工の友社、一九四九年）は同日発生の諸事件を広義の「福島事件」ととらえ、そのほか共産党弾圧にむけた様々な仕掛があったことを明らかにしている。

松川事件の反響

八月一七日に東北本線で松川事件がおこる。事件直後に出された福島県委員会編『政治的陰謀か松川列車テンプクの真相—附便乗車掌の手記—』（日本共産党福島県委員会、一九四九年）は、六月から八月の諸事件を連続謀略事件とつかんでいる（二—三頁）。

下山、三鷹事件（中略）後のあらゆる兆〔ママ〕発事件は、特に松川に於ける列車転覆事件は、六、三〇事件に騒擾罪を適用し、大量の検挙を行つて来たにも不拘、労働者階級の力は依然として強く、我が日本共産党がますます人民の信頼を増大するにおそれた彼等が再びくりかへした最も下劣な第二の三鷹事件であり、その継続である。

列車転覆致死傷容疑で逮捕・起訴された国労関係者一〇人、東芝労組関係者一〇人、計二〇人のうち一四人が共産党員だった。松川事件の謀略性は明らかだったが、世間の対応は意外なものだった。桑原信夫は、後年郡山駅前広場での街頭演説をこう回顧している。[*6]

私は松川事件の真相なるものをメガホンで（中略）話をしました。そうしますと、労働者、市民五〇〇人くらいに包囲されました。だれも声援してくれないのです。石を投げる、棒切れが飛んでくる、罵倒されて演説することができなかった。非常なショックをうけました。いままで党を支持してくださっていた支持者の方がたも、有力な支持者も全部はなれていくのです。（中略）職場や地域で共産党というだけで、「お前ら汽車をひっくりかえし、人を殺した」という攻撃がすさまじくやられた。政府のでっちあげの反共宣伝が、大規模に浸透していったのです。党員の仕事も奪われるという状況でした。そのうえに、党の五〇年分裂が、これと重なっておきてきます。

党分裂によって、福島県の党勢は激減し、松川救対は困難をきわめた。後年、弁護団は当時をこうふりかえっている。[*7]

一九五〇年六月、マッカーサーによる共産党中央委員の公職追放の弾圧の中で、事実上党が分裂する事態が起こり、松川運動は最大の試練に直面した。裁判闘争を支える活動への協力を拒み、さらには政治的謀略に対する大衆闘争として発展させる立場に、逆に敵対すると見るほかない勢力もこの過程で現われてきた。とりわけ権力の虚偽と不正に対してではなく、被告達の自白に向けられた疑念と論難ほど、被告とその周辺の人びとに手ひどい打撃を与えたものはなかった。[*8]

しかし、弁護団のこの総括が問題となり、即座に批判されることになる(後述)。

東北地方委員会の遅れ

一九四九年九月下旬、秋田県党から小沢三千雄(一九七九年除名)が事件対策のため来福した。小沢は運動終結まで献身的に弁護活動をおこなうが、着任早々同年一一月一日付で有効な対応をしていない東北地方委員会を批判する以下の意見書を提出する。[*9]

(一)この事件でっち上げのため敵は福島県下は勿論のこと、秋田、青森、仙台、東京、神戸、大阪等より札つきのごろつき検事を動員しておるのに、我党に於て常駐させておるのは私一人のみである。東北地方委員会は直接指導して松川事件の対策委員会を設ける必要がある。

(二)福島の党組織は平事件以来、打ち続く諸事件と共に組織は人的面に於て欠乏し、遅緩し、財政的にも困難をきわめておる。人の面、物の面に於て福島の組織を検討すると共に、少くとも東北地方の組織より補強し交流する必要がある。

（三）松川事件は福島の党組織の責任において発生したものでない。敵が全国的視野に立ってでっち上げたものであり、従って我党も全国的立場に於てこれに対処せねばならぬが、少くとも東北地方全体の組織をあげてこれに対処せねばならぬ。

（四）既に弐拾壱名の同志が逮捕されており、この事件でっちあげに敵が成功すれば死刑か無期しかない事件であることを組織に於て痛感されておらない。この事件でっち上げに成功したら敵が必要に応じて党員を誰でも死刑にすることができる。実際我党の組織全体が弾圧なれしておる状況である。

（五）（前略）福島には平事件と云う大事件がおきながらも、いまだ救援会の組織さえ確立されておらず、平事件の被告保釈金は犠牲者家族の責任において捻出されており、弁護士の費用は殆んど払はれておらない。（中略）現在金はこの松川事件のため、壱銭も用意されておらない。

〔（六）（七）は略〕

東北地方委員会は一九五〇年八月の第三〇回地方委員会において、委員会内における国際派粉砕を決議したのに続き（「第三〇回東北地方委員会は全員出席のもとに次の如く決議した」9k-0495）、九月の第三一回地方委員会で「臨時中央指導部を導きの星として大きく方向転換を開始」した（「東北地方の情勢と斗争について　八・九月を中心に」7-0556）。東北地方委員会サイドから見れば、福島県党は国際派の春日庄次郎や増田格之助らによって指導される「分派主義者」の集りであって、強大な党勢を誇っているように見えるが、実体は組合主義＝「国鉄組合共産党、炭坑組合共産党、日発組合共産党」連合にすぎなかった（日本共産党東北地方委員会『東北党報』一九五〇年九月二五日付特報「当面する労働組合運動の方針における分派主義者との相違について　山形　伸三郎」7-0210）。

国際派福島党の反撃

東北地方委員会内で孤立していた国際派の福島県党は一九五〇年七月末につぎのような意見書を臨中宛に提出している（七月二九日付「臨時中央指導部に対する意見書　日本共産党福島地区委員会」7-0420）

（1）早急に大会を開き明確なる党の行動を決定すべきである。又党大会に於て選出されたる中央指導者の会議を開き、現下の情勢に対応する党の態度と組織方針を明確にせよ。

（2）コミンホルム論評、北京人民日報の批判の歴史的意義・政治的意義を理解し、且徹底化させるための党内の系統的・組織的自己批判、相互批判を下部組織・各級指導機関に於て展開すること。

（3）党内の右翼日和見主義より発生したる合法主義・中立主義・日常斗争主義・民族主義的危険性及びその情勢と断乎して斗争する方針を明確にすること。

（4）とくにあらゆる事態に備える為に組織的準備を行い党を訓練する方針をとらねばならぬ。

（5）あらゆる斗争を組織する場合に国際帝国主義戦線に対する国際プロレタリアート戦線の共同斗争の一部として理解し、アメリカ帝国主義に対する斗争を積極的に展開しすべての日常斗争をこの一点に集中すべきである。

（6）「民主日本」紙上に北京人民日報社説のきりぬき的発表、同じく「国際派の統一」というが如き悪意ある宣伝、前衛「五〇号」に於ける関西地方委と同志遠坂良一の論文の掲載禁止等の行為を即時やめよ。

（7）斯くの如き態度を取る限り、臨時中央指導部及統制委員会の不信任の決意を表明する。

（8）かゝるあやまった態度に基づくところの統制委員会によって行はれた除名その他の処分を認めることはできない。

さらに一九五〇年八月五日の第八回拡大県委員会総会では臨時中央委員会および東北地方委員会宛のつぎのような

決議を採択している。*10

イ、県委員会総会は国際的批判に基く徹底的な自己批判とかかる革命的方針に基く行動こそ革命的党の統一を築きあげるものであることを決定し、臨時中央指導部並統制委員会に対しつぎの事を要請する。

ロ、新指導部はコミンフォルム批判の積極的意義を認めた第十九回中総の決議に拘ずすべての闘争の指導方針は反帝、反戦の明確な目標に貫かれていず常に不明確であるばかりでなく特に朝鮮人民の解放闘争に対する態度は明にマルクス・レーニン主義からの逸脱さえあり、その右翼的偏向は歴然としている。かかる指導上における一切の政治的責任を明らかにせよ。

ハ、最近相次いで党の統一の名の下に行われている除名その他の処分は戦略戦術に関する原則上の対立意見をもつ同志を葬る党私兵化の現われである　特に同志志賀、春日、宮本、袴田等の如き苛烈な天皇制テロルの追及に屈せず党を守りぬいた百折不屈の輝しき指導者をスパイ、挑発者よばわりする態度は断じて許せない。かかる性質の処分は一切取消すべきである。

ニ、かかる方針の下に編集されている党活動方針は党と労働者階級をして先頭に無能力たらしめ、之を解党・破カイに導く有害極りなきものである。かかる編集及び不当なる執筆停止、特に「合法、非合法の根本問題」の資料の頒布を禁止する等の措置を即時停止せよ。

ホ、かかる政策と態度が改められず、今後も続行されるならば新指導部、統制委員会に対し不信任を表明せざるを得ない。

へ、八月二日東北地方委員会が行つた分派活動に関する決議についても同様である。

福島県党の分裂

熾烈な党内対立の中、松川裁判闘争は行われたが、一九五〇年九月一四日の第一〇回拡大県委員会は、松川事件弁護団竹内七郎が最終弁論で「国際派は吉田内閣の手先」「国際派は廿人の被告の死刑をのぞんでいる」と公言したことは、「革命史上例をみない悪質極りない裏切り行為」だと非難した。[*11] 裁判闘争は稀に見る混乱の中で進められたのである。

一二月の福島地裁一審判決は全員有罪（死刑五人、無期懲役五人、その他懲役一〇人）であった。被告の一人である佐藤一（死刑判決）は一審判決直後に裁判闘争を論じているが（『前衛』一九五一年第五六号、佐藤一「松川事件獄内闘争の自己批判」、執筆日時は一審判決直後の一九五〇年一二月二〇日）、敗因として、「本事件が日本共産党弾圧のための最も悪質な陰謀事件であるということの認識不足」（四一頁）と「分派の問題」（四五頁）をあげている。この「分派」とは、国際派を指していた。佐藤はこう述べている（四五頁）。

福島県で最も悪質な分派が発生し、今なお活発な活動をつずけているということが、松川事件と関連なしといいうるだろうか？　しかもその分派が、三鷹事件の被告（？）飯田〔七三〕君が来訪しようとするのにたいし、「飯田必要なし」という電報を打ったり、松川事件は被告がやったのだ等という極めて悪質なデマをとばして、公判闘争を妨害していたのであるから、私たちとしては敵にたいし最大の警戒をすべきであった。

これは福島県党の分裂状況—国際派が県委員会を握り、所感派は県臨時指導部を組織—を反映していた。弁護活動にも支障が生じた。小沢はつぎのように回顧している。[*12]

二五年の党の分裂と、それに続く六・六追放による党の半非合法化は闘争を極めて困難なものとした。特に福島県は御承知の通り、東北地方でも分裂の最も烈しかったところだっただけ、救援はかえりみられず、闘いは全く孤立してしまった。（中略）党の分裂問題のため、中央委員会から特別弁護人として派遣された袴田里見中央委員も来られなくなったし、特に検事の論告直前福島県党が分裂したため、公判記録の謄写を手伝う人も引上げてしまい、弁護士自身が記録の複写をしなければならず、弁論準備に予定した下宿もだめになり、大塚弁護士は被告の家のトタン屋根の屋根裏部屋で真夏に弁論準備を進めざるを得なかった。

第三章第3節で九月上旬に統一委員会が椎野と会見したことにふれたが、その際椎野は松川事件に関して、福島の国際派が「こういう占領下では列車テンプクの如きは当然だ。したがってこれをやった人間の死刑は当然だ。それに救援活動や釈放運動なんかする必要ない。共産主義者として列車テンプク位は当然なすべきことだ。このような事実を否認するのは右翼日和見主義である」と公言している、と述べたという〈統一委員会機関誌『統一情報』第二号「一回、二回会見記」2-0160〉。次章で見る白鳥事件の論理と似ている。

宮本百合子「ふたつの教訓」

党分裂の中、事件がおこる。それは一九五〇年一〇月福島県委員会発行の『流血蛮行の組織者はだれか』におさめられた宮本百合子「ふたつの教訓[*13]」をめぐってであった。

「ふたつの教訓」は三鷹事件・福島事件における自白に関して、つぎの三点を論じている。①「私は率直にいつて一つどうしても不思議なことがあります。それは三鷹事件でも松川事件でも、敵に目をつけるくらいの職場の積極分子である労働者たるものが、どうしてやりもしないことを『自白』したかということです」。②「両事件の『自白』したひとたちは公判にでもでればすべてが明らかになると信じて『一応自白』したかのかも知れませんが、一般の人々はもつとしっかりしていたよりになる指導者だとおもつていた労働者が、やりもしないことを『自白』したという態度そのものに疑問を感じたのは当然です」。③「松川事件のごときは、なにもしない人が『自白』しているばかりにあるいは死刑にされるかも知れない」。

小沢は『万骨のつめあと』において、①②③は百合子の事実誤認による偏った〈教訓〉であると批判し、つぎのように断罪した（二八三―二八四頁）。

百合子の全小説がどうあろうともこの「二つの教訓」は当時おかれていた被告人の利益とは対立するものだった。それは畢竟、ひとり雛壇にすわっている高等批判者の文言であった。当時、宮本百合子は松川事件のため、一銭の救救〔ママ〕金もよせてはおらなかったし、この「二つの教訓」はこともあろうに、党が分裂し被告たちと反対の立場にあった組織の印刷物に掲載され、しかも、その組織の一部のものが、救援資金を募集し、これを着服した事が明らかになった後であったから、激しい言葉や行き過ぎた言葉をつかって宮本百合子を攻撃した被告や弁護人もいた。ともあれ、宮本百合子の「二つの教訓」問題は、松川の一審判決を前にして党の分裂がもたらした味方の大きな弱点でもあった。

百合子は一九五一年一月二一日に亡くなる。同年五月に出た宮本百合子追想録編纂会編『宮本百合子』（岩崎書店）に福島県委員会からの弔辞が掲載されているが、そこには、「わたくしたちの松川事件にたいする文書の出版に際しては編輯に参画なされわざわざ御寄稿くだされました。そしてこのあなたの御意見ほどわたくしたちにとつて教訓となつたものはありませんでした」とある（三二六頁）。つまり百合子は『流血蛮行の組織者はだれか』に寄稿しただけではなく、編集にも関わっていたということである。

「ふたつの教訓」をめぐる争闘

百合子の「ふたつの教訓」に対して、所感派の『人民文学』一九五一年四月号に斎藤千（一審判決懲役一五年）「われわれは宮本百合子をダンガイする」、同八月号に鈴木信（一審判決死刑）「松川事件と宮本百合子」が載る。斎藤はこう記す（二九頁）。

福島県委の分派が「流血蛮行の組織者は誰か」という松川事件の記事の中で昨年十月頃既に彼女はわれわれの有

罪を予言し、「死刑になるだろう」と書いておりました。私達は憤慨して分派に抗議し「君達は我々を絞殺しようとする刑吏に力をかしているではないか、その行動こそが反人民的というのだ」と怒りを叩きつけた程でした。（中略）彼女が松川事件で拷問され自白を強要された八名の労働者を非難し追求してはいるが、かかる拷問を加えたファシスト共に対しては全く何も述べていなかつたのでした。

また鈴木も激烈な批判を加えている（八八―八九頁）。

百合子の一文は無実の労働者を殺そうと企むファシストを喜ばせ、大きな言いがかりを奴等にあたえたことは見逃せない事実である。重ねて言う、極めて重要た〔な〕時期に、インボーを助けるが如き一文を一般の人々に散布されたのである。

鈴木の憤激はなお続く。主流派からの激励電報が裁判粉砕・断固連帯を呼びかけるものであったのに対して、国際派からの激励電報の電文は「シヲオソレズニタタカヘ、と言うお説教文」であり、彼らは署名運動やカンパ運動をせずに「統一運動を阻害」し続けた。これは百合子の一文と相通ずとみなして、こう反論した（八九頁）。

私はこの〔国際派からの〕電報を受け取つて他の同志にこう言つた。糞でも喰らえ、貴様等の御厄介を受けなくとも、正義の為に死を恐れずに闘うこと位は、我々は誓い合つているのだ。（中略）新日本文学のグループのオエライ人々よ、君達は我々無名の労働者を袋叩きして雲上で左ウチワで夕すずみをしているだろうが、我々はあなた方の御指示の通り、シヲオソレズ正義の為に、平和の為に闘うと共に、闘いを妨害する諸君とも闘い進むことを誓い袋たたきに答えよう。

松川事件の被告や『人民文学』からの非難に対して、国際派も応答している。中野重治は『中央公論文芸特集』一九五一年三月号「作家における常識の問題」（のち中野『話すことと書くこと』東京大学出版会、一九五三年、所収）で、宮本百合子が「検察官の片棒をかついだ」という弁護人岡林辰雄の発言を「犯罪」と述べ、『新日本文学』一九五一年一〇月号の編集部「松川事件第二審ちかづく」は、「読者も知っているように、「人民文学」その他で、宮本百合子がこの事件で検察局のがわに立つて意見を発表したから、彼女は敵だというような意見が発表されてきた。ことに被告たちがそう思いこんでいることが重大」だが、「誤解からぬけ出てくれることを切望する」（五七頁）と述べている。

この問題について、宮本顕治は『多喜二と百合子』一九五三年一二月創刊号に百合子擁護の「民主的常識の問題―三鷹・松川事件と宮本百合子―」（のち、宮本顕治『宮本顕治文芸評論選集』第二巻、新日本出版社、一九六六年、所収）を発表する。宮本論文は百合子の「ふたつの教訓」について、「即席の間につくられたみじかいこの談話は事件の性質その他全体について意をつくしたものではない」（選集四六六頁）としたうえで、基本的前提は「権力の挑発政策との闘争、真実を守るための不屈の態度」（同四六七頁）であることを強調している。「常識」的には、つまり一般論としては正しいかもしれないが、個別松川事件に限ると、後述するように反論になっていない。顕治は『多喜二と百合子』一九五四年六月第四号の「「民主的常識の問題」によせて」（のち、宮本顕治『宮本顕治文芸評論選集』第三巻、新日本出版社、一九六八年、所収）でも再論している。

福島における党内対立は一九五一年のメーデー会場で両派が「ヤジ合戦」を闘わすまで公然となったが（『福島民報』五月二日付「きのう静かなるメーデー」）、対立解消の動きも見えた。『読売新聞』六月二六日付朝刊福島版「十月迄引延ばし戦術　平事件公判　日共両派の対立解消」は、主流派と国際派が平事件の公判引延ばし戦術で基本的に合意したと報じている。国際派の被告は「世間でいうように国際主流の両派の対立とか減刑運動は絶対考えたことはない、この事件に限り両者一体となりどこまでも公平な裁判の行われるまで闘うことになつている」と述べている。同九月七日付朝刊福島版「左右両翼の動き活発」も、「過去一年間対立抗争をつゞけた主流、国際両派幹部間の往来もはげしく合流運動は強力に推進され戦術の統一がはかられている」と伝えている。[*14]

よみがえる「ふたつの教訓」

百合子の「ふたつの教訓」問題は約三〇年後によみがえる。前掲『前衛』一九七九年九月号「松川事件と裁判批判運動　松川事件裁判闘争検討会」の文中に、「被告達の自白に向けられた疑念と論難ほど、被告とその周辺の人びとに手ひどい打撃を与えたものはなかった」という箇所があった。これは「ふたつの教訓」を連想させた。翌月の『前衛』一〇月号に中央委員会常任幹部会名で「党の団結の今日の到達点に立って—松川事件関係の論文の一つについて—」が載る。異常な反応の早さである。検討会論文における一九五〇年代の党分裂と松川事件の関係個所は、「事実と道理にてらして正しくない」という反論だった（七六頁）。

論点は二つあった。ひとつは党分裂時に松川運動への「協力を拒み」「敵対すると見るほかない勢力」が党内に出現したかのように述べることは、「一方の側が他方の側にあびせた」「非難の再現にひとしい」、実際は「分裂した双方の側が「無実のものを殺すな」と主張してそれぞれに活動した」のであると論じている点である（七六頁）。しかし、「分裂した双方の側」と記しているように、福島県党が分裂状況にあったことは明らかであり、前述したような敵対的な様相を示していた。ともに被告たちの無実を訴えたなどという平板な理解はあまりに実態からかけ離れている。事実、松川裁判闘争の全体像を描いた『松川運動全史—大衆的裁判闘争の十五年』は、「一審判決の前後に第九回県党会議がひらかれ、獄中の鈴木信はひきつづき県委員に選ばれた。（中略）共産党東北地方委員会も宮城県委員会も公然たる活動はきわめて困難になっていた。救援闘争の中心である共産党が、こうした状態にあったことは、松川のたたかいを進めるうえでも大きな障害となった」と記している（一五二—一五三頁）。常幹論文は分裂の熾烈さを過少評価する眼差しだった。

もうひとつが百合子の「ふたつの教訓」についてである。当時の宮本百合子に関して「「検察官の片棒をかつぐ」などという攻撃を、今日なおそのまま容認する見地」であると批判した（七六頁）。この評価は一点目と連動するが、

「ふたつの教訓」が松川運動に混乱をもたらしたことは明らかである。自白問題に関して、常幹論文は「ふたつの教訓」は「虚偽の自白などすべきではないとの教訓」を述べたもの（七七頁）と、百合子と同様の認識を示している。しかし、陰謀事件における自白の位置づけは、それほど単純なものではなく、自白時の精神状態にまで踏み込まなければ解けない。「ふたつの教訓」には、「松川事件のごときは、なにもしない人が「自白」しているばかりにあるいは死刑にされるかも知れない」という一節があるが、『医学評論』（新日本医師協会）一九五六年一一月号に「松川事件における自白について―精神科医の感想―」を寄せた津川武一[*15]は、当該自白を「異常心理過程」における自白と認定し、「松川事件8被告の自白が正常心理下における真実の自白か、虚偽の自白かという問題のたて方が間違っており、自白当時の彼らの精神状態が正常であったかこそまず問題にされねばならない」（四七頁）と論じた。[*16]

常幹論文は、百合子批判をした被告党員らについても、重大な発言をしている（七七頁）。

獄中にあって自由が基本的に拘束されている条件下にある党員が、獄外で進行している党と革命運動の内部の問題について不用意な発言をなすべきでなく、また、獄外のあれこれの党員等が被告にそのような言動を求めるべきでないこと、党分裂といった不幸な事態のもとではなおさらそうであることも、重要な教訓とすべきものである。

言うなれば、〈分裂下では分裂するな〉ということであり、具体的には斎藤や鈴木が『人民文学』で百合子批判をしたことを問題にしている。しかし、獄中の被告たちからの支援要請に最も積極的に応えたのは、『人民文学』派であり、なかでも松田解子は中心的役割を果たした。松田は獄中の被告たちの想いや訴えをまとめた前掲『真実は壁を透して』を藤森成吉・徳永直ら『人民文学』同人や布施辰治、平野義太郎、淡徳三郎らの協力を得て出版した。同書には党派を問わず国内外から多くの文化人の感想や発言が寄せられた。『真実は壁を透して』を寄贈された宇野浩二や広津和郎がこれにより松川事件の重大性に気づき、以後支援活動を強めていったことはよく知られている。

このような松川運動の姿と比べると、「一部には、五〇年問題についての党の総括の到達点とも合致しない、旧態依然たる認識が残り、それがこの論文の叙述に反映したものである」（七七頁）という常幹論文のまとめは、後年の「総括」から歴史事実を裁断するという逆立ちの論理に陥っていた。

第2節　志賀書簡が語るもの

志賀の立場

一時は反主流派の筆頭であった志賀が一九五〇年一〇月頃より五一年初頭にかけて臨中宛に党統一・党復帰を願った三通の書簡がある（2-0235、2-0264、2-0369）[*17]。その中の一通で、「オブザーヴァー論評が発表されてから、ちょうど一周年にあたります。ふりかえって見れば、事態はまさに論評の予見したとうりに発展して来ました」（2-0369、一九五一年一月六日付）と述べているように、基本認識はコミンフォルム批判時と変らない。

一九五一年初頭のこの書簡には驚くべき記述がある。志賀は全国統一会議（全国統一委員会の後身）の結成、機関紙『解放戦線』創刊に向けた動きを伝えている（機関誌『解放戦線』は一九五一年一月創刊、同三月第三号まで発行。理論機関誌『理論戦線』は一九五一年三月創刊、同六月第二号まで発行）。昨冬、大阪府統一委員会の機関紙『火花』発刊の動きに対して、「関西について大胆で幅のある手を打つことをあなた方におすすめした」ではないかと経緯を明らかにしている。『火花』は一九五〇年一二月、『解放戦線』より一カ月早く創刊された。志賀の立場は内通者・傍観者のそれである。一九五〇年暮以降に関西の統一委員会に関係する「同志Ｐ」に宛てた三通の書簡も見ていこう。

第一信

第一信（2-0646）の冒頭では、一部の「関西の同志たちは、現場の紛争の空気を吸うので、またしても全国統一委員会の方にひっぱられるものが出てきたのだね。君の工作もなかなか大変だ。十月下旬に出た全統一委の解散宣言も、きっと表面だけのことで、秘密に存続するであろうと観測したが、そのとうりだった」と述べる。本来、志賀は党を二分する統一委員会結成には反対だったが、「一月以来、「政治局所感」反対の先頭に私が立って来た関係上、こゝでかれらと絶縁しては、あまりに無責任なやり方だ。そこでもうしばらく、その事はだまっていて、かれらを説得しようと決心した」。『人民日報』の九・三社説に接して、改めて統一委員会結成に反対したが、結果的に「孤立」した。その後、統一委員会と臨中の会見を前に、分派的印象を与えぬようアドバイスもした。志賀は「全国統一委員会に所属する同志とおなじ組織にいては、党はますます分裂する」という危惧から、中立的立場を選んだが、統一委員会は志賀が「多数派〔主流派〕と妥協した」と見て関係を断った。

第二信

第二信（2-0654）も「とうとう大阪府統一委員会は「火花」を出したね。せっかく、臨中に勧告して、関西では即時乱暴な処分をやめて、統一工作をすることを納得させるところまでこぎつけたのに、これでは党内闘争は再燃だ」、「九・三建議にしたがって、あやまった大量組織処分をするなといったが、どうしてもやるという。そんなことをすると、ますますまじめな分子を全統一委の指導者のもとにおいやると注意」したのにと調停者を気取る一方、党中央の「作戦」―「オブザーヴァー批判はとにかくみとめないと具合がわるい。だがオブザーヴァー批判を支持したものはおっぱらわなければならない」―を確認している。志賀の見通しは、ロシア革命記念日間近、「党指導部が、国際的指導の適切で巧妙で周密な方針の下に、同志スターリン万歳、ソ同盟、中国をまもれというようになってきた」ことで党統一の主導権を握り始め、平和革命論を乗り越えつつあるというものだった。書簡は党内構図がここ数カ月間で(A)から(B)に変ったと述べる。

(A)　右　所感派
　○正　全統一委　故に全統一委は正しい。
　左　極左派
(B)○正　全統一委
　左　極左派　故に多数派はハネアガリだ。
　極左　所感派

「所感派」の変化は、平和革命論から暴力革命論への移行である。先手を打ったこの〈転向〉は、反主流派の党復帰への足場をならすものでもあった。志賀はつぎのような四通りの党復帰プランを臨中の代表者（椎野？）に提案し、基本的に了解を得たという。

A多くの同志は、政治局所感に反対したとか、志賀宮本春日の除名決議に反対したとか、批判的意見を述べたとか、保留したとかで、除名され、組織は解散されている。この同志たちは臨中（党中央）の下に結集すると表明すればすぐ復帰させる。

B反対意見を述べて暴行をうけたりしたくやしさに、チトー主義などといって指導者を攻撃して、ガリ版やビラなどをくばった同志はこれまた少なくない。この同志たちはそんなものを党内にくばったりしたことを遺憾だと附加するだけで復帰させる。

C全統一委声明に名をつらねたような同志
この同志たちは、全統一委に参加したのはあやまりであったとみとめたら、すぐ復帰させる。

D全統一委の事実上の指導者

この同志たちはその指導にあたったことを自己批判し、名実ともにその組織を解消したら、復帰させる。

一九五〇年暮時点で志賀は、統一委員会の解散はもとより、反主流派のまるごと党復帰を考えていたのであり、臨中とも水面下で調整していたことがうかがえる。

第三信

第三信（2-0663）は党内闘争に膨大なエネルギーが浪費されていることを指摘し、一刻も早い収束を求めている。と同時に、暴力革命論の基本的認識をつぎのように明示している。「平和革命論の幻想の打破、ブルジョア国家機関の打破、プロレタリアートが農民その他の愛国的人民勢力と同盟して自己の権力をつくること、それにはアメリカ帝国主義を日本から追放し、その手先である日本反動を打倒すべきこと、これら一切は暴力革命によらなければならないこと、それには人民の武装が必要であることを宣伝するのは、われわれの当然の義務である」。しかし、「宣伝と煽動と行動との時機」を混乱してはならず、「武装蜂起、暴動の日にそなえて、着々と準備」することが肝要であるとも述べている。

第四信

内容からして志賀義雄発と見て間違いない書簡がもう一通ある（2-0427）。『解放戦線』に関するもので、日付は一九五一年一月以降だろう。宛先は『解放戦線』に関係する「党指導者ともある君」「多年党のためにたゝかった指導者」と記されているだけだが、「君や私に加えられた党内闘争の原則を無視した誹謗や中傷」と見えるので、宮本顕治か春日庄次郎のいずれではなかろうか。この書簡は直接的には『解放戦線』一九五一年一月・第一号の「新しい情勢と日本共産党の任務」（※2）を対象としている。この論文は無署名だが、前掲小山『戦後日本共産党史』は宮本の執筆と推測している（一〇八頁）。

志賀は同論文が志賀・野田・宇田川らを所感派ともども「分裂状態きたした根本原因」と位置づけ、それは「極左分派主義の誤謬に淵源」するという箇所に反発し、宛先人に向って責任がもてるのかと問うている。さらに同論文が「同志志賀の言動にあらわれつつあった機械的国際主義とセクト主義」と明記している点にも、志賀は怒りを表している。

統一委員会による志賀批判は同論文が初めてではなかった。すでに、一九五〇年一〇月三日付「両翼の偏向の克服と党の統一のために―相互批判と自己批判の一つとして―」（※2）が基本線を提示していた。[18]志賀のコミンフォルム批判への対応をこう評価する。

それまで党中央のセクト的官僚主義的傾向の大きな支柱であった自身の正しくない立場を去り党の健全分子とともに恥ずべき「所感」に勇敢に反対して、所感反対者に対する「所感派」の執拗な圧迫工作に屈せず、十八中総で論評の全面的支持の闘争を行い、党の基本路線の正しい転換に寄与した意義を今日も積極的に評価するものである。

しかし、「プロレタリア国際主義に関する機械的理解および党の基本方針に対するはんさな観念的せんさくによる機械的否定の傾向」「極左的セクト的傾向」があると批判した。

志賀書簡にもどろう。志賀が統一委員会結成当初、重要な役割を果たしたという証言[19]もあるが、第四信は統一委員会結成に曖昧な態度であったことを吐露している。すなわち、臨中設置が党分裂を招いたが、「しかしそれを理由に全国統一委員会をつくることは、党の分裂をさらに促進するものであり、分裂の責任を転嫁される拙劣な機械的反撥に陥ることでした。私が主観のいかんを問わず、事の論理上、分派になるからと警告したにもかゝわらず、全国統一委員会がぜひ必要だといわれてできあがった」と語っている。

暴力革命に関しては、第三信同様に「平和革命論を克服し、武力革命の必然性を宣伝することは、今日の緊急の任務」だが、「宣伝と煽動と行動」を混同してはいけないと諭している。平和革命論が否定された今や、「その決議のしかたや気分がどれだけ未練がましくしぶしぶしたものであろうと、党の望む方針はいやでも応でも正しい軌道にのらざるをえ」ない、つまり武装革命路線遂行が志賀の立場であった。

第3節　四全協から五全協へ

武力革命路線への移行

主流派＝臨中が一九中総後、平和革命路線から武力革命路線へ移行したのはいつ頃だろう。契機は前掲一九五〇年七月七日付『人民日報』「日本人民闘争の現状」と思われる。「現状」は『ソ同盟共産党歴史・小教程（ソ同盟共産党史）』から「いかにして正しく退却するか、いかにして秘密状態に転入するか、いかにして非合法党を保存し、鞏固にするか、いかにして合法的可能性を利用し、各種の合法組織、とくに大衆組織を利用して、自分と大衆のむすびつきを強化するか」を引用し、中国革命の体験から「秘密工作と公開工作」「合法闘争と公開工作」「非合法闘争と秘密工作」に言及しながら、「ソ同盟の党と中共党の二つの経験は、日本はいうまでもなく、その他の非合法においこまれようとしている各国の共産党が、正確な政治コースと組織コースを厳格に堅持し、内部が一致団結さえすれば、それは、いかなる困難な条件のもとにあっても、依然として人民の革命的闘争の前進を、ひきつづき指導できることを証明している」と論じている。

「ソ同盟の党と中共党の二つの経験」とは言うまでもなく、二つの党が実行した武装蜂起・暴力革命であった。一

○日後の『人民日報』七月一七日付には論説「武装した人民対武装した反革命は中国だけの特質ではない」が掲載され、それを受けて『平和と独立』一〇月七日付に「暴力には力でた、かえ　共産主義者と愛国者の新しい任務」(野坂参三執筆、『内外評論』一〇月一二日付特別号通巻四号に「共産主義者と愛国者の新しい任務—力には力を以てた、かえ—」と題して転載)が載り、ロシア革命型の都市労働者蜂起と中国革命型の農山村遊撃隊の結合を予想した武力革命路線が提起される。[*20]

さらに『内外評論』一九五一年一月二四日付第六号に「なぜ武力革命が問題にならなかったか」が載り、武力革命路線はさらに発展する。[*21] 同年二月の四全協「日本共産党の当面の基本的行動方針」はそれらの延長線上にある。その後、四月から五月にかけて、北京機関の代表者がモスクワに召喚され、スターリンの直接指導下、軍事方針をより明確化した新綱領(五一年綱領)が策定される。[*22] その直後だろう。一九五一年六月一七日付「党組織活動の徹底的刷新のために、党各級機関の直ちにとるべき任務について」(4-0997)には、「非合法活動の公然性の拡大—これによる全人民の統一が即ち革命達成の力である」と見える。スターリン裁定による党分裂の収束・統一の場こそ一九五一年八月の第二〇回中央委員会であり、新綱領案が提示される(「民族解放・民主統一戦線と党の統一の発展のために—「新綱領」を提示するに当って—」※3)。

四全協の位置

少し先廻りしたようだ。一九五一年二月二三—二七日に開かれた第四回全国協議会(四全協)まで戻ろう。全国協議会というものの、秘密会議であり、数名ずつの会議を重ねる変則的開催であったという。[*23] 四全協決定「日本共産党の当面の基本的行動方針」は、第一・一般闘争方針、第二・全面講和闘争について、第三・軍事方針について、第四・組織問題について、第五・政策遂行のために—結語に代えて—の五部構成であるが、「一般に発表されたのは、軍事方針を抜いたのこりの部分だけ」[24]であり、「日本共産党第四回全国協議会決定」（※3）にも第三・軍事方針と第四・組織問題は収められていない。

公表部分を注意深く読むと、軍事方針が垣間見えるが、第三・第四は、『地下潜入の態勢を整えた日本共産党の文献集（続編）』（日刊労働通信社、一九五一年）に収められている（六七〇—七一五頁）。組織体制も大きく変更され、非公然の中央ビューローを頂点に、地方・府県・地区・細胞群・細胞の各ビューローが設けられ、それら非公然機関が公然・合法機関を指導するという関係であった。実質的最高指導者には志田重男が就く。党組織の二重構造化であり、上位機関のビューローは四六年の第五回大会前後に徳田を責任者に作られた組織活動指導部（組活）を想起させるものだった。

四全協では反主流派批判の「分派主義者にかんする決議」（※3）もあがる。これは前年一九五〇年一〇月に解散した全国統一委員会が、その後、一九五一年二月に「全国統一会議」として再興されたからである。統一会議の『解放戦線』一九五一年二月一日付第三号（2-0388）には「敵権力と共謀する所感派分派の策動」「千葉県下における右翼分派の「野党」帝国主義者えの屈従」「スパイと挑発者に撹乱されている九州の所感派」など主流派批判記事が見られる。一九五一年三月と六月の理論機関誌『理論戦線』第一号・第二号には瀬川陽三の筆名で宮本顕治「党の統一を妨害しているのは誰か」（※2、執筆時は一九五一年一月一八日と四月一二日）が掲載されている。

全国統一会議は四月の一斉地方選挙の際、東京・大阪の両知事選に独自に出隆と山田六左衛門を立て、共産党分裂は公然化した。GHQ／SCAP文書[25]によれば、一九五一年六月時点での国際派の重要党員は一一八名。志賀・宮本・春日（庄）ら中央の九名をはじめ、北海道二名、東北二七名、関東一九名、東海三名、関西一七名、中国二五名、九州一一名を数える（四国はなし）。東北と中国が目立つ。

前後して主流派の内山春雄（志田重男）「自己批判」（同三月二九日付）、森浩一郎（伊藤律）「自己批判」（同五月

二〇日付)、そして『前衛』第六一号に椎野悦朗「党の理論的武装のために—私の自己批判」(同七月五日付※3)が出ることで、反主流派は勢いづく。しかし、反主流派も内部対立が進んだ。前掲亀山『戦後日本共産党の二重帳簿』によれば、椎野自己批判の評価をめぐって、東京大森駅近くで全国統一会議指導部会議(「国際派大森会議」)がもたれるが、宮本派と亀山・増田派は決裂した(一二九頁)。その経緯を見て行こう。

一九五一年夏の争論と接近—第二回目の修復チャンス—

椎野自己批判は椎野自身の自己批判ではなく、所感派ひいては徳田の自己批判と見られた。[*26]即座に臨中が「同志椎野の自己批判を支持する」(七月六日付、『前衛』第六一号)を発表したことがそれを裏づける。その意味で、椎野自己批判は四全協後の党内の分裂状況を知るうえで重要である。この論文は①政治局「所感」の誤り、②『日本共産党の歩んだ道』(一九五〇年三月二一日—四月三日)の誤りを自己批判しているが、後半で注目すべき記述をしている。「最近分派の支柱であった中心的な同志が自己批判を発表した。この自己批判は多くの点で不充分さを持っている。しかし私は彼らが過去の過ちを克服するために、正しい勇気をしめしたことに敬意を表する。(中略)これらの分派主義者の中にも、なおわれわれと団結しうる健全な人々が残っていると考える」(※3、一〇一頁)。

この「同志」とは誰か? 五月に「共産主義者は如何に活動すべきか」(※3)を発表した亀山幸三(筆名西野元三)である。亀山論文は椎野をはじめとする所感派を全面批判するとともに、全党あげての「自己批判」を求めた。自己批判の欠如は「吾党の上から下までの欠陥」であり、全国統一委員会機関誌『統一情報』(活版二号「両翼の偏向の克服と党の統一のために—相互批判と自己批判の一つとして—」※2)や全国統一会議機関誌『解放戦線』(前掲「新しい情勢と日本共産党の任務」※2)も自己批判ではなく、「自己美化」に走っていると厳しい指摘をしている(※3、八〇—八一頁)。亀山論文はあきらかに宮本批判であり、その論旨はのちに『戦後日本共産党の二重帳簿』に反映される。
亀山論文の結論はつぎの箇所である。「吾々は国際批判に際して同志徳田が率先して真面目な自己批判をしたならば、それ以前に全党員が抱いて居た彼への尊敬をより一層数倍にしたであろう、しかしそれは彼の場合その時既に不可能であったのだ!」(※3、八三頁)
椎野自己批判は、こうした結論を持ち厳しい椎野批判を行っていた亀山論文に対して、「多くの点で不充分さを持っている。しかし私は彼らが過去の過ちを克服するために、正しい勇気をしめしたことに敬意を表する」という極めて穏健な言葉を返した。これは両派の関係修復へ向けたサインであっただろう。一九五〇年九月の『人民日報』社説を契機とする主流派と反主流派の接近が、〈外圧〉による最初の統一チャンスだったとすれば、今回は〈内圧〉による二回目の修復チャンス、自主的な関係回復の動きであった。

反主流派の不統一

こうした動きに敏感に反応したのが、神山茂夫派である。七月一四日に神山と林久夫は連名で「日本共産党二九周年に捧ぐ　党統一の道標―全国の愛党の同志諸君に訴える―」(※3)を発表し、「現在、冷徹に認めねばならぬ重大なこと」として、「本年二月以来、徳田派の側において基本的政策の上にさえあらわれた変化、漸進、より正しい線に向っての発展をみとめ、これを成長させること」、「この転換をみとめること」をあげている(※3、一〇八―一〇九頁)。「機械的対立をあせるのでなく、徳田派、あるいは臨中内部における健康分子の自覚と目ざめを促し」(同一〇九頁)云々というように主流派にくさびを打ち込もうとしていた。というのは、神山は対立構図をつぎのようにとらえたからである。

党内は「徳田派」対「七人〔の中央委員〕」ではなく、「徳田テーゼ」派、「志賀・春日(庄)・亀山」派、「宮本・

袴田・神山」派の三つ巴状況にあり、「正規の論争」は後二者間でおこなわれるべきだった。なぜならば、徳田派は「無原則的中間派」であり、思想的理論的に批判される対象であったから。だが、徳田派が「組織的に党機関をにぎっていた限りにおいて「主流」であり、その反階級的な組織的処置によって両派を一緒くたに排除したところに、今日の日共内紛の最大な特徴があり、不幸があった」（同一一〇頁）。神山は自らの立場を、宮本とともに「中道」＝「徹底的な揺ぎなき原則主義」と位置づけていた。一九五一年夏の党内を、神山がつぎのように見ていた。「〔志賀や国際主義者団の〕極左分派の泡沫のごときたわむれは消ゆるにまかせよ。徳田分派の狂暴な逆流に渦まかしめよ。しかも、なお原則は確固として不変である」（同一一一頁）。

同時に関東地方統一代表者会議「今こそ一致団結して党中央の統一を闘いとれ！―同志椎野の「自己批判」発表に際し全党員諸君に訴う―」（七月一八日付、※3）、関西地方統一委員会議長山田六左衛門「同志椎野の自己批判と我々の態度」（七月一八日付、※3）、関西地方統一委員会「関西地方委員会への申入れ書」（七月一九日付、※3）、関東地方統一代表者会議「党統一に関する申入れ」（七月二三日付、※3）、「党統一の促進のために―同志椎野の自己批判と所感派の政治的誤謬と分裂主義について―」（『建設者』九号、八月一〇日付、※3）が発表されたが、榊原宗一郎（春日庄次郎）「党統一闘争の発展のために」（※3）、「全国代表者会議の報告（案）」（全国代表者会議は八月一六・一七日開催の全国統一会議系の会議〔埼玉会議〕）、宮本派）を読むと、いかに「国際派」と呼ばれた反主流派内部が対立していたか、統一委員会＝統一会議内が二分していたかがわかる。[*27]

全国統一会議の春日・亀山派と主流派との間で「協力と統一行動をすすめる話し合いがすすみ、統一への気運が促進されるかに見えた」。[*28]『朝日新聞』七月三一日付は「日共に統一の機運？」と報じている。しかし、直後に発表された『恒久平和と人民民主主義のために』八月一〇日付論評「「分派主義者にたいする闘争にかんする決議」について」（八月一四日モスクワ放送発表、※3）が、反主流派を規約違反とする四全協決定を認め、「分派主義者にかんする決議」を支持したことで状況は一変し、反主流各派は解散に追い込まれ、自己批判のうえ臨中に屈服し結集することになる。[*29]

関西地方統一委員会は八月一六日付で、関東地方統一会議指導部は八月一八日付で復帰・統一を宣言した。[*30] 前掲亀山『戦後日本共産党の二重帳簿』（一五六―一五七頁）は、春日派の自己批判コースを「ボーズ・ザンゲ、復帰のコース」＝「Aコース」と指摘する一方、宮本派＝統一会議も大別して三コースあったという。第一は「われわれが根本的に誤っていた、自己批判して復帰しよう」とするグループだが、①「われわれが全面的に、徹底的に誤っていたとするもの」（不破哲三ら）と②「われわれは負けたのだから仕方がない。自己批判して帰ろうとするもの」（力石定一ら）の二通りあった。いずれにせと「Aコース」に近い。第二は「われわれの現実は分派である。内外情勢はこの状態を許さないほど切迫している。そのことは明白だから、われわれが自己批判出来るところだけ、自己批判して、復帰しよう」とするグループ（中国地方委員会・全学連ら）＝「Bコース」。第三コースは「われわれは部分的には間違っていても、基本的には正しかった。したがって、根本的にわるかったという自己批判は出来ない。それで復帰出来ないとすれば、それも仕方がない」とするグループ（武井昭夫・新日本文学会ら）＝「Cコース」。亀山は宮本の立場を、本音はCコース、建前はBコース、実際はAコースととらえている。なお、前掲春日自己批判書も統一会議は一貫して二派に分れていて、ひとつは「大義名分、原則的基礎」派であり、もうひとつは「無条件復帰、統一えの道」派だったと述べる。春日は後者である。いわば〈内圧〉による関係修復への動きが、コミンフォルムからの〈外圧〉によって封じられたということである。

反主流派の後退―〈統一〉回復、〈分裂〉収束―

六全協後に宮本は「国際批判によって自己批判し、統一委員会〔全国統一会議〕を解散しました。一九五一年夏に名実共に解散し、言分はあっても一本にならなければならないと考え、一切の組織を解散し臨中に復帰しました」と述べているが（「関西地方活動家会議」8-0410）、一九八八年のつぎの発言からは微妙に異なるニュアンスが伝わってくる。[*31]

一九五〇年一月コミンフォルム論評『日本の情勢について』の時から、一九五一年八月の四全協についてのコミンフォルムの報道（「「分派主義者にたいする闘争にかんする決議」について」）までの間に、私自身のコミンフォルム観は大きく変わらざるを得なかった。自分たちが身をもって日々切り開こうとしている日本共産党のまさに内部問題についての実情を知らない干渉の不当さというのが私の判断の到着点だった。

「言分」と「判断」の関係をどう考えればよいだろう。「言分」はあったが臨中へ屈服したのか、「判断」したればこそ抵抗し続けたのか。ここに党分裂期における宮本の複雑な動きをうかがうことができる。宮本の党復帰にあたって自己批判書の存在が問題とされ、文面は「新綱領をみとめる」という八文字のごく短いものだったという話もあるが、一九五七年暮に開催された東京都北多摩地区細胞代表者会議において、元中央委員の伊藤憲一は、「復帰するとき宮顕を除いては全員が自己批判している」と説明している。[*32]

一九五〇年一〇月の全国統一委員会解散、一九五一年一〇月の全国統一会議解散・臨中復帰の背景には、スターリンの分派批判を受容しただけではなく、戦略的に臨中と暴力革命志向を共有しながら、戦術的に優位性を確保しようとする判断もあったのではなかろうか。前掲「新しい情勢と日本共産党の任務」（※2[*33]）第三節「所感派の極左冒険主義」は、「長く平和革命論にわざわいされたわが党において、××闘争の問題を革命運動の一つの課題として提起し、研究し、展望することは明らかに必要である」とする一方、所感派のように情勢を「革命的危機の成長期」「決定的闘争の前夜」とみなすのは誤りだと述べる。

重要なことは、いつ如何なる条件のもとに××をとるべきか、またとってはならないか、さらに最後の決定的な闘争のために、今何を準備し何に全力をあげるべきかということを正確に、労働者階級のみならずすべての愛国人民大衆に理解させねばならぬということである。今日の情勢はいまだ権力奪取の直接××闘争をおこなうことが任務となるような革命的危機の段階ではない。

「最後の決定的な闘争」は明らかに「××闘争」、すなわち武装闘争であった。この論説について犬丸義一は、「基本的には武装革命闘争路線容認のうえでの時期尚早の挑発性に集中されていた」と指摘している。[*34] まさに党内は武装革命闘争路線を共有し、六全協からさかのぼる四年前の一九五一年夏、五全協以前に、共産党は主流派による反主流派併合の形をとって、実質的な〈統一〉を回復していたのである。『日本共産党五〇年問題資料集』が五全協を除けば、ほとんどがそれ以前の資料でしかないのは、五全協における〈統一〉、「五〇年問題」による〈分裂〉の収束を暗示している。

後述もするが、一九五〇年から一九五五年まで分裂状態が終始続いていたのではない。前掲上田『戦後革命論争史』も、分裂期間を五〇年夏から約一年間であると強調している。

五全協の構造

一九五一年一〇月に第五回全国協議会（五全協）が開催され、新綱領『日本共産党の当面の要求』[*35] が採択される。新綱領は四つの構造を持つ。①「一、アメリカの占領は、日本人を、どんなに苦しめているか」「二、吉田政府はアメリカ占領制度の精神的・政治的支柱である」という現状認識、②アメリカ帝国主義が日本の主たる支配者、日本国政府はその「手下の同盟者」「支柱」「衛立」ととらえる権力認識、③「三、民族解放民主革命はさけられない」という革命の性格、④「四、革命の力―民族解放民主統一戦線」という具体的な戦略であり、「日本の解放と民主的変革を平和な手段によつて達し得ると考えるのは間違いである」とされた。なお、「人民」は「国民」へ言い換えられた。

非合法武装軍事路線の方針化は、「かりに、国会の選挙のときに、吉田政府が多数を獲得しない場合でも、事態は、改善されない。極端な場合には、吉田「内閣」を、吉田の政策をおこなう、他の反動主義者の「内閣」にかえても、万事はもとのままである」という議会闘争の完全な放棄であった。『球根栽培法』や『栄養分析表』など武装闘争テキストが出されるのはこの時期である。軍事主義について、渡部義通は山村工作隊のまるで特攻隊の出陣式かのごとき壮行会の様子を描いている。[*36]

地区委員長らしいのや、地区の幹部連中が出て、まず壮行の挨拶をつぎつぎに述べる。隊員に選ばれた人たちの名誉をたたえて、〝民族の英雄〟という言葉をさかんに使っていた。〝民族の英雄〟として祝福と激励を受けるわけだ。そして隊員に選ばれたものの番になると、「断乎として党と革命に一身を捧げる。そして工作隊として出発します」というような決意表明をやるわけなんだ。そして〝日本共産党万歳〟〝民族の英雄万歳〟というようなかたちで送られていく。

新綱領へのあゆみ

新綱領路線は、翌一九五二年七月発表の徳田「日本共産党創立三十周年に際して」で一時「下火」[*37]になるが、その後に開かれた第二二回中央委員会総会（秘密会議）で「武装闘争の思想と行動の統一のために」が決定し、一二月開催の全国軍事会議で軍事方針が検討される。二二中総決定に関して、「一揆主義的傾向を排し、現在はまだ準備の段階であることを明らかにし、街頭的活動をいましめ、工場内、部落内での活動と組織化に重点をおき、遊撃隊は現在の段階では政治的工作隊の性格であると規定」するにとどまったとする史料もあるが、[*38]一九五三年三月の中央委員会（秘密会議）で具体的な軍事活動が決められたという（『日本週報』一九五三年六月二五日付「日共〝軍事活動〟強化」）。

新綱領の軍事主義は全党的姿勢となり、一九五五年七月の六全協後も生き抜く。否定に転じるのは、一九五六年六月の第七回中央委員会総会における「独立民主主義のための解放闘争途上の若干の問題について」決議（『アカハタ』一九五六年七月二日付）においてである。新綱領の「日本の解放と民主的変革を、平和の手段によって達成しうると考えるのはまちがい」という総括＝武装革命路線は「あきらかに今日の事態に適合しない」と判断された[*39]。

さらに一九五六年七月の党創立三四周年記念党員集会における記念講演（『アカハタ』一九五六年七月二五―二八日付「共産主義の不滅の旗の下に」）で宮本顕治は、七中総は内外の情勢を検討した結果、「議会を通じて革命をなし得る可能性」を問題提起したと訴えている。この講演には非平和的（暴力）革命に関する宮本のリアリストぶりがつぎのように刻印されている。「日本帝国主義の敗北前の時期に、議会を通じて平和的に革命を行う可能性がなかったことは明白です。（中略）可能性を説くことは、大衆に主観的幻想をおしつけるものでありました」「戦後アメリカの軍政下においても、議会を通じての革命の可能性がなかったことは、事実が示しております」、しかし、サンフランシスコ条約締結後の今や、「国会に独立と平和、民主主義の勢力を多数おくり、議会を人民の意志の道具にかえる可能性があります」。こうした革命リアリズムがあったればこそ、コミンフォルム批判の際に、宮本は議会を通じた平和革命論を否定する〈国際派〉としての立場を堅持しえたのであろう[*40]。

とまれ新綱領否定のターニングポイントは、六全協から丸一年が経過した一九五六年夏であり、公式には一九五八年（当初の開催予定は一九五七年）の第七回党大会を経て、最終的には一九六一年の第八回党大会で新綱領は廃棄される[*41]。長い道のりであった。

第六章　実相

本当に此の頃の党はどうしたのだろう。行きずまりはどこからくるのだろう。斗争という斗争はすべて自然発生的に起つているにすぎない。正直の所、党はそれを後からおつかけているのだ。どこに前衛?……そしてずるずると下部は壊滅していつている。（井上光晴「書かれざる一章―前衛の群れ・I―」『新日本文学』一九五〇年七月号、一一三頁）

第1節　各地方の動き

『前衛』が伝える「五〇年分裂」像

各地の「五〇年分裂」はどのように描かれてきただろうか。『前衛』は一九六八年一月号から七二年一〇月号にかけて、「県民とともに」と題して各都道府県の党史を断続的に載せている。[*1]ついで一九七三年四・五・七月号が党創立五〇年記念「わが地方の進歩と革命の伝統」を特集した。多くの都道府県が五〇年分裂から六全協にかけた動きに触れているが、詳述はされず、ほとんどが「不幸な分裂」期と記すのみである。

さらに『前衛』は一九八四年七月号から八五年一〇月号にかけて、「わが地方の日本共産党史」を長期連載している。一〇年前と比べて分裂期に関する記述は豊富であり、北海道・栃木県・埼玉県・山梨県・静岡県・福井県・徳島県・福岡県・長崎県などが具体的経過を示している。また県党史[*2]の中でも、分裂期は跡付けられている。以下、秋田・岡山・山口の三県についてみていこう。

秋田県の場合

小沢三千雄『万骨のつめあと』によれば、党分裂時代の東北で主流派臨中に結集していたのは、秋田県委員会だけだった（二九六頁）。『秋田魁新報』一九五一年二月七日付は、県内の委員会数七、細胞数一一四、届出党員数一三一二名（同年一月一五日現在）と報じているが、この数字は前年一九五〇年六月頃と比べると二割強減少している（二九九頁）。一九五二年四月五日には小坂町警察署と小坂鉱山労務課長宅への火焔ビン投げ込み事件「小坂火焔ビン事件」がおこり、小坂細胞中核自衛隊の犯行とみなされ、一一名が放火未遂罪で逮捕投獄処罰された。[*3] 分裂期の秋田県党の状況を一九五六年三月二四・二五日付の「第十三回秋田県党会議一般報告（草案）」(7-0507) に探ってみよう。

秋田県党は戦前農民組合の指導者や知識人らによって再建された。小沢三千雄、平山忠尚、船越吉次郎、佐藤儀右衛門、高橋実、泉谷順治、安保考次郎、渡辺豊治、三浦雷太郎といった人たちである。県党は電産、国鉄、工機部（土崎工機部）、帝石（帝国石油）、日石、東肥（東北肥料）、日通等の基幹産業・巨大経営に勢力を広げ、敗戦から一九四七年までは生産復興闘争をスローガンに経営の生産管理（帝石）や、職場闘争戦術（工機部その他）を進め、「米よこせ」「インタイ蔵物摘発」闘争と結合して、人民管理の思想を訴えていた。一九四八年からは国鉄や郵便局で職場放棄戦術がとられ、「船川港の石炭貯蔵はあと何日分しかない。芦田内閣はたおれるだろう」「革命は近い。職場を放棄した労働者は、労農同盟をつくるために農村へ入れ」「われわれは間もなく革命の英雄として迎えられるであろう」と楽観論が流れる。同年五月からの帝石の首切り反対・産業防衛闘争は社共合同の気運をもりあげ、党組織も拡大したが、レッド・パージ、民同の誕生、フレームアップ事件を契機に、労働運動における党の影響力は減少する。一九五〇年六月の幹部追放、朝鮮戦争開始により党組織は半非合法体制となる。分裂期の県党の様子はつぎのように記されている。

非公然体制が次第に強化されるとともに集団指導の原則が失われて個人指導がつよくなり、上からの幹部任命制が採用された。このような体制をかためるうちに県指導部は、従来の農民組合・労働組合出身の古い幹部が公然機関を担当し、指導部の中心は二・一スト当時、青年行動隊であった若い活動家によって構成されるようになった。これらの活動家は、革命のためにはいかなる困難にも屈せず一身をそのためにささげるという決意と悲壮感で結ばれていた。上からの任命制が採用されると、自分と同じ思想傾向の者や、気の合うもので機関を構成し、その指導や政策にうたがいをもったり、反対する同志には「日和見主義」「ボケている」というレッテルをはって、機関から遠ざけたり党活動を停止させたりした。

またつぎのような状況は秋田県党に限らず、一九五〇年代の共産党のイメージとして定着しているであろう。非公然体制に入ってから一ヶ年くらいの間は、党事務所を売った金の残りで機関要員の生活をつないできたが、党が大衆との結合を失うにしたがって、機関財政は極度に窮迫し、常任活動家は全く食うや食わずの生活をおくらねばならないようになった。洋服や靴もボロボロになって、大衆が異様に感じたり、社会的常識がないと非難されるようになってきた。常任活動家は「革命が達成されるまでは妻をもつな」「もらっても子供を産むな」「夫婦生活を続けていてはきたえられない」といっては別居生活を押しつけられた同志もいる。

このような状態に対する不満や矛盾は鬱積し、県党会議で爆発したが、根本的解決は見送られた。やがて極左冒険主義の段階に入る。「実力斗争に重点がおかれるようになってから、農村の斗いの眼は平坦地から山村に向けられ、民主々義革命の拠点として山村における封建制度との斗位が重要視された。このためそれぞれの地区で拠点地域が設定され、山村の封建制度との斗いを組織するために炭焼きをやったりリュックに煮干や焼芋をパンフと一緒につめこんで山村工作に出かけた」。主流派に属した秋田党の苦悩は深かった。

党中央の戦術上の誤りを拡大し、党組織に派閥的傾向さえもちこんだ主要な要因は、わが県党をとりまいている封建的な社会構造の反映に根ざしている家父長的な個人指導があった。わが県党にはかたちの上では分裂状態がなかった。しかし、全国的・全地方的な見地に立つならば、わが県党はあげて分裂の一方の極にたったといわなければならない。また特に農民問題において県党がスパイ伊藤律の「理論」にひきまわされた多くの経験をもっている。

伊藤律が東北の党組織に与えた影響については、前著『「社共合同」の時代』でも述べたが、青森県の大沢久明は『アカハタ』一九五五年九月一〇日付「党中央と盲従主義について」において、党の官僚主義が「一番具体的に実践されたのは東北地方ではないか」「わたしをふくめて東北の党は、まさに官僚主義の府であった」と自己批判している。

岡山県の場合

岡山県の場合、第一章第2節でもふれたように五〇年分裂以前に党内対立があった。西部地区の経緯を一九五六年五月六日付西部地区臨時指導部「第一回西部地区党会議一般報告草案」(8-0159)にみてみよう。

コミンフォルム批判にあたって、一九五〇年七月の県党会議は中央委員会の統一回復を要求し、通らなかった場合には臨中の指導を拒否するという決議を採択した。これに対して臨中支持派は「再建工作」に出る。以後一年半にわたり分裂抗争が続く。それは「中央・地方の誤りから生れる付随的な誤り」ではなく、「県党が以前からもっていた欠陥から生れた本質的な誤り」であった。一九五一年八月のコミンフォルム批判第二弾(第五章第3節参照)によって、党の統一は回復されるが、「分派活動」を自認した旧国際派内に生れた「盲従主義」は「官僚主義の支配の重要な原因」となり、「多数派と少数派の間に根強い相互不信」が残ることとなった。官僚主義の仕組みを語るつぎの箇所は、独り岡山県党のみならず、全国的な構図であっただろう。

党中央の誤った方針が実践によって破綻した場合は、末端機関の決定の「歪曲」「無理解」のせいにされ、このことの自己批判が強制されあるいはクビにされた。自分が反対意見をもっていても決定だからということで実践して、うまく行かない場合は決定の無理解のせいだけでなく、分派思想のせいとされた。このようにして党中の誤りは地方、県、地区という三重のついたてにかくされ、更にこれは表、裏、専門部によって十重二十重にかくされた。

県委員会の官僚主義の〈ついたて〉が最初に倒れたのは、六全協直前の一九五五年七月初めのことだったという。その後六全協が開かれ、衝立はつぎからつぎへ倒れていく。

山口県の場合

分裂状況は県党単位ではなく、地区党ごとに、あるいは細胞ごとに異なっていた。山口県の場合、下関を中心とする西部地区は国際派が主導していたが、数カ月かけて主流派が奪還し、一九五〇年一二月に再建党代表者会議が開かれる（一二月三日付「決議」7-2044、一二月八日付「党生活」第三号7-2045）。臨中から派遣されたオルグ茨木良和は、西部地区の国際派は「自爆主義」に陥り、南部地区にも中央指導の臨時指導部が結成される見込みだと報告しているが（一一月二八日付「活動報告書」7-2038）、六全協後に作成された史料（一九五五年一〇月一六日付「第15回地区党会議の報告・討論・決議　日本共産党山口県南部地区委員会」8-0149）によれば、南部地区は国際派が主導権を握り続けた。

地区党の変遷を明瞭に示すのが中部地区（山口・小郡地区）である。一九五五年一一月二〇日付「地区党の新たな団結のために―中部地区党の歩みについて―　第七回中部地区党会議報告草案」（8-0136）にその動向を追ってみよう。六全協後の九月一八日に設けられた中部地区臨時指導部は、①一九五〇年より五一年一〇月まで、②五一年一〇月より五三年五月まで、③五三年三月〔ママ〕より五四年七月まで、④五四年七月より六全協までの四期に分けて、地区党の歩みをたどっている。

①コミンフォルム批判をめぐり、中国地方委員会・山口県委員会にならって主流派批判の党内闘争を展開したが、一九五〇年夏の中共九・三社説を機に思想的統一・組織的統一がめざされ、五一年四月の統一地方選挙後には主流派中央につながる動きが出て来る。八月のモスクワ放送批判により党内闘争は終息し、一〇月に県党解散、地区党は臨中指導に無条件統一（復帰）することとなった。

②他地区では集団的復帰ではなく、個別復帰だったが、中部地区は集団による無条件統一の形をとった。「自由な批判と討議」のために必要だったからである。しかし、臨中オルグは「分派狩り」に走り、多くの党員は「中道主義」「事なかれ主義」に陥った。この時期は分派撲滅のカンパニアがすすめられ、「全党員の軍隊的服従を強要する全面的な官僚主義指導の時代の始まり」だった。

③一九五二年八月の第二五回総選挙敗北を機に「民主的空気」が吹き込まれ、五三年三月に県党会議、五月に分裂以来始めて地区党会議が開催されたが、五三年から五四年にかけた総点検運動の下、ふたたび「分派狩り」が行われ、原田長司を先頭とする「分派活動」の摘発、党内民主主義の抑圧が強まる。

④党の統一は崩れ、山口市では古参党員と新人党員の世代間闘争の様相も生まれ、党組織は分裂したが、一九五五年の一・一方針により冒険主義の自己批判が始まる。しかし、任命制による幹部配置や「強奪財政」が原因して、「土百姓的盲従」が跋扈し、「革命的批判精神」は喪失し、解決は六全協を待たざるを得なかった。

文中の「総点検運動」「一・一方針」については後述する。山口県党も中核の一つだった中国地方党委員会の動向について、次節でみていこう。

第2節　中国地方委員会

コミンフォルム批判以前

コミンフォルム批判以前の中国地方委員会の資料として、一九四九年三月二〇日付のリーフレット、中国地方委員会宣伝教育部「首切り旋風と如何に闘うか―民族産業防衛のために―」（プランゲ文庫・書誌ID02532067）がある。民間企業における人員整理攻撃に対して、「共産党が三十五名も国会に出たのだから何とか手をうつだろうとか、そのうちゼネストでもドカンと打たれるのではないかと、何か「大きな手」をばく然と待つ気分が生れている」が、なかなかそうはいかないとのべ、『アカハタ』三月一日付社説「どこで権力と斗うか」のつぎの一節を引用している。

これは決定的にあやまつている。革命に「手品」はない。全官公の職場闘争が徹底的に展開されるなら大量首切はやれるものではない。現場長をはじめ、次第に上級役人さえ下の圧力におされ、まわれ左をして、政府にホコ先を向ける。このとき政府の破かい政策は敗北し権力は事実上崩れおちてゆく。権力との闘争はこの職場の大衆闘争のなかにある！　これを土台とする広はんな争議やデモや国会活動が政府を崩かいにみちびく。大衆の手で、現場において権力が崩かい状態となり、人民の圧力で清算と生活が守られることこそ、反動から国家権力を人民の手にうつす土台である。

第二四回総選挙の躍進を背景に革命運動は高揚していた。やがて「九月革命」説（第二章第1節参照）が生れる。五〇年分裂で党中央と鋭く対決する全国統一委員会の基盤であった中国地方党委員会も、この時点ではのちの主流派と同様の革命展望を抱いていたといえよう。

コミンフォルム批判以後

コミンフォルム批判から半年あまりが過ぎた一九五〇年八月一六日、臨時中央指導部・統制委員会は「中国地方の分派主義者に対する決議」（以下、「決議」。『党活動指針』一九五〇年八月二六日付、※2）により、原田長司・内藤知周ら中国地方委員会常任委員七名の除名、中国地方委員会の解散などを決めた。「決議」は中国党の反党的行動は一八拡中委直後から開始されていたと指摘しているが、この経緯について、中国党自身の説明を聞いてみよう。

同年一〇月三〇日付中国地方委員会党報『革命戦士』第二四号（2-0065）に中国地方委員会名で長文の「中国地方委員会の解散並に同常任地方委員の除名に対する異議申請」（以下、「申請」）が掲載されている（一〇月八日付）。「申請」によれば、一八拡中委直後に開催された第二六回中国地方委員会総会において、鳥取県委員会と山口県委員会から一八拡中委決定に対する地方委員会の「はね上り」が批判され、第二七回拡大中国地方委員会直前に伊藤律と輪田一造が派遣されてきた。その時は中国党の反中央的・反幹部的行動や分派組織はなんら問題にならず、実情点検を終えた伊藤は「僕は安心して帰ることができる」と語ったという。「決議」の事実認識とは異なるが、第二七回拡大中国地方委員会へ提出した「原田草案」は伊藤・輪田の意見を取り入れて主に字句を修正している。

ついで第二八回中国地方委員会では志賀意見書（一月一五日、『アカハタ』四月二六日付発表）が問題となり、椎野「同志志賀提出の「意見書」を中心とする策動に就て」（『アカハタ』四月一五日付）をふまえて、つぎのような意見書を満場一致で採択した。

①椎野論文が示す内容が事実ならば、志賀は党規約に基づき処分されるべきである。
②志賀の処分は所属機関である中央委員会で行われるべきであり、一九中総以前に椎野が個人論文で暴露攻撃したことは規律違反である。
③椎野に対して統制委員の資格停止処分がとられるべきである。

中国地方党が明確に反中央的姿勢をとるのはこれ以後のことである。理由の一つは、一九中総決定「中央委員会を終るに当っての声明」（※1）—「党内問題について十分な討議をおこない、同志的な自己批判ののち、全出席者の一致によって、分派主義者、党撹乱者と徹底的に闘争し、民主的中央集権を確立して、党の統一を確保することを決議した」—が統制委員会議長の椎野によって踏みにじられたからである。椎野は第二回参議院議員通常選挙の開票当日（六月四日）、九州から東京への帰途、中国地方委員会に立寄り、「党の統一を速に実現しなければならないが、意見を異にする者とは一緒にやれない。志賀君にやめてもらはねばならないが、中央ではどうにもならないから、地方から意見を出してもらいたい」と語ったという。もう一つは、六月下旬に中国地方党内に臨中より反中国地方党工作者が送りこまれたからである。中国地方党は党中央から具体的な干渉を受けることで、本格的な反中央的姿勢を固めていった。ただし、その姿勢は必ずしも単純なものではなかったことは、つぎのような臨中の評価にうかがえる。

臨時中央指導部を認めないとわれわれはいつたことはない。問題は組織原則が貫徹され、その中で臨時中央指導部が合法指導機関として位置ずけられることが必要なのである。われわれが反対するのは「所感派グループ」の出店となつている現実のその構成と運営にある。

中国地方党は全国統一委員会（のち全国統一会議）の拠点であった。こうした臨中〈容認〉論が、一九五四年以降の宮本の中央復帰の伏線となっていることを記憶されたい。

合法と非合法

コミンフォルム批判の評価を巡り、中国地方党は党中央と厳しい対立状況に入り、中国地方党委員会党報『革命戦士』第一七号・一九五〇年七月一八日付に「右翼日和見主義分派を粉砕せよ！—党のボルシェヴィキ的統一のために全党に訴う—」（※2）を載せるに至る。これは直接的には中共七・七社説を受けたものである。すでに『北京人民日報』一月一七日付「日本人民解放の道」がコミンフォルム批判支持・議会主義批判を行ったが、前述したように、七・七社説「日本人民闘争の現状」は革命闘争における「秘密工作と公開工作」「合法闘争と非合法闘争と秘密工作」という二面性を教えていた。

中国地方党の「右翼日和見主義分派を粉砕せよ！」は、臨中に象徴される分派を党内非公然グループ「右翼日和見主義分派」と位置づけ、その批判を「分派組織の概要」「右翼日和見主義分派の精神的支柱（日常闘争主義、中立主義、合法主義）」「分派の特徴」「分派発生の根源」「ボリシェヴィキ的統一に奮起せよ」の五点から行なっているが、七・七社説をふまえて、党の合法性・非合法性について論じている点が注目される。

中国地方党は、右翼日和見主義分派の合法主義は徹底しており、反ファシズム闘争は言論集会結社の自由を闘い取り、「合法のワク」を拡大することで前進し、その合法性の獲得を経てから反帝国主義闘争が展開されるという「段階論的理解」「串ざし論」が極めて強いと指摘する。それは「反帝闘争を対岸におしやり反ファッショ闘争にすりかえようとする意図をもっている。こうして彼らは党を合法的な統一戦線に解消しようとするのであり、したがってまたその統一戦線はセクト的なものとならざるをえない」（二九―三〇頁）。

中国地方党は右翼日和見主義分派を形成する主流派（所感派）・臨中がひきつづき平和革命論・議会主義に立っていると批判しているが、厄介なのは彼らが「あたかも非合法組織であるかの如きカモフラージュ」（三〇頁）をしていることだった。〈地下にもぐる〉ことだけをもって、非合法イメージを打ち出しているが、彼らは「敵に対する非合法組織」ではなく、その主張は「合法主義であり中立主義」であって、「全くの党内非公然の組織」「最も悪質な分派活動」にすぎない。ゆえに、右翼日和見主義分派自身が自らを「非合法組織と錯覚するところから現在の党機関の防衛態勢などは全然考えようともしないどころか、彼らの強調する日常闘争さえ組織しようとしない怠け者ぞろい」であり、多くの党員も「分派主義者の非合法的外見に迷わされる」事態となっている。中国地方党が「右翼日和見主義分派を粉砕せよ！」でのべている点は、中共が示した合法闘争・非合法闘争の二面性の必要にとどまらず、その二面性が必ずしも明示的ではないという警告であった。

これについては、中国地方党を批判する他地方党も取り上げている。『神奈川党報』（日本共産党神奈川県委員会宣伝資料）八月五日付第三一号（9k-0833）の「分派主義者を明瞭に処断せよ＝一枚岩の統一をかちとれ＝」は、八月三日に神奈川県委員会が「分派主義者と中国地方委員会に関する決議」を満場一致で採択したことを報じている。それによれば、神奈川県委員会は七月二二日付関東地方委員会決議「中国地方委員会にすくう反党スパイ分子を叩き出せ」（『党活動指針』一九五〇年七月二七日付、※２）を支持し、中国地方委員会議長原田長司らの追放を要求しているが、中国地方党が党中央批判にあげた日常闘争主義、中立主義、合法主義のうち、合法主義に関して、つぎのように論じている。

彼等は党中央を、（中略）「合法主義」ときめつける。（中略）反帝闘争一本にふける彼等は非合法闘争一本に身をとじこめるセクト主義となる。彼等にあっては大衆とのむすびつきは無用であって、狭い穴の中からたゞ革命的スローガンの連呼のみが全てゞある。合法性の拡大とその活用、これと非公然との厳密な区別と巧妙な結合、活動が困難になればなる程公然たる舞台の役割が重要であり、これなしには広汎な大衆との結びつきを確保することはむずかしいのである。合法性の拡大は、大衆と密着した公然たる大衆活動によってのみカクトクされるのである。

党内分裂状況下、合法性をどうとらえるのかが重要な問題であったことがわかるだろう。

第3節　反主流派への弾圧

関西地方委員会処分

中国地方委員会への処分より前、七月二八日に「拡大関西地方委員会」は関西地方委員会議長山田六左衛門ほか五名の地方委員に除名・活動停止などの処分を下した。拡大関西地方委員会は統制委員の岩本巌（志田重男の義弟）らによって設定された委員会であった。処分された六名は八月一日、連署で「党の革命的統一のために全党の同志諸君に訴える！」（※2）を発表した。同論文は主流派の日常闘争主義と合法主義を批判し、合法主義は「困難な情勢に敗北して、党を合法的な人民党にすりかえようとする解党論」と指摘したうえで、人民党は「新労農党の再版」だとして、つぎのようにのべている。

かれらは党が、何時いかなる事態に立ちいろうとも、大衆に密着する大衆党として組織されねばならないことを理解しない。かれらは、党の指導する民族統一戦線と広汎な人民の闘争たかまりが、党が非合法であることの故に妨げられることはけっしてないことを理解しない。かれらは党が正しいマルクス・レーニン主義の立場に立てば、当面の情勢下においては合法性を失うことがありうることを覚悟しない。かれらは党の合法性の拡大の名において、党を敵の前にまる裸にし、党の革命的旗を下してまでも合法党としての存続を維持しようとしている。

ここでも合法性が焦点となっており、臨中が政治研究会テキスト「合法・非合法の根本問題」の頒布を禁止した事件（第三章第2節参照）が問題とされている。連署論文は中共七・七社説の合法・非合法結合論によってこの問題は決着がついたとしたが、人民党問題自体は続いた。関西地方委員会の八月一日付「関西におけるチトー的分派活動の全貌」（※2）によれば、関西における人民党工作は一九中総以後に開始されている。

なお、関西党は主流派と反主流派に分裂し、前者の関西地方員会や大阪府委員会は『宣伝資料』『党内資料』『関西党内指針』、阪神地区委員会は『阪神党内指針』、兵庫県委員会は『党内指針』、神戸市委員会は『統一戦線』、京都府委員会は『活動指針』、奈良県委員会は『闘争指針』を出し、後者の関西地方統一委員会は『進路』、大阪府統一委員会は『火花』、北大阪統一委員会は『前線』などを出して、競い合った。

中共九・三社説以後

中共九・三社説は日本共産党の平和革命論を「原則的誤謬」と指摘し、コミンフォルム批判によって変更された基本方針が「正確」であると述べる。そのうえで日共指導部の公職追放は「日本共産党と日本人民の光栄である」と論ずる。なぜならば、「日本人民に向い正確な復興の道をさししめしている」がゆえに弾圧されたからである。こうして社説は全日本共産党員に党中央（所感派）への団結、中央の決定コースへの服従を訴えた。

しかし、留意すべきは、社説が「不適当な極左的冒険主義的性質をおびたスローガン」を否定して、「冷静に当面の情勢を考慮し、かかる不当な要求とスローガンをすてて、日本共産党指導機関および全党の大多数のものと真心から団結すべきである」と述べている点である。これらが反主流派に向けたメッセージだとすると、臨中へは「異った意見をもつ同志」に対する慎重で誠意ある対応を求めている。日本共産党の統一を求めていることは言うまでもないが、戦略問題において一方で平和革命論を誤りとしながら、もう一方では極左冒険主義も否定している。これは前述した合法・非合法の両面による革命論であるが、わかりづらい論理だった。はたして主流派と反主流派はどうすればよかったのだろう。

以後の党内闘争に関しては、前掲上田『戦後革命論争史』上巻・第二篇第三章「共産党の分裂のなかでの論争」、とくに「国際批判による分派闘争の終結」、前掲小山『戦後日本共産党史』第二章5「国際派の結集と再統一の失敗」

に詳しいが、注目すべき指摘は上田の「九・三アッピール以後の時期には、今までとちがって両派の基本方針のうちに新しい原則的な対立が生れてきた。多数派〔主流派＝所感派〕による「軍事方針」の採用がこれである」（一九九頁）という箇所である。軍事方針の採用こそ、「分裂からくる不正常状態の結果」であり、「統一を困難にさせ対立を促進させた最大の新しい原因」であった（同前）。上田は多数派方針の「画期的転換」によって、「今まで両派の葛藤にまつわっていた「国際派」と「民族派」の色彩はむしろ逆転の傾向をあらわし、一九五一年八月の再度のコミンフォルム批判と新綱領の出現に際しては、一年八ヵ月前の野坂批判の時とくらべてまったく逆転してしまうのである」（二〇〇頁）と述べる。主流派と反主流派の立ち位置の変転は重要な論点である。現在、一部ではあるが、主流派＝国際主義・極左冒険主義、反主流派＝民族主義・平和革命主義といったとんでもない誤りも見られる。

しかし、「軍事方針」を明言してはいないが、「非合法」方針は独り主流派だけが占有していたわけではなかった。全国統一委員会においても見られた。一九五〇年一二月の春日庄次郎は「党の統一とボルシェヴィキ化のために―われわれの進むべき道―」（※2）で、つぎのように述べている（一九九頁）。

今日あらゆる闘争と宣伝煽動は単に合法の枠内のみにおいては革命的なスジ金を入れて行くことができない。またこのような非合法的活動と組織が強化されない限り最も大胆な合法的活動も利用されない。（中略）我々にとって議会その他の合法的舞台の利用は革命的闘争のための従属的手段である。今日我々の非合法活動の強化と結合してあらゆる合法舞台を余すところなく積極的に利用せねばならぬ。非合法活動のみにとじこもる非合法主義は党を完全なセクトにおとし入れるものである。

つまり合法・非合法の二面作戦・複合戦術、より厳密に言うならば、非合法〈主〉・合法〈従〉という極左冒険主義戦術である。同時期に全国統一委員会の『解放戦線』第一号（一九五一年一月）「新しい情勢と日本共産党の任務」（※2）には、つぎのように「非合法」方針、「軍事方針」、武力闘争をにおわす記述がある（二〇四～二〇五頁）。

長く平和革命論にわざわいされたわが党において、××闘争の問題を革命運動の一つの課題として提起し、研究し、展望することは明らかに必要である。（中略、しかし）今日の日本革命運動の力関係や、人民の団結と成長の度合、共産党の力についての現状を無視し、日本の情勢があたかも革命的危機の成長期にあり、決定的闘争の前夜であるかのように云い権力獲得のための××闘争乃至××訓練的闘争を当面する行動スローガンであるかのようにふりまいているのは決定的に誤っている。（中略）重要なことは、いつ如何なる条件のもとに××をとるべきか、またとってはならないか、さらに最後の決定的な闘争のために、今何を準備し何に全力をあげるべきかということを正確に、労働者階級のみならずすべての愛国人民大衆に理解させねばならぬということである。今日の情勢はいまだ権力奪取の直接××闘争をおこなうことが任務となるような革命的危機の段階ではない。

要は軍事方針採用のタイミングであった。それ以上に忘れてはならないのは、共産党の路線対立が内在的な経緯ではなく、〈外圧〉によってもたらされ、〈外圧〉によって終息されたという点である。結論を先取りするようだが、上田のまとめを引用する（前掲上田『戦後革命論争史』上、二〇〇頁）。

五一年八月一〇日付『恒久平和』紙は、『分派との闘争にかんする決議について』（『前衛』六二号）という論評を掲載、二月に開かれた四全協決議を疑いをゆるさない言葉で支持し、統一派の自己批判を求めたが、この国際的判決によって一年余にわたった日本共産党の組織的分裂は終止符をうたれたのである。はじめに国際批判を契機にして開始された混乱と分裂が、いくたびかの中国共産党の忠言によっても解決できず、最後にこうした望ましくない国際的圧力によって終結せざるをえなかったという日本の共産党の思想的・組織的弱さは、さらにこの批判による統一そのものをも不健全なものに化しさった。その後四年間の苦闘をへて育ってきた自主的な解決の道にそってあらためて六全協で統一のやりなおしが必要とされたゆえんであった。

「望ましくない国際的圧力」によって、党の統一は「不健全」なものになってしまったので、「自主的な解決の道」

による再統一（六全協）が必然とされたということである。その検討は後述することにしよう。

第七章　革命

先年、私は大学の農学部の学生調査隊をむらに案内して、共産党の工作隊と誤解されて当惑したことがあった。あとでむら人は私に話した。むらに来ると、税務署か共産党かどっちかに間違えられる。またむらに入るには兎に角、えらい人の紹介がものをいう。（中略）そうかと言って本当のことを話すかどうかは保証の限りではない。大体むらに入る学者は我々をモルモットと同じように考えている。だが我我は精一杯働いて生きている人間だと言った。（関矢マリ子「冬のたわごと」『北海道地方史研究』九、一九五四年、二五頁）

第1節　暴力・武力・軍事の幻影

極左冒険主義と軍事路線

極左冒険主義は武装軍事革命主義一〇〇%の謂れではない。五全協新綱領路線は、戦略は武装革命、戦術は合法・非合法の両面性をもつ極左冒険主義を展望していた。その過程をたどってみよう。

前述のように『平和と独立』一九五〇年一〇月七日付に「暴力には力でたゝかえ　共産主義者と愛国者の新しい任務」が載り、『内外評論』一〇月一二日付特別・第四号に「共産主義者と愛国者の新しい任務　力には力でたゝかえ」と改題転載される。これは「不用意な非合法中央部の武装問題の提起」[*1]とされるが、『平和と独立』一一月四日付「権力獲得の武力革命のために＝党をボルシエビイキ化せよ」も、一九五一年一月二四日付『内外評論』に「なぜ武力革命が問題にならなかったか」と改題転載され、四全協から五全協へ向けて着実に暴力・武力路線が進む。重視されたのは、合法・非合法主義であった。

『平和と独立』を読むと、一九五〇年一〇月二八日付主張「非合法主義と合法主義を克服せよ」は、「非公然「穴掘り」におちれば、それ全体が実は敵の追求にさらされる「合法主義」となる。公然たる大衆との結合が強められてこそ、非公然は守られうる。公然活動の軽視と弱化は、当然非公然の弱化と破めつを生む。非公然の強化は、実力をもつて革命をおこなう活動の自由と組織をたたかいとつていく公然たる大衆闘争の発展のためにこそ重要なのである」と両者の関係性を述べている。しかし、なんともわかりにくい。

当面は武装蜂起・武力革命に直結する「革命的危機」には至ってないとの情勢判断もあった。第六章第3節で反主流派の全国統一会議『解放戦線』掲載「新しい情勢と日本共産党の任務」にその点を見たが、主流派にも見られた。『平和と独立』一一月一八日付主張「共産主義者は蜂起をやり始めているか?」、同一二月二日付主張「権力獲得への計画的指導」・「人民尖兵」、同一二月二三日付「独立と平和のため、朝鮮における帝国主義者の侵略を失敗させよ実力闘争は人民の自由と統一を拡大する手段である『武力革命』と機械的に同一視するな」などがそうである。権力奪取の妄想を戒め、闇雲な「非合法穴掘り」の克服が命じられていた(『平和と独立』同一二月三〇日付「試練の一九五〇年を送るに際して」)。

しかし、そうした慎重ではあるが曖昧な方針のもと、非公然活動は推奨された(『平和と独立』一九五一年一月六日付主張「人民の闘かう自由のために大衆的非公然活動を組織せよ」、同一月一三日付主張「党弾圧をはねかえす非公然を確立強化せよ」)。

武装蜂起革命路線への回帰

前出「権力獲得の武力革命のために」の革命論を探ることで、この複雑な論理を考えてみよう。同論文によれば、戦前は「武装蜂起による革命」路線だったが、戦後は「民主的平和的方法による人民政権の樹立」が幻想され、武力革命思想は欠如した。それは「戦後、東欧で成功した人民民主主義革命が、武力闘争なしに実現したかのような誤解」となり、中国革命が「合法舞台における長期の革命的闘争により労働者階級と農民とを革命的に訓練し、他方、支配階級の軍隊の瓦壊に努め、こうして政治的危機の到来と共に、労働者と農民を武装して、一挙に権力の奪取にけつ起する」とイメージされたからである。だが実態は違う。「長期にわたる合法闘争でなくして、長期にわたる人民解放軍の創設、根拠地の建設、遊撃戦の展開、最後には機動的な大部隊による国民党軍の包囲掃滅の過程」をたどって、「偉大な革命の勝利」に至ったのである。中国革命をこう認識して、結論を導き出す。

日本は、基本的に独占資本の支配する資本主義国であり、中央集権化された、政治機構をもち、かなり高度に発展した工鉱業と交通、通信をもち、一千万人をこえる労働者階級があり、毛沢東の指摘したような政治的活動の場面（非常に制限されてきたが）をもつている（中略）そこで、この場面を利用し非合法活動を結合しつつ、広大な民主民族戦線を結集し、共産党によつて労働者、農民大衆を革命的に教育訓練し、いろいろな形で軍事的訓練をほどこし、他方では、敵陣営の弱化をはかり、決定的闘争の準備をおこなう――これが基本的な方法でなければならない。

かくして戦前の武装蜂起革命路線へと回帰し、四全協「日本共産党の当面の基本的行動方針」が生れる。四全協軍事方針からは、「革命は米軍を駆逐し、一切の暴力的抑圧機関を粉砕する人民の武装闘争が必要であり、一定の主観的客観的条件の成熟の下で、労働者階級のゼネスト――武装蜂起を主力とする民族解放戦争として実現されるであろう」という展望が生まれ、中核自衛隊や遊撃隊などが構想された。

軍事路線への傾斜

日本共産党の軍事路線は基本的に一九五三年七月の朝鮮戦争休戦まで続くが（後述）、それ以前に軍事路線を見直す機会がありえたかもしれない。六全協後に記された関東地方委員会議長木村三郎の「極左冒険主義の総括と教訓」(2-0322) がそのことを示唆している。木村によれば、一九五一年六月のソ連国連大使マリクによる朝鮮戦争の休戦協定締結提案が「ソ同盟の平和制作の画期的前進」であったにもかかわらず、臨中は誤った判断をくだしたという。木村は『内外評論』一九五一年七月二六日付「朝鮮停戦をめぐる情勢とわが党の基本任務について」[*2]を引用して、「朝鮮停戦は帝国主義侵略の敗北である」との情勢判断が〈侵略を内乱へ転化せよ〉との認識につながり、「朝鮮侵略戦争えの抵抗から、国内の占領支配に実力斗争を向けようと意図し、こうして武装行動を採用した」と論ずる。さらに停戦によるアメリカ経済の破綻と日本経済の恐慌をも予想することで、「革命的危機」が待望され、「武装斗争の開始」が決意されたと指摘している。軍事路線の見直しどころか、強化の方向に進んだというのである。

マリク提案に対する臨中の対応について補足しておきたい。この時期は『アカハタ』が発禁されているので、公然機関誌『前衛』と非公然機関紙『平和と独立』を見てみよう。『前衛』一九五一年第六一号の椎野悦郎「朝鮮の休戦会議と平和擁護斗争の強化について」（七月五日の党員平和活動者会議における報告）は、朝鮮停戦によって日本があらたな世界戦争の「焦点」となったと論じている。『平和と独立』七月四日付に主張「マリク提案と日本人民」、同二五日付に「朝鮮停戦の成功のためにさらに斗争を発展させよ」が掲載されているが、反戦平和闘争の強化のみで、軍事路線について特別な言及はしていない。つまり、木村報告が述べているようなさらなる武装闘争の重点化をうかがうことは出来ない。

しかし、軍事路線が継続したのは、臨中の判断ミスのせいであろう。自己批判して復帰した志賀ら国際派幹部も参加し、「事実上、統一へ踏み出した日共のスタート」[*3]となった八月一九―二一日の第二〇回中央委員会で五全協に向けた新綱領草案が採択され、『内外評論』八月二三日付に「日本共産党の当面の要求―新しい綱領（草案）」が掲載される。新綱領（草案）は「一、アメリカの占領は、日本人をどんなに苦しめているか？」「二、吉田政府はアメリカ占領制度の精神的政治的支柱である」「三、民族解放民主革命は避けられない」「四、革命の力―民族解放民主統一戦線」の四本柱から構成され、「日本の解放と民主的変革を平和な手段によつて達し得ると考えるのは間違いである」と断言した。

機能する五全協

一九五一年一〇月の五全協新綱領は熱狂的に迎えられ、当時、党員候補だった東京都の一高校生は、「私達の周囲では、明日にでも革命が、武装蜂起が起るものと信じ、熱にうかされた様に目がギラギラ光る、そんな興奮状態が充満していた」[*4]と回顧している。

『内外評論』一一月八日付（『球根栽培法』）に「われわれは武装の準備と行動を開始しなければならない」[*5]が掲載され、『日本週報』一九五二年一月一五日付にも「日共の武装行動綱領全文」が載る。それ以降も『平和と独立』に一月三一日付主張「軍事問題を大衆化し中核自衛隊を組織せよ」、二月二六日付主張「『内乱』をもつておびやかす」などが発表され、さらに『平和と独立のために』（『平和と独立』が三月三〇日付で改題）四月一日付主張「軍事行動を正しく発展させよ」、同二八日付主張「統一戦線のための軍事行動を」と続き、メーデー事件から七月までの破防法粉砕闘争の中で、「大衆的自衛活動」＝「大衆自衛隊」の結成が課題に上がる（五月一九日付主張「破防法粉砕第三次ゼネストを組織し、拡大し、国民の統一戦線に発展させよ！」）。こうして「反ファッショ国民総武装月間」（六月四日付主張「第三波闘争と国民の総武装」）に突入し、軍事方針は必然的な闘争形態として強調されていく（『国民評論』七月一日付「軍事方針を正しく理解するために」）。

しかし、この傾向は党創立を記念して『アカハタ』一九五二年七月一五日付に掲載された徳田「日本共産党創立三十周年に際して」を機に修正される。徳田論文はまず『恒久平和と人民民主主義のために』四日付に掲載されたのち、『アカハタ』一五日付および八月六日付号外に「日本国民の独立、平和と自由のために」と題して転載された。徳田論文は一九四九年以降の党内に発生した日和見主義として、①平和革命論・反ファシズム闘争と②国際主義・反米闘争論の二つをあげて、「合法活動と非合法活動との結合」を強調した。

白鳥事件

一九五一年から一九五二年にかけて、日本共産党が関わったとされた暴動事件が続発する。ここでは白鳥一雄警部射殺事件（以下、白鳥事件）について考えてみよう。

白鳥事件とは、一九五二年一月二一日大寒の夜、札幌市警察本部警備課長の白鳥一雄警部が自転車で帰宅途中、何者かによって射殺された事件である。まだ自動車は普及しておらず、酷寒の中、雪上を自転車が走る時代だった。政府・マスコミが共産党の仕業と速報したのに対して、二三日に道地方委員会代表（公然）の村上由は、党は事件と無関係との声明を出す。しかし、翌二四日に声明は撤回され、吉田内閣の「売国的ファッショ政策」に対する「全国的抵抗運動の一つのあらわれ」「愛国的行動」とされた。一九四九年のフレームアップ事件とは異なるという認識であった。[*6]事件は迷宮入りしかけたが、首謀者として党札幌委員長村上国治が逮捕され、その後白鳥事件対策協議会（白対協）を中心に長い裁判闘争が続く。

事件後四〇数年が経った一九九八年一〇月、元党道地方委員会ビューロー（非公然、キャップは吉田四郎）内の軍事部門（責任者は輪田一造）幹部川口孝夫の『流されて蜀の国へ』（私家版）が出版される。同書は事件を党員の犯行と示唆し、『北海道新聞』がそれを報じた（一〇月二九日付）。同書を紹介した中野徹三「現代史への一証言（上・下）

―川口孝夫著『流されて蜀の国へ』を紹介する―」（『労働運動研究』三五六・三五七、一九九九年）は、白鳥事件が予告（札幌市長[*7]・札幌地検検事・白鳥警部宛「脅迫ハガキ」「対警宣言」の送付、自宅への投石）→実行（射殺）→実行宣言（「見よ天誅遂に下る（降る）！」」と記した「天誅ビラ」の撒布）というプロセスをたどっている点は、「一見類似した他の諸事件から本事件を、明確に区別するもの」であると指摘した（上・三四頁）。

再検討される白鳥事件

白鳥事件の再検討は、二〇一一年三月の札幌HBCラジオ制作ドキュメント「インターが聴こえない―白鳥事件60年目の真実―」（第四八回ギャラクシー賞ラジオ部門大賞受賞・第三七回放送文化基金賞ラジオ優秀賞）の放送をきっかけに、大きく進む。渡部富哉『白鳥事件 偽りの冤罪』（同時代社、二〇一二年）、中野徹三「1950年前後の北大の学生運動―その位置と意義を再考する」（『大原社会問題研究所雑誌』六五一、二〇一三年）、後藤篤志『亡命者 白鳥警部射殺事件の闇』（筑摩書房、二〇一三年）、大石進『私記 白鳥事件』（日本評論社、二〇一四年）などが、事件に共産党が深く関与していたことを明らかにした。

事件の解明に向けて、精力的な研究・インタビューを重ねたのは、今西一である。①「北大・イールズ闘争から白鳥事件まで―中野徹三氏に聞く(1)―」（『小樽商科大学 商学討究』六一―四、二〇一一年）、②「北大・1950年代の政治と学問―中野徹三氏に聞く(2)―」（『小樽商科大学 商学討究』六二―一、二〇一一年）、③今西一・河野民雄「白鳥事件と北大―高安知彦氏に聞く―」（『小樽商科大学 商学討究』六三―一、二〇一二年）、④「シンポジウム 歴史としての白鳥事件 白鳥事件とは何か」（『小樽商科大学 商学討究』六四―二・三、二〇一三年）、⑤「テロルの「兇弾」―白鳥事件・高安知彦氏の手記―」（『アリーナ』二一、二〇一八年）、⑥「白鳥事件と中国―川口孝夫の「遺書」―」（『アリーナ』二三、二〇二〇年）があり、⑦今西一・手島繁一・手島慶子「戦後北海道の共産党―水落恒彦氏に聞く⑵――」(『小樽商科大学 人文研究』一二六、二〇一三年)も重要である。これらはすべて小樽商科大学学術成果コレクション(Barrel)で閲覧することができる。

白鳥事件と日本共産党

さて事件の翌日一月二二日に共産党が関与との報道があり、二三日早朝に党札幌委員会名の実行宣言ビラ[*8]が撒布された。前述のように道党の対応は二転するが、事件を「全国的抵抗運動」「愛国的行動」だとした二度目の声明は反感を招き、『北海道新聞』二五日付社説「白鳥事件と日共の立場」は、「第二、第三の白鳥事件の発生を必然化し公然と『暴力』を肯定」するものだと非難した。

道地方委員会の対応と事件に深く関わった北大学生細胞の対応はすり合わされる。北大生は一九五〇年にイールズ闘争[*9]を経験したが、白鳥事件に関して、前掲中野「1950年前後の北大の学生運動」はこう回想している(二一頁)。①二三日、法経学部自治会委員長から「白鳥事件は党のやったことではないという日和見主義的な意見を克服して、党の意志の革命的統一を図る必要がある」と書かれたメモを見せられる。②二四日あるいは二五日、今度は「この事件は愛国者の行為であるが、共産党のやったことではないということに、合法的宣伝は統一する」と書かれたメモを見せられる。①は二三日撒布の実行宣言ビラを支持し、村上由の二三日声明を批判しており、②は村上由の二四日見解に対する了承を示している。道委員会と北大学生細胞[*10]の意向は一致した。

この間の動きで重要なのは、道地方委員会と札幌委員会との乖離・齟齬である。村上由は二三日声明で「札幌委員会がまいたビラ〔実行宣言ビラ〕については地方委員会としては何も聞いていない」(『北海タイムス』一月二四日付)、「札幌委員会のことについては一切知らない」(『北海日日新聞』一月二四日付)と述べている。道地方委員会は札幌委員会の動きを掌握していない。はたしてそんなことがあるのだろうか。それは道地方委員会ビューローの委員長吉田四郎が反軍事路線に立っていたのに対して、札幌委員会委員長・ビューロー軍事委員長の村上国治が軍事路線をとっていたからである。[*11] 軍事部門は道地方委員会と札幌委員会それぞれのビューローの指導下にあったが、両軍事部門間に「指導被指導の関係はなかった」。[*12] 各級軍事部門の〈独立性〉〈分立制〉が考えられる。

党中央の認識も混乱した。『平和と独立』『平和と独立のために』を追ってみよう。事件発生の数日後、一月二八日付に「北海道で新陰謀」の見出しで偽造「赤色テロ」であることを報じ、二月一八日付主張「白鳥事件の陰謀を粉砕せよ」は、事件は「わが党と愛国的な国民に対する政治的な陰謀」「わが党と愛国的な国民に対する弾圧」「平和と独立を守る運動を禁止する陰謀の一つ」であり、「三鷹、松川事件以来、彼等〔米帝・吉田政府〕が一貫してとつてきた政策」の表れだと論じている。一九四九年のフレームアップと関連づけて、事件の「愛国」性ではなく、陰謀性を強調している。村上由の一月二四日見解、抵抗運動・愛国運動という評価はまったく反映されていない。真相調査結果の二月一八日付「国民の敵白鳥警部」も同様である。

白鳥事件像の転換

しかし、三月六日付「〝殺されるのは当り前〟白鳥事件に職場のもり上り」は、「白鳥事件は共産党がやつたやらないの問題でなく、社会情勢がそうさせたのだ、こんな社会情勢では第二、第三の白鳥が出る」「白鳥がやられるのはあたりまえなんだ」という巷間の声や、軍事方針を読んだ青年婦人たちからの「身内がぞくぞくするようだ」「共産党にばかり苦労させて、おれたちがタカミの見物をしているのはまちがいだ」といった冒険主義的意見を紹介して、村上見解へ接近している。また同七日付「第二の白鳥になるな」は、函館市内の交番に「警察官よ！白鳥に天誅が下つた、これは当然のことで市民は大いに喜んでいる」と書かれたハガキが投函されたことを報じている。さらに同八日付主張「白鳥事件の斗いから学べ」は、「党と大衆は、この白鳥事件のデッチあげと斗かい、戦術的な経験を学んだだけではない。この事件は、党と大衆にとつて、思想的政治的試練」であり、党内の「根強い経験主義とストライキマン的傾向」を克服する闘争であると位置づけている。この視点は軍事路線の徹底化につながる（四月二三日付主張「統一戦線のための軍事行動を」）。

同二九日付「時計台　＝札幌からの手紙＝　白鳥事件のあと」も事件に関する党内状況を知るうえで重要である。まず事件直後についてこう述べる。

一月末に「白鳥事件」がおこつた。「同志がやつたかも知れない……」という考えから一時シンと静まりかえつていた活動家たちがまもなくたちあがり、事件をきつかけに一そうふかく大衆のなかへ入つていつた。「五全協」「組織と戦術」「軍事論文」の討議がくり返し活動家の間、活動家と大衆の間で行われた。大衆のなかゝらこういう声がでてきた。「俺たちが高見の見物をやつているような態度はあやまつている」と……とくに徴兵反対斗争には婦人層も加わつてひろく動きはじめた。

次いで経営細胞における議論を紹介し、事件後、党員・支持者の一般的な受け止め方が消極的から積極的に変わっていったことを伝えている。軍事路線下、「事件は党員がやったとか、やらないとかが問題ではなく、この方針が浸透していったなかでの警察権力への反撃」という認識である。ゆえに一月二三日の村上声明が完全否定される。「戦争政策に協力し日毎に強まる弾圧暴力に対して反撃した革命的実力行使に対して〝無関係〟であると言明することは、大衆の革命への前進を双葉のうちにかりとることになるのではないか」「あの声明が事実そのとおりであれば反革命的言動といわねばならぬ」。結局、経営細胞の会議は「あれはタイムス（『北海タイムス』）のデマであつて村上氏はあのようにはいつていない」ということに落ち着いた。臨中は白鳥事件の陰謀性を糾弾するのではなく、事件を愛国的行動として支持する方向へシフトした。「白鳥事件のあと」はつぎのように締めている。

大衆に対して説得をおこたらないできた職場では、白鳥を誰が殺したかなどは問題にせず、この事実をおこさしめた情勢が問題になつている。したがつてこの情勢がつずくかぎり第二、第三の白鳥事件は必ず起つてくるのだといつている。このような職場では職制への抵抗がはげしくなつている。そして白鳥事件をきつかけに大衆の意識は革命的に飛躍発展し、「白鳥が殺されるのはあたりまえ」の声となつていつた。

札幌発の手紙「白鳥事件のあと」は、白鳥事件の背景・原因・経緯を〈情勢〉一般に求め、党との関係性云々は問わぬまま、必然的におこった革命的事件と結論づけている。『平和と独立』もコメント抜きに掲載し、事件に関する最初の記事であった二月一八日付主張「白鳥事件の陰謀を粉砕せよ」が指摘していた陰謀説を一顧だにしていない。一月二三日撒布の「天誅ビラ」が唱えた「白鳥の死は決して彼一人の問題ではない。悪質なる自由の敵、民族の敵どもがいまにしてなお反省しないとするならば、すべて第二の白鳥にならないと誰れが保障できようか」という地点に立ち返っているのである。

事件後の札幌党

関係者の証言として早かったのは、元党札幌委員会常任（学生対策部）・非合法札幌委員会ビューロー員の追平雍嘉『白鳥事件』（日本週報社、一九五九年）である。追平証言は信頼できないと批判されているが、ここでは事件それ自体ではなく、事件後の札幌党組織の状況を検討する。追平は事件後のビューローの方針を四点あげている（三八―三九頁）。

第一に、徹底的な宣伝にとりかかることで、その重点は、白鳥事件が三鷹、松川事件とはちがうもので、犯人の行動を愛国者の行動と評価することであつた。第二には、（中略）村上由氏の声明に対する党内闘争として展開された党内意思の統一活動であつた。これは『五全協方針』『軍事方針』『当面の戦術と組織問題について』等の党の方針の理解を深める学習活動であつた。第三に、この事件を大衆の要求と結合した職場闘争、地域の闘争としてもり上げ、白鳥事件を孤立させないようにすることであつた。これは『職場の白鳥をやっつけろ』『第二の白鳥になるな』というスローガンで行われた職場闘争であつた。第四には、直接に警察の白鳥事件の捜査を妨害するためにとられた種々の工作であつた。

しかし、この方針はまもなく消える。道地方委員会議長の吉田四郎が、事件は「プチブル的、ゴロツキ的なあせりだ」と批判し[*13]、二月に入って事件は党と無関係であるとしたからである[*14]。追平はつぎのように語っている[*15]。

> 昭和二十七年の夏から後、札幌の党は自壊作用を起し始めた。その時まで、政治面における対権力闘争、軍事面におけを〔る〕反ファッショ実力行動の極左的精鋭行動主義に統一されていただけに、その行動が、道地方委員会からは一揆主義、不良少年団と評され、中央からは党と全く無関係と冷視されるに及んで、札幌の党内は上から下まで、今迄の行き方（戦略戦術）と在り方（情勢判断と学習の現状）に深い懐疑を持つに至り、各党員がそれぞれこれを口にこそ出して、村上委員長等幹部の批判こそしないが――その当時はそれ程幹部絶対であつた――内心には各々それを持つて、お互いがお互いの腹のさぐり合いを始めた。

こうした状況下、徳田論文「日本共産党創立三十周年に際して」が出され、次節で詳述するように、軍事偏重が戒められ、自己批判・克服の必要が強調される。札幌党内の傾向もつぎのように変った[*16]。

> 札幌党内の空気は、村上〔国治〕委員長等数名の精鋭を取り残して大転換すると共に、取残された精鋭連中は亦、党中央への不信を心に深くきざし始めたのであつた。昨年の秋にはあの急進的な軍事方針「われわれは、ただちに武装の準備と行動を起そう」「中核自衛隊の戦術と組織」を指針として示し乍ら、そしてそれに最も忠実に従つた者達を無関心と冷淡と痛烈な批判とを以つて迎える――。（中略）最初は、脱落者の平素のプチブル的生活感情と日和見主義の批判として。次には党幹部の党内民主主義に反する引廻し主義、主観主義の批判として。最後には札幌の党全体の極左冒険主義の自己批判として。（中略）各党員に心から深々と自信を恢復させ、また信念

を再燃させるものはなかつた。それは全く中央いや党全体の病相をそのまま反映させていた。

読者は感ずることだろう。なんと混乱した事件認識かと。陰謀説、愛国説、軍事主義、ハネアガリ主義が入り交じり、党内の対立は主流派対反主流派といった二項対立構図ではなく、主流派内においても党中央と札幌党、道地方委員会と札幌党の間に亀裂が入り、さらに札幌党内にも「精鋭」指導部と党員の間に溝が生れるという複雑さであった。

白鳥事件とはなんだったのか

事件関係者は一九五五年四月以降中国へ「亡命」し、一部（前出の川口孝夫もその一人）は六全協後に中国へ渡る。極左冒険主義が引き起こした白鳥事件は六全協では解決しなかった。一九六一年の第八回大会は「松川事件・白鳥事件その他弾圧との闘争にかんする決議」の中で、「白鳥事件の村上国治同志は十年におよぶ獄中生活の中で、病におかされながら不屈のたたかいをつづけている」「第八回大会は、わが党のすぐれた闘士村上国治同志の即時無罪釈放を要求し、その実現のためにたたかうことを決議する」と述べている。[*17] 松川裁判闘争勝利後、「党内にのこされた、最も困難な大きな事件は白鳥事件である」と言われた。[*18]

一九六三年の『前衛』一〇月号は「特集・白鳥事件」を組む。同月、白鳥事件最高裁は上告を棄却し、有罪が確定した（翌一一月、村上の懲役二〇年が確定）。一九七三年一二月以降、「亡命」者たちは帰国するが、白鳥事件の総括はなされぬまま、一九七五年八月に「白鳥事件運動終結宣言」が出され、白対協は解散した。[*19] その後共産党は「白鳥事件は現在の共産党とは関係がない」（『赤旗』一九七五年一二月二八日付「いずれも反党盲従分子「白鳥事件」関連　中国から五人の帰国」）と宣言し、さらに数年後、「いわゆる「白鳥事件」の性格がどのようなものであったのかは、まだわからない」と述べるに至る。[*20]

一方、権力側から見れば、自治体警察（市警）と国家地方警察（国警）の二元的分離・競合下、事件は起こった（「白鳥事件と警察機構の刷新」『北海評論』一九五二年二月特別号)。被害者の白鳥一雄警部は札幌市警察本部警備課長という自治体警察の一員であった。

つまり、白鳥事件は共産党・警察双方の組織的不統一の中でおこった。それゆえ、両サイドが複合的に関与し、白鳥警部が二重に狙われた可能性がある。[*21] 松田解子は一九六一年一月に現地調査団の一員として来札し、二〇日に事件現場の調査、二一日に村上国治と面会している。松田は現場に立ち、つぎのような疑問をもったという。[*22]

白鳥事件の場合、当事者たちは軽快にも自転車で並んで走り、射殺は至近距離から「一発で」という事件だった。(中略)もし、射殺された白鳥警部と、もう一方の射殺者が、日頃、殺す生かすの敵対関係に終始していた間柄であったとしたらそんな場合、相互に絶対に「背中を見せあうような愚は」避けたのではないだろうか(中略)その二人は「仲間うちの者同士」であったればこそ、一本のせまい雪道もならんで走れたのではないだろうか。時に前後しても走れたのではないだろうか。(中略)人を殺すにせよコソコソとなどは殺さなくてもいい立場。殺しても、公然陰然にかかわらず権力者によってわが身は守られるのだという確信が持てる立場。そのとき、そういう立場にいたか、それともかつてそういう立場に馴染んでいたか、いずれにしてもそういう立場にいた者のしわざではないだろうかと。

推理に推理を、臆測に臆測を、仮定に仮定を重ねた松田の結論は、射殺犯と白鳥は「仲間うちの者同士」だったのではないかということである。[*23] つまり、松田の論理では共産党内に送りこまれた官憲スパイによる射殺説や、札幌市警内部の凶行説が浮かび上がってくる。二〇一二年四月の講演会「白鳥事件六〇周年目の真実」(明治大学リバティーホール)で、事件関係者の高安知彦は、「もし自分たちがやらなかったら、権力側が犯行して罪を自分たちに被せる」可能性があったのではないかと衝撃的な発言をしている。[*24] 公安警察による自作自演の駐在所爆破事件であった菅生事件(一九五二年六月)などとの類似性も考えられる。

極左冒険主義路線下の諸事件が朝鮮戦争の後方撹乱を目的にしていたのに対して、白鳥事件は一警察官への個人的怨念、個人的テロルであり、「軍事方針の基礎となる主体的目的意識（朝鮮半島への関与）を欠くもの」[*25]であったという点で、きわめて特異であった。北海道における後方撹乱の点なら、一九五一年一〇月の米軍基地内建設工事への協力を阻止しようとした北大「軍事アルバイト事件」、一二月に発生した米軍向けの石炭供給を阻止すべく輸送列車を停車させた「赤ランプ事件」などの方が〈効果〉的であっただろう。

第2節　複合革命論

「日本共産党創立三十周年に際して」

白鳥事件から一カ月後の一九五二年二月一五日、『恒久平和と人民民主主義のために』に徳田の「日本共産党新綱領の基礎」が掲載される。五一年綱領の解説である。これは『平和と独立』三月四日付に転載される。さらに新綱領に関する説明として、『恒久平和と人民民主主義のために』七月四日付に徳田の論説「日本共産党創立三十周年に際して」（以下、徳田論説）が発表される。前述したように重要な論説であり、『ボリシェヴィク』七月号や『平和と独立のために』七月一九日付にも掲載（前者は全文、後者は要旨）された。

徳田論説は一九四九年に発生した二つの日和見主義に注目している。一つは六月の第一五回拡大中央委員会における野坂「国会活動についての報告」の平和革命主義である。「米占領体制の反動的本質を過少評価し、議会を通ずる平和的手段による革命の勝利が存在すると断定した」。もう一つは九月に生れた反米闘争主義である。「日本の政権が完全に米帝国主義者の手中にあり、したがつて吉田政府およびその他の中央、地方の権力機関は米帝国主義の機械的な手段に過ぎないと断定し」、「吉田政府反対闘争を忘れて、当時における党の主要任務は米占領軍反対闘争のみであるべきであると考えた」。

徳田論説は、こうした平和主義（合法的議会主義）と反米主義（非合法的反帝闘争）の対立のなか、党は四九年秋から「新情勢に即応する他の活動形態」「個々の場合に適応する行動するための新しい機構」に移行し、「人民の強力な力」に依存して、「共産党の指導下に、大衆は敵の攻撃に反撥する抵抗組織網を短期間のうちにつくることができた」と述べる。この新機軸がやがて軍事路線の五一年綱領に直結していったかにも読めるが、徳田はストやデモに専念せず、「国会や地方権力機関の選挙のような闘争形態」にも注意を払い、「合法活動と非合法活動を結合する技術」を忘れるなと釘を刺している。『読売新聞』七月一五日付社説「徳田論文の国際的意義」は、新綱領の意義の強調とともに党活動の自己批判が徳田論説の要点だと整理し、「おそらく軍事行動一本ヤリの傾向をあらため、非合法活動とならんで合法面の活動も従来より活発に展開されることが予想される」と結んでいる。

徳田論説を転載した『ボリシェヴィク』七月号にはスターリン「日本人民の祖国の復興と独立を目指す闘い」[*26]も掲載されている。スターリンは「アメリカの占領を修飾し、平和的な議会制によつて、大衆的革命闘争なくして、吉田反動政府の退散および人民民主主義政府樹立の可能性を容認する右翼日和見主義の理論「平和革命」が党内にひろまつた」が、いまや「共産党は日本人民にたいし、吉田反動政府の退散を達成することは平和手段をもつてしては不可能であることを率直に、公然と指示した」と述べている。

徳田論説はスターリンの武装革命論に沿いながらも、「合法活動と非合法活動」の複合革命スタイルを追求した。武装闘争は一九五二年にピークを迎え、白鳥事件以降の『平和と独立』『平和と独立のために』には「軍事問題を大衆化し中核自衛隊を組織せよ」（一月三一日付）、「「内乱」をもつておびやかす」（二月二六日付）、「軍事行動を正しく発展させよ」（四月一日付）、「統一戦線のための軍事行動を」（四月二三日付）、「第三波闘争と国民の総武装」（六月四日付）などの主張が並ぶ。

軍事路線の実態

ただし、臨中の軍事路線は必ずしも武装蜂起一辺倒を意味したわけではない。北海道北東部、サロマ湖の隣、常呂郡若佐村（現佐呂間町）の党細胞機関紙『わかさ』一九五二年七月一〇日付第三号（9L-0072）「全村民の総武装と来るべき村長選挙」は、「吾々の生活をハカイし又それ等の手先となつてゐる一切の裏切者・売国奴に対しては全村民総武装して実力を持って断固闘ふ以外にない」と訴え、民主的な村長選挙を妨害する者を「武装と実力に依つて徹底的に粉砕」すると述べているが、現実的に構想された「総武装」とは単純な武装蜂起ではなかった。たとえば、同時期に出された北海道中央部、美流渡（現岩見沢市）細胞機関紙『解放の旗』は、「東京では火エンびんを使つているが、あんなものより労働者のゼネストこそが吉田打倒の偉大な武器である」（七月一二日付第五号「打倒吉田のゼネスト・デモの申入れに対する回答」、9L-0111）との声を載せ、吉田茂にツルハシを打ち下ろす炭鉱労働者の挿絵（七月一九日付復刊第五号、9L-0109）は、「国民総抵抗！　を起せ　総武装でたて！　ゼネスト」と記しているからである。

「軍事」「武装」のイメージはここまで広げられなければならない。七月の徳田論説によって軍事路線は抑えられ、同年一〇月の第二五回衆議院議員総選挙で議席はゼロになったことで、狭義の極左冒険主義・軍事主義はストップしたかに見えた。しかし、一九五三年三月のスターリン死去や同七月の朝鮮戦争休戦以後も広義の軍事路線のもと、革命スタイルの複合性、複合革命論は継続していく。

総点検運動の開始

徳田論説後に第一次総点検運動が開始されるが、すでに一九五二年四月から五月にかけて党中央を対象に「思想点検・党規律確立月間」が実施されていた（一九五二年四月二四日付中央各部各細胞宛通達「第一〇四〇号　思想点検党規律確立運動について」4-1259)。主要な点は以下の三点である。①「自己の任務と活動方針」の報告、②「自己批判と相互批判」の会議開催、③各部各細胞責任者による各人の工作態度の点検。とくに③の点検は「思想傾向に注意し、その根源をそれぞれの私生活の実態、出身階層、経歴、入党の動機、入党後の活動状況にまでさかのぼってつかむ」ことが求められた[*27]。

この後、第一次総点検運動となる。一九五二年七月二五日付都党教育委員会『かがり火』号外(7-0886)は、「党創立三十周年記念斗争」と題して、総点検の必要性を訴えている(一九五二年四月二四日付第一〇六二号「党ボルシェビィキ化を斗いとり、革命を更に前進させよ」4-1343も同様の指示をしている)。

(1)全党員ならびに各級機関は、それぞれの条件において、政治目標を明確につかむこと。そのため全党員が、内外の諸情勢を科学的に正しく判断し、自己の政治方向をみつけ得る能力、党の斗争の任務と目的の自覚が高められること。

(2)いかなる敵のファッショ的暴力とハカイに対しても耐え、それを粉砕する党内体制の整備と強化。そのため、任務と目的の自覚による党風刷新をさらに強化し、自己・相互批判の基礎を固め、一切の偏向と妥協することなく、徹底的に斗う気風をもりたてること。同時に非合法体制を、党と大衆との固き結合を基礎として一段と強化する。そして党内の結束を固め、敵を粉砕する体制を作りあげること。

(3)占領者と売国奴の思想である、合法主義・中立主義思想を、大衆的に、かつ実践的に粉砕する。すべてわれ〱の工作を誤らせ、党と革命を妨害し、過ちにみちびく、一切の非階級的思想の根源を追究し、放逐すること。われ〱は、このため仮借なき斗争を展開し、これによって、マルクス・レーニン主義思想によって武装し、思想の統一をかちとること。

選挙敗北の原因

一九五二年一〇月一日の第二五回衆議院議員総選挙で共産党は全三五議席を失う。一方、前回一四三議席から四八議席と惨敗した社会党は、一九五一年一〇月に左右両派が分裂（再分裂、一回目の分裂は一九五〇年一月、四月に統一）していたが、左派は一六議席から五四議席へ、右派も三〇議席から五七議席へ大きく勢力を回復した。ほぼ共産党の議席が社会党左派に移動した格好である。共産党中央指導部は『アカハタ』一九五二年一〇月六日付に主張「国民統一のために不屈の前進を―百万票の支持にこたえる」を載せ、同一二日付「総選挙の結果について」で、選挙結果は「意外な不成績」だったが、「社会党とくに左派もまた独立と平和のわれわれの政策を表看板にすることによつて、国民大衆の愛国の票の獲得に一応成功した。左派社会党に投ぜられた票は、わが党の政策（新綱領）に投ぜられたものといつても過言ではない」「新綱領及びわが党の選挙綱領の基本方針はあくまで正しかつた」と強弁する一方で、「われわれは根深い主観主義を改めねばならない」「統一戦線の目的に合致しない炎〔ママ〕ビンがいかに総選挙戦を不成績にしたかということから目をそらしてはならない」と有権者の拒絶反応を重視した。さらに『アカハタ』同一八日付の総括声明「国民との結合強めん」（一〇月一〇日発表、同日付『総選挙斗争を終って…その教訓に学べ…』2-0725も発表）も重ねて「わが党は意外な敗北を喫した」と述べた。

選挙結果に対して、多くの声が寄せられた（『アカハタ』一〇月一五日付「共産党への忠告　投書」）。東京の学生はこう批判する。「共産党が一人も当選しなかつた。やつぱりという気もするが、いままで党への国民の信頼がもう少し大きいように考えていただけにやりきれぬ感じだ。（中略）共産党よ。あなた方は国民と生死をともにするだけの覚悟はもつても、まだ国民の喜怒哀楽の機微をつかむにいたつていない」。京都の支持者もこう述べる。「今回の総選挙で一名の当選者も出すことができず、いわゆる惨敗完敗の批判をうけたことは、一応意外でもあつたが、一面また当然だという理由が十分ある。（中略）もとより党の前衛としての性格は大切であるが、われわれ第三者にとつて党員個々の考え方が何だか秘密組織的に感じられたりすることはさけられなければならないと思う」。

一二月に入り、『アカハタ』は「総選挙結果の分析」を連載するが（一九五二年一二月三〜一八日付）、香川・広島・鳥取の各県が前回に比して大幅に得票を減らしたのは、「分派主義者が党と国民にあたえた害毒のおそろしさ」のせいだと論じ（同一五日付）、反主流＝国際派の分派活動に敗北の原因を求めた。一九五三年三月のスターリン死去の翌四月一九日には第二六回衆議院議員総選挙（「バカヤロー解散」）が行われるが、直前の『アカハタ』四月九日付「共産党にもの申す」は、「こんどの選挙にはぜひ勝つてください。スターリンのごとく、毛沢東のごとく日本共産党も大人になつたところを見せてください」との激励（『中央選対連絡事項』一九五三年三月三〇日付第五号2-0747に既載）を紹介する一方、「共産党が天下をとれば何をやるのか、ききたいね。口のうまいペラペラな人がえらくなつて、口べたな労働者はいつまでも下づみだよ。（中略）共産党はこういう下づみの、労働者のほんとうのみかたになつてくれるのかしら。労働者をふみだいにして、役人風をふかすのじやないかしら」という根強い不信があることも隠さなかった。

結果は大阪二区の川上貫一のみの当選だった。『アカハタ』四月二四日付主張「前進せよ」（『平和と独立のために』六月七日付に転載）は、敗北を合理化できないが、「将来にかけて、大発展をとげる重大な変化」があったと主張した。それは推薦候補者の多数当選（二七名）だった。この選挙結果により、党指導部は民族解放民主統一戦線の基盤として議会選挙の重要性を認識することになる。なお、第二六回総選挙後、共産党は重光（葵）首班支持を打ち出し、九月に誤りであったと自己批判する（『アカハタ』九月二四日付「反米・反吉田・反再軍備の闘いに国民の団結をかちとろう―重光首班支持の誤りを克服して進もう―」）[*28]。この自己批判は『アカハタ』一九五四年一月一日付主張「平和と民主主義と生活を守る国民の大統一行動をめざして―一九五四年をむかえる―」（通称「一・一決定」）に連なっていき、さらに一九五六年二月に開催された第一回東京都協議会の都委員会報告（草案）「党活動の総括と当面の任務」

（7-1039）でも、「党中央の重光首班論にたいする自己批判は、全党的に正しい戦術を追求する努力の途を開いたことは事実である」とされた。

軍事路線の混濁化

一九五二年七月二一日に破壊活動防止法が施行される。この時期は軍事路線の継続期であるが、闘争の先鋭化と鎮静化が交差している。「武装による革命的方法以外には解放の道がない」（『軍事ノート』六月三〇日付第三号「先づ生産と生活の拠点に軍事組織を作れ」4-1557）と叫ばれる反面、「現在の闘争を敵との決戦と考えたり、大衆を決戦に導くことは、味方の力を破壊するものである」（同前「打ちつづく大衆集会、デモについて」）、「いかなることがあつても、当日火炎ビンその他の武器を使用してはならない」（『アルプス・ノート』七月一一日付第四号「創立三十周年記念大平和祭について」4-1552）と自重した行動が求められ、「デモの実力行動が目的になっている傾向」（『軍事ノート』七月一四日付第四号「再び集会・デモについて」4-1557）や、「集会のあと、必ず〔警察〕に火炎ビンを投げるという戦術の硬直性」が戒められた（『組織ノート』七月一五日付第一四号「党内偏向について」4-1562）。

同一の論説の中でも、軍事問題が「スト委員会の武装、ゼネスト、武装蜂起」と固定化・定式化されているのは「根本的に誤っている」と述べる一方で、日本のような「従属国の革命においては、武装した闘争が非常に大きな位置をしめており、それが一つの特徴である」と断定するように（『軍事ノート』七月二八日付第五号「日本ではパルチザンを無視してはならない」4-1559）、軍事路線は混乱・動揺していた。公然闘争である選挙闘争との関連でも、「革命的な選挙」「革命的な行動」の名のもとに、「軍事組織はこの選挙闘争の圏外に立つのではなく、全体の一員として、むしろこの選挙闘争の先頭に立たなければならない」とされた（『軍事ノート』七月二八日付第五号「選挙闘争に参加せよ」4-1559）。

実践面技術面における暴力行為の自制は、第二五回衆議院議員総選挙を前にした戦術転換だっただろう。戦術的には引続き非軍事（合法）と軍事（非合法）の複合路線であったことは、一九五二年七月四日付各地方・府県・地区委員会宛通達「第一〇六五号　断固！　国民総抵抗運動を斗え！」（4-1285）に、「あらゆる斗争を合法と非合法の結合によつて貫かねばならぬ。すなわち合法面においては、反占領制度、反吉田政府の方向において一切の合法性を運用し、非合法面においては、革命的実力行動を伴う大衆斗争を計画し、発展させ、国民総武装の軍事方針を貫き、これを具体化せねばならぬ」とあることからも明らかである。一〇月の第二三回中央委員会総会でも、「われわれは、武装組織をも含めた、合法、非合法のあらゆる組織を運用して、米・日反動勢力のファショ体制と対抗し、これを粉砕する斗いに、一層の努力をもつて習熟しなければならぬ」と述べている。

党内外からの批判

問題はこうした党中央の軍事路線への固執に対して、党内外から批判的な声が上がっていたことである。一九五二年一〇月から一九五三年四月にかけて『平和と独立のために』に読者からの手紙が紹介されている。たとえば、一一月七日付の「九州の炭坑オルグからの手紙」は福岡県八幡市（現北九州市）折尾駅前での情景をつぎのように描いている。[*29]

〝高松炭坑カンパ隊〟とワン章をつけたチッポケな子供が、ゴテゴテお化粧をぬつて美空ひばりまがいのシャガレ声をつくつて流行歌をうたつているんです。そばで、これもゴテゴテお化粧ぬりたくつた四十すぎのお母さんらしい女が、古シャミ線ならしてこの子をおどらしたり、いたわつたりしているのです。一曲終ると金をもらつてあるくのです。（中略）労働者はみんな斗うことを知つている。だからホイトまでやつている。辻コジキまでやつている。それなのに党は大衆に斗うみちを示さなかつた。党は大衆に申訳けない。高踏的な批判だけでなんにもやらない党なら、クソダメにすてろ。そう深く思つた。解放の党を大衆は待つている。ホイトまでして待つている。

東京南部の婦人党員は「上部機関はえらそうなことをいつていないで、体で大衆に接しなければだめです。えらそうなことをいつてもだめです。実際に細胞と一緒になつてやらなければ……」(一二月二日付「私たちのいい分」)とこぼし、岡山の支持者は「かつて共産党が税斗争、供米斗争と大衆の利益を具体的に代表し、大衆と日常生活の中で結びついていたとき「共産党はわれわれのためになる政党だ」、色々な不満はあつても「ともに行動してくれるのは共産党だけだ」と人々は話し合つたものです。やがて問題が個々の日常斗争からはなれて、竹ヤリが現れ火炎ビンが飛ぶにいたつて、大衆と共産党とのきよりは次第に遠ざかつて行きました。総選挙の結果は何よりも現在の共産党が単純な意味で大衆性を失つている事を証明します」と批判している(一九五三年一月一一日付同)。京都の支持者も「今までのやり方からして感心せん。すぐデモだ、火炎ビンだとさわぐが、わしはなにをお祭りさわぎしているのだと、にがにがしくおもつておつた。(中略)階段のうえから、〝はやくあがつてこい〟そんな足のはこび方ではあかん〝とどなつてしかつてもだめだ。もつと親切にその人のところまでおりていき、一歩一歩足のはこび方からおしえ、つかれたときには手をひいてやつたり、ときには、すこしぐらいダツコしてやつてでも助けてやる気持がなければダメだ」と党の活動スタイルを叱った(二月八日付同)。

党批判は非合法機関誌『平和と独立のために』に数多く掲載されただけではなく、[*30]合法機関誌『前衛』にも出始めていた。一九五三年五月号は四月に行なわれた第三回参議院議員通常選挙の結果(獲得議席ゼロ)を受けた「職場の討論―共産党にのぞむ―」(三六―三九頁)を載せている。そこではつぎのような辛辣な批判の声があがっていた。

Cこんどの選挙でも火炎ビンをまた出されると思うが、この前のときの選挙で、候補者の演説のあと質問したわけだ。それにたいして火炎ビンは正しいのだ。こうしなければダメだったのだということはいわないで、ただ戦争はそれ以上の暴力だというだけでは、火炎ビンを投げたことが正しいことにはならない。そういうことは間違いだから、戦争を引合に出すのもいいが、火炎ビンは火炎ビンで説明していかなければいけない。そっちょくに自己ヒハンするならした方がいい。

D火焔ビンのことでこういうことをいってた者がいる。お前ら若いのが日本に何人いるか知らないが、それだけの人間で革命ができるのか、もしできたら火炎ビンを使おうと大砲を使おうとかまわない。だが革命はお前らだけでやるのじゃないだろう。それだったら、火炎ビンを使うんだったらみんなと相談してやれよといってた。これはかん心なことだと思うな。

Oいま皆さんから出た意見をまとめると一番言われたことは共産党は浮いている。まだまだだね。この前、二十四年の総選挙のとき、三十六名も出したことは、党が平和革命主義をとっておったからできたんだということをいう人がいるが、そうじゃなくて、あのときは職場の中で党と大衆が固く結合していた。党は大衆の中でよく働いていた。だからあれだけ進出することが出来た。

DやOの発言は武装闘争路線の象徴である火炎ビン闘争や平和革命主義の実体である選挙闘争を現象的にとらえるのではなく、その背景・基盤の重要性を示唆している。いずれにしても、極左冒険主義的指導は絶対的なものではなくなりつつあった。

「宣伝活動についての調査報告」

この点をさらに掘り下げるために、一九五二年一〇月の第二五回衆議院総選挙と一九五三年四月の第三回参議院選挙の間、五二年一〇月下旬から一一月上旬に開催された第二二回中央委員会の後に出された「宣伝活動についての調査報告」（2-0753）を見てみよう。総選挙の総括を行うに際して、全国から[illegible]通の報告書が提出されたという。「報告」はそこに列挙された「大衆の疑問・質問」を六〇項目に集約している。煩瑣になるので、そのうち党に対する一七項目をあげてみたい（冒頭の数字は項目番号）。

24共産党はどんな政策をもつているのか、具体的に知らせ。

25共産党が政権をとつたらどんな政治をやるか。

26共産党は平和を口にしながら暴力革命をやろうとしているではないか。

27三タカ、松川事件のようなことをやるのはよくない。

28メーデー事件のようなことはいけない。

29共産党は暴力的だ。火炎びん。

30共産党は平和革命でやれないのか。

31共産党がいるからファッショが強まるのではないか。

32共産主義は日本にむかないのではないか。

33なぜ徳田はかくれているのか。

34共産党は非合法活動などやらずに大つぴらにやつたらよいではないか。

35共産党は何でも平等だからいけない。

36共産党は再軍備反対をいいながら軍事方針をもち矛盾している。

37共産党のいうことはいいことだが実行できないことばかりではないか。

38共産党と社会党はどこがちがうのか。

39共産党は国民の統一戦線といい、社会党に共同をよびかけながら、なぜいつぽうで社会党の悪口をいうのか。

40社会党左派、労農党と共産党は一つ〔の〕政党になれないのか。

調査は全国の各級機関が行ったものであり、党に近い支持者・有権者の声であるが、暴力イメージが根強い。「調査報告」は、市民の場合、「火炎ビンにたいする質問、疑問が圧倒的に多く、婦人の場合、戦争に反対しているにもかかわらず、「暴力革命」のデマにまどわされ、「戦争もいやだが、党もこわい」というのが少くない」と総括している。

第3節　中核自衛隊と合法・非合法問題

中核自衛隊の整備

軍事路線の象徴として中核自衛隊、山村工作隊、独立遊撃隊および在日朝鮮人による祖国防衛委員会（祖防委）、祖国防衛隊（祖防隊）が知られる。[*31] 一部既述しているが、俗に「Y」と呼ばれた中核自衛隊をまずとりあげてみよう。[*32]

前掲「日共の武装行動綱領全文」は、「中核自衛隊」を軍事組織の初歩・基本と位置づけ、「日本における民兵」と称しているが、軍事組織総体は中核自衛隊を基本・基幹に、パルチザンや人民軍をもって発展的に組織されなければならなかった。つまり、中核自衛隊は武装革命路線の基本であり、その完成は「労働者と農民のパルチザン部隊の総反抗」、国民の総武装であった。「中核自衛隊」がなぜYと呼ばれたのか、明確な説明はないが、おそらく〈国民の総武装・総蜂起〉＝Zの手前という事で、Yと呼ばれたのであるまいか。[*33]

中核自衛隊について、『内外評論』一九五二年二月一日付（『球根栽培法』）に「中核自衛隊の組織と戦術」が掲載されている（『日本週報』一九五二年四月一日付に「「中核自衛隊の組織と戦術」の全貌」として転載）。「一、中核自衛隊を組織せよ」「二、隊の組織と構成」「三、武器と資金について」「四、志気と政治教育」「五、軍事行動と大衆行動」「六、遊撃戦術について」「七、作戦と行動」の全七章から構成されているが、もっとも注目される点は、中核自衛隊の大衆化であろう。党外の大衆を巻き込む構想は、〈大衆〉への無原則的な信頼と信仰があったればこそ可能だったのであり、やがて大衆の離反、共産党批判を自覚するやいなや、武装革命主義・極左冒険主義は一挙に捨て去られることになる。

ただし、中核自衛隊の実態は複雑であった。大石進によれば、「中核自衛隊への入隊が党員資格取得に先行」し、「意識的に非党員をオルグして、入隊後に入党の手続がとられた」という。「信頼厚い細胞員を合法面から遮断して軍事に貰い受けるなど、できない事情があった」ようで、入党手続に比べると入隊手続は「簡便」だったと回顧している。*34

合法・非合法をめぐる論争

合法・非合法の問題に関して、一九五三年五月から七月にかけて、『アカハタ』紙上で論争がおこる。一九五二年のメーデーが皇居前広場＝「人民広場」で流血事件（メーデー事件、第一〇章第3節参照）になったことを受けて、一九五三年のメーデー中央会場は神宮外苑となったが、その是非をめぐる論争だった。まず五月一五・一八・二一日付「国民の統一のために」欄に神宮外苑を是とする〈意見〉が載る。当日会場で耳にした「おもしろくなかつたよ。人民広場へ行けなかつたもの。おれたちは、はらの虫がおさまらなかつた」というリベンジを図る声を紹介し、会場が神宮外苑になったのは実行委員会内の「社会民主主義者の合法主義、議会主義のあらわれ」であり、労働者大衆に「相当な影響力」があったと指摘する一方、「人民広場」開催論があったことは、「合法主義、議会主義のワク」をのりこえる兆候だったと分析する。〈意見〉は、「メーデー直前の情況は「統一メーデーを人民広場で」のよびかけと、実さいの情況とが一致しなくなつた時期」であった、その「新しい情況」に適応せねばならず、人民広場に固執するのはセクト主義であり、「来年こそ、人民広場で」というスローガンこそ、労働者大衆の「前進」を意味していると結論づけた。

これに対して六月六・九・一二日付に〈反論〉が出る。〈反論〉は人民広場解放こそ「新綱領の具体的実践」「日本国民の要求」であり、〈意見〉はナンセンスである、「来年こそ、人民広場で」を実現する力とは、「政府によつて与えられたデモコースを、官僚化した中央実行委員会の決定のワクのなかで、また葬式デモをやらせるなかで生まれでてくるものではない」と主張した。七月九・一二・一五日付に〈意見〉に対する〈批判〉が掲載される。〈批判〉は〈意見〉が問題とする「突出主義」に関して、次のように述べる。「はっきりしておく必要があるのは、突出一般の可・不可は、条件によつてちがうこと、時と場合によつては、むしろ革命的な断固たる行動こそが、全体の統一を保障し、前進させてゆくものである」「昨年の血のメーデーにしめした大衆の革命的行動の意義をさえ、突出一般論でまつ殺する気だろうか?」また、メーデー全体との関係では、「共産党は、メーデー実行委員会に独自活動の自由をしばられるイワレはないのである!」と強調している。

〈意見〉、〈反論〉、〈批判〉の立場は、〈意見〉が合法主義、〈反論〉が非合法主義、〈批判〉が是々非々・複合主義である。『アカハタ』編集局が〈批判〉を「全体の結論」(一九五三年七月九日付)として位置づけている点はきわめて興味深い。編集局の立場は九月三日付に「スローガンの政治的意義―「統一メーデーを人民広場で」の論争によせて」で改めて整理されるが、この論争はいわゆる「極左冒険主義」における合法(意見)・非合法(反論)の両面戦略が、〈敵の出方〉論(批判)として止揚されていく一コマを描いているだろう。

だが全体状況としては、朝鮮戦争休戦(一九五三年七月二七日)以降、極左冒険主義は方向を見失い、つぎに見るような悲惨な事態を招いていく。

山村工作隊・農村工作調査・小河内工作隊

軍事路線のもう一つの象徴が山村工作隊である。[*35] 山村工作隊は、党分裂以前に志田重男が推進した「山岳拠点」建設構想の延長ともいわれ、中央軍事委員会の直属だったが、結成時期や位置づけは地域によって違う。活動時期によっても公然・非公然が混在しており、「中核自衛隊」「独立遊撃隊」との関係もあいまいである。山村工作隊を一律的に「非公然組織」「軍事組織」「武装組織」とするのは無理があるだろう。[*36]

たとえば、非軍事・非武装の農村工作調査活動が行われている（『アカハタ』一九五三年七月一五日付「農村工作調査のために」）。五全協に沿った活動であり、学生主体の農村調査は「新綱領の観点から毛沢東の調査コースに従って行われる、という点に、巨大な意義がある」[*37]とされた。詳細な社会調査であり、全学連の帰郷運動や西日本の水害救援、あるいは国民的歴史学運動（村の歴史）との関係も含め、[*38]「新綱領の路線―農村の封建性を打破するために奉仕する活動―にそったもの」であった（『アカハタ』一九五三年九月二七日付「農村工作調査活動・平和帰郷運動・水害地救援工作運動の総括のために」）。

マスコミは山村工作隊の非合法性・暴力革命イメージを強調したが、悲劇性が党内外に刻印されたのは、一九五三年暮れにおこった東京小河内山村工作隊[*39]の岩崎貞夫の病死であろう。[*40] 小河内では米軍基地向けの電力供給地として建設中であった小河内ダム破壊活動は行われていた。『アカハタ』は、①一一月二一日付「故岩崎同志をめぐる三多摩地区委の自己批判　新しい党風を生む　不屈な共産主義者の死」（『平和と独立のために』一一月二二日付に「同志岩崎の死に三多摩地区の自己批判　軍隊の一銭五厘の考え」が載る）、②一一月二七日付党生活「岩崎同志の死について　小河内工作隊の自己批判」、③一二月一五日付「同志岩崎貞夫の死についての自己批判　東京都委員会」を掲載している。とくに③は第四面ほぼ全部を占める（岩崎武男「弟の死とミチューリン農法」も掲載）。岩崎は元新宿地区委員長であり、③によれば「小ブルジョア層の比重のつよい地区にあつて、分派主義者の影響によつておこつた党内の動揺ともつとものはげしくたたかい、党再建に努力した」が、ある問題により「チヨウバツ〔懲罰〕的」に小河内へ派遣され、苛酷な実践と党機関の無理解がたたり病気となり、充分な治療を受けられぬまま亡くなった。[*41]

第八章　脈動

日本におけるレジスタンス崇拝が反米闘争にどれほどの実効をもたらしたかを反省してみれば、すぐわかることだ。観念的なレジスタンス理解は、せいぜい火焔ビン闘争などの抽象的行動をもたらすのがおちであろう。私たちの具体的な戦いを準備するためにも、いまこそレジスタンスについて生きた研究が必要だと痛感される。（竹内芳郎『サルトル哲学入門』河出文庫、一九五六年、三二二頁）

第1節　統合化する党内状況

転機としての一九五四年「一・一決定」

『アカハタ』一九五四年一月一日付に主張「平和と民主主義と生活を守る国民の大統一行動をめざして――一九五四年をむかえる――」が載る。「一・一決定」あるいは「一・一論文」と呼ばれたこの主張は、「軍事方針転換の準備的な表れ」「路線転換過程の事実上の始まり」[*1]と言われるが、明示されているのはつぎのようなセクト主義批判であった。「われわれが、今日の党活動において、断固として克服しなければならない病気は、何といっても、セクト主義である。わが党におけるこの病根には、久しいものがある。このセクト主義の根源は、大体において観念的な傾向と、経験主義的傾向とから生まれている」。

軍事路線に関しては、それが暴走し制御しきれなくなる恐れが認識され始めていた。「一・一決定」から一週間後、非合法機関誌『国民の星』（『中核』改称）一月七日付第三八号「隊活動の新しい発展のために」[*2]は、中核自衛隊活動の再建と反省点をこう述べている。

隊がこの一年、どんどん再建されはじめ、いろいろの闘いの先頭に立つて闘ううちに、いつの間にか隊は自分でこれらの闘いの指導部であるというような錯覚におちいつてしまい、またこのように振舞うようになつた（中略）そもそも隊は、国民の闘いを暴力をもつて抑えてくる敵に対して、勇敢に闘う自警団、青年団、常設行動隊など、いろいろの自衛組織の中核となるべきものであつて、国民の闘いそのものの全体を指導するものは、党や大衆団体の指導部です。ですから隊にしても自衛組織にしても、あくまでこれらの政治指導隊に従属し、この指導下に立つて、自分の独特の任務を果すようにしなければならないのです。

中核自衛隊は「いろいろの自衛組織の中核」とされたがゆえにそう呼ばれたのであって、〈前衛〉自衛隊でも〈最高〉自衛隊でもなかった（言うまでもないが、国家組織としての自衛隊の設立は一九五四年七月である）。中核自衛隊の急進性・自立性あるいは独走は、政治優先主義と軍事優越主義の対立を惹起し、さらに原則の逸脱によって革命運動の政治指導体制が複数（分裂）化する恐れを孕んでいたのである。同様の指摘は『国民の星』二月二二日付第四一号「行動中核ということ―隊活動の基本となる考え（思想）について―」[*3]にも見られ、「大衆闘争の昂揚に際して隊の単独的な闘争を強調する考え」「せつかちに政権の問題を大衆の直接行動の問題にしようとする考え方」は中核自衛隊の急進化、ハネアガリだと批判された。しかし、軍事路線そのものは手放さない。『平和と独立のために』二月四日付「レーニンと軍事問題（上）」は、明確な軍事路線推進論だった。

国民は、平和と独立のねがいはおろか、一かけらの要求さえも、これらボウ大な武装力にたいし、実力をもつて抵抗することなしには達成することはできない。国民みずからが武装し、敵の武装権力を粉サイするほかに国民解放の道はない。（中略）わが党は四全協で軍事方針を明確にして以来、一貫して、国民に武装斗争の思想を宣伝し、大衆運動の中に実力行動を発展させる中で、国民の武装を実現し、実力によって民族解放民主革命を達成することをうつたえてきた。

一方で共産党批判は高まる。『アカハタ』一九五四年一月一日付「越年闘争をたたかった　国鉄群馬の一労働者の手紙」は、前年の国労処分撤回・越年闘争をふりかえり、「われながらよくやった　だが共産党はなにをしてたんだ」「労働者は前進した　共産党は高みの見物してたんじゃねえか」と憤慨し、不満を露わにした。読者には「一・一決定」にもまして、衝撃的な叫びに聞こえただろう。

自己批判〈批判〉

一月二一日付「国民のこえ　自己批判ばかりして少しも改めてくれない」は、高松市の民主医療機関の党員に関するもので、自己批判の欺瞞性をつぎのように指摘している。

かれらは、活動のゆきづまりを感じると「率直な大衆の批判を聞かねば」と、公開細胞会議をひらきます。（中略）かれらはみな一様に「自己批判する」と、いともカンタンにみとめてしまうのです。（中略）自己批判するといっても、急に改められるとは思いませんが、いやしくもそういったかぎりは、徐々にでも成果があがるものと、私は思っておりましたが、いっこうよくもならない。また批判する。かれらはふたたび「自己批判する」という。こんなことがもうなんどとなくくりかえされています。それで、私たちが気づいたことは、私たちに「批判してくれ」というのも、実はかれらの底知れぬ利己心から出ているということです。かれらはそうして自分たちの権威で維持しようとしており、それ以外のことは念頭にないのです。

提示されているのは、いくら民主的に見えようとも、いくら指導部が「自己批判」に熱中し専念しようが、党と大衆は主従関係・上下関係・指導服属関係にあったという事実である。この党支持者はつぎのように根源的な疑問を差し出している。

かれらには自分たちのことだけしか問題にならないのです。自分たちだけがえらくなって、私たちを指導しさえすればいいのだろうか？ 日常の生活と闘争の中で、ともに批判しあい、ともに成長していってこそ革命への前進があるのではないでしょうか？

対立していたのは、主流派と反主流派だけではない。党と党に靡いていた支持者もそうだった。それが膨大化・深刻化すれば、革命党・前衛党それ自体が大衆によって否定され乗り越えられ、やがて解体・崩壊していくベクトルを内包していただろう。

同二月一六日付党生活「ある基地工作隊の報告　工作隊に入って」には、「家族の生活をどうするか」「人間ばなれの生活態度では工作できない」など厳しい注文が見られる。こうした注文は革命運動にとって最重要課題であった。[*4] 党生活欄では工作隊をめぐる議論が続くが、『アカハタ』編集部は中国から帰国した女性党員の話を引用する。彼女は一九四九年暮におこった趙桂蘭の「労働模範」（工場の作業中、爆発物を抱え込み、身を挺して工場の破壊を防ぎ、「党的好児女」と呼ばれた）に関する中共女性党員の言葉を紹介している。

党が党員を大切にするのは、党員が自己のすべてを捨てて、党と国民のためにつくすという特性をもてばこそです。このために、党は党員に大切にします。しかし、どのように大切にしてもらえるかは、上級が決定すべきことで、党員が自分から上級に要求すべき性質のものではありません

元も子もない話ではないか。これでは、岩崎貞夫の死をはじめとする数多くの悲劇を党中央がどれだけ真摯に受けとめていたか疑問である。主流派・反主流派を問わず、党の活動総体が相対化され批判の対象になっていたことを示す顕著な例をあげてみよう。

党内民主主義の胎動

それはスターリン民族理論に関する論争である。一九五四年三月五日、東京豊島公会堂でスターリン逝去一周年記念会が開かれ、春日正一（三月二三日中央指導部議長就任）が民族自決権について記念講演を行なう。春日は民族自決権とは主権確立の問題を抜きにした「ごまかしのスローガン」である、スターリンが言うように「植民地従属国では、帝国主義の民族的圧迫の結果民族ブルジョアジーも一定の段階と一定の期間内は革命を支持する立場をとるから、民族解放の問題は革命の一つの要因になる」、これが「新綱領の理論的基礎」であると論じた。[*5] これに対して、古田三平（『無法松の一生』〔原題「富島松五郎伝」〕の作家岩下俊作の別名か）が、民族自決権を春日は勘違いしていると批判している（『前衛』一九五四年七月号「民族自決権にかんする同志春日の「思いちがい」について」）。

注目したいのは民族自決権をめぐる意見の対立やその正否ではない。古田が「党を代表する同志の意見を批判する立場」に立つと公言している点である。古田はその理由として、①「全党の同志が党の幹部を育て守るという精神」をもって、②「理論的分野が不得手」な「たらざるものをはたが補わなければならない。それが集団指導である」と説明している（五九頁）。春日と古田の関係は中央指導部議長と一党員の関係ではない。民族自決論をめぐる対等な関係に止まらず、党員が指導者・幹部を育成するという関係になっている。下剋上と言えばオーバーだろうか。その意味では、極左冒険主義時代の共産党の組織体質は上意下達型から相互批判型へ変貌しつつあり、党内民主主義が機能し始めていた。[*6]

党中央批判とともに、主流・反主流の対立構図も曖昧となる。『アカハタ』紙面に反主流派指導者の著作や、主流派『人民文学』と反主流派『新日本文学』の並列広告が見られる。長期的に見れば、五全協後、党内の一体化は進み、一九五三年半ば頃より一九五四年春頃にかけて、主流・反主流の相違はそれ以前とは異なり、曖昧となっていた。[*7] いわば対立が混濁化した時代であり、党組織が開放化され、上下関係が崩れかけた時代である。

一九五五年「一・一方針」から中央指導部改編へ

『アカハタ』一九五五年一月一日付に主張「党の統一とすべての民主勢力との団結」が掲載される。「一・一方針」と呼ばれ、前出「一・一決定」に次ぎ、六全協を準備したと言われる文書である。志田の執筆とされるが、「この際、われわれが過去に於いて犯し、また、現在もなお、完全に克服され切っているとは言えない、一切の極左的な冒険主義とは、きっぱり、手を切ることを、ここで卒直な自己批判とともに、国民大衆の前に、明らかに公表するものである」と宣言して、極左冒険主義路線は幕を下ろした。

「一・一方針」は画期的だったが、党内にはつぎのような声があった。東京新宿区『アカハタ』分局の例である。分局長がある同志に「一・一方針」について感想を尋ねたところ、「1・1論文〔一・一方針〕、敵は優勢、味方は劣勢、鳩山内閣のギマン政策、極左冒険主義―どうも、みんながシタリ顔で感心しているが、余りピンと来ませんね。数年前から解っていたことじゃないですか―」（無題 8-0042）と返ってきた。一九五四年の「一・一決定」、一九五五年の「一・一方針」は党史において分裂から統合への転換点として重要であるが、もっともリアルな活動をしている党員は〈いまさら〉の感を抱いていたのである。

また、党中央も足並みがそろっていたわけではない。『前衛』一九五五年一月号に掲載された「一九五五年をむかえて」（渡辺充）は、「現在、革命的情勢が存在していると考えることは、誤りである」と述べてはいたが、極左冒険主義には言及していない。また『平和と独立のために』一月一日付主張「国民の民主的統一のために奮闘しよう」にも、極左冒険主義批判は見られない。『平和と独立のために』に極左冒険主義批判が出てくるのは、二月三日付主張「総選挙戦と「平和と独立のために」」のつぎの箇所である。「われわれは、極左冒険主義や、セクト主義をいましめて、日刊「アカハタ」を武器に、国民の民主的統一を公然とつよめてゆくであろう」。

公然・非公然、合法・非合法の党メディアでセクト主義批判と極左冒険主義批判がそろい踏みするのは一九五五年二月頃といえる。そして『日本共産党の七十年・党史年表』（以下、年表）も明記するように、三月中旬に宮本顕治が志賀義雄とともに中央指導部メンバーであることが正式に公表される。中央指導部は春日正一・松本三益・岩間正男・風早八十二・田中松次郎の五名体制（五四年四月春日議長就任）から、春日・志賀・宮本・米原の四名体制となり、松本・岩間・風早・田中は専門部に回る（『アカハタ』一九五五年三月一六日付「党中央指導部発表」）。春日と米原は主流派、志賀と宮本は反主流だったから、六全協を前にして、ここに党中央は外形的には対等〈統一〉を迎える。「たんなる窓口にすぎないとはいえ、一時は再除名を計画された宮本が機関に復帰したことは、党の全面転換のちかきを想像させた」[*8]と指摘される大転機であった。

水面下の一九五四年

しかし、「全面転換」の始動は早くも一九五四年初めに確認できる。同年について、神山は「党の政策の一部が、極左冒険主義のとりこになっていた」と論じているが[*9]、極左冒険主義といっても軍事・武装・蜂起にとどまるものではない。たとえば、極左冒険主義の象徴として、同年一〇月から一一月にかけた中国紅十字会長李徳全の来日歓迎をめぐる組織動員があげられる。関西では中核自衛隊が防衛隊を結成したが、中国側から「跳ね上がり」と批判された[*10]。後年、『アカハタ』一九五六年一月三〇日付党活動欄「細胞活動の総括と今後の方針」において、京都のある学生細胞は、「李徳全女史が来日されたとき、〝李徳全女史防衛〟が〝革命〟でした。文化祭を放棄しても〝李徳全女史防衛〟に参加しました。試験勉強もすて、解剖実習もすてても〝かまわない〟程度にまで〝革命〟を考えていた」と回顧している。東京でも歓迎運動は、「大衆からかけはなれたひとりよがりの闘争」であり、「機関体制はますます冒険的になった」と総括されている[*11]。

宮本顕治の動向

この「全面転換」を考えるとき、それを象徴し、六全協の主役の一人となる宮本顕治の一九五四年の動きが重要となってくる。日付が明確なものに限って以下追ってみよう。

まず一月二一日に「宮本百合子をしのぶお茶の会」に出席している（新日本出版社編集部編『宮本顕治の半世紀譜』新日本出版社、一九八三年、以下、『半世紀譜』。以下とくに出典を記さない場合は同書による）。ついで二月一九日に東京の日比谷公園松本楼で「野呂栄太郎廿周年記念会」がもたれ、宮本は蔵原惟人とともに中央指導部の田中松次郎（一九五三年一二月末、責任者に就任）と並んで同実行委員会世話人を務めている。[*12] 三月三〇日には多喜二・百合子研究会出席。四月一六日の党主催「〝四・一六〟廿五周年記念反ファッショ闘争犠牲者追悼大会」において、宮本は「四・一六から終戦まで」を講演。他は主流派の山辺健太郎「日本共産党の闘争の歴史」、吉田資治「四・一六前後、三・一五以後の再建運動」、春日正一（中央指導部議長）「現在の反戦・反ファッショ闘争」である。[*13] 四月二四日の「多喜二・百合子祭」では実行委員会のメンバーである。[*14]

二月の記念会と四月の追悼大会は、主流・反主流両派が乗り合わせたものだが、『半世紀譜』は記していない。志田が主導した党内粛清の第二次総点検運動の真只中、宮本が表舞台に復権している事実は重要である。一九五四年五月に第二回全国組織防衛会議が開かれるが（第一回は一九五三年一二月）、同会議が強調した総点検運動の最重要点は、「党の統一にとってもっとも危険なのは分派思想」（『政治ノート』一九五四年五月二八日付「全国組織防衛会議の成果について」6-0038）とされた。[*15] つまり、この時点で主流派にとって、宮本の存在はもはや〈分派〉でも〈反主流〉でもなく、なんら〈危険〉ではなかったことを意味する。[*16] 宮本は中央指導部と距離を縮めたどころか、共産党の看板と化していた。

六月九日には多喜二・百合子研究会主催「プロレタリア文学名作講座第一期」で講演、八月一二日にも同研究会主催のプロレタリア文学発達史講座で「プロレタリア文化連盟時代」を講演、同三〇日にも同研究会現代文学研究部の会合で「現代文学の動向と問題点」を報告している。その頃のことであろうか。関西の中心的活動家杉本昭典は、国際派の西川彦義・原田長司・多田留治の三人が中央指導部に呼び出され、総懺悔して復党を迫られたことに触れながら、「当時はもう宮本が中央に戻ってきていて、彼と志賀さんが発言権をもっていたらしい。六全協の下準備をしてたんです」と記している。[*17]

宮本は一〇月はじめに岩手県釜石で講演を行ったのに続き、[*18]一一月上旬にも岩手県入りし、党主催演説会の弁士として遠野町（現遠野市）の遠野小学校講堂、釜石市の錦館・遠山旅館、山田町の山田小学校で演説会・懇談会を開いている。[*19]秘密会ではない。公然活動である。この頃、宮本と主流派の接近は広く知られていた。たとえば、『朝日新聞』一一月一〇日付東京版朝刊「日共を追われた人々」は、志賀・宮本・中西の中央復帰を報じ、「分派問題は「神山一派」の除名で、おおむね収拾された」と記している。

これに関して興味深い資料がある。前掲『保坂浩明　自伝と追想』は主流派の保坂と宮本が穏やかな表情で隣り合わせに座っている写真を口絵に載せ、「昭和28、29年頃　日共赤旗まつり」と付記している。アカハタ祭りの開催は一九五九年一一月からだから、それ以前に開かれていた「大平和まつり」の誤記ではなかろうか。となると、一九五三―五四年頃に主流派の保坂と反主流派の宮本が接点を持っていたことになる。

なお、党創立七〇年を迎えた一九九三年、ソ連崩壊にともなう史料公開により、日本共産党がソ連共産党から資金援助を受けていたというニュースが流れた。宮本はその事実を知っていたのではないかとのマスコミ報道に対して、宮本らは全面否定した。資金援助問題についてここで論ずるつもりはないが、注目すべきは、否定論において宮本の党復帰が一九五四年の秋頃と明言されていたことである。佐々木陸海はつぎのように説明している（『赤旗』一九九三年六月一四日付「『週刊文春』（反共グループ）の無知を嗤う」）。

徳田派の代理人として志田重男が突如使者を出して宮本同志に面会を求め、徳田の死去のこと、徳田の家父長的指導の反省や武装闘争の放棄、「六全協」の計画の経緯をふくめて相談してきたのは、一九五五年になってからでした。前年の秋ごろから、党機関から切り離されていた宮本同志にたいする演説会への出席依頼など、方針転換をうかがわせる多少の動きはありましたが、宮本同志への方向転換の正式な連絡は、この志田との面談がはじめてだったのです。

志田と宮本の会談を一九五五年とすることの困難性は後述するとして、一九五四年秋の宮本と党機関の接触を確認している点は重要だが、それは「多少の動き」どころではない。年末には志賀とともに中央指導部入りまでしている。党指導部の「宮本同志への方向転換の正式な連絡」は、一九五五年ではなく、一九五四年のことなのである。

第二次総点検運動

第一次総点検運動は第六章第2節でふれた。一九五四年の第二次総点検運動について見ておこう。一九五四年から五五年にかけて『前衛』に関連記事が載っている。①一九五四年五月号「イナバ地区における党建設の教訓—日本海新聞闘争の自己批判から—」鳥取県委員会、②同八月号「党の強化のために—総点検運動の総括—」統制委員会（党内資料として別途配布。6-0116）、③同九月号「党創立卅二周年にさいして」中央指導部議長春日正一、④同一〇月号「党規約の実践のために（一）」藤田次男、⑤同一一月号「党規約の実践のために（二）」藤田次男、⑥同一二月号「党規約の実践のために（三）—党規約と集団指導—」藤田次男、⑦一九五五年四月号「党の強化を大衆との結合をふかめる立場で」木下洋一。

①は一九五三年一〇—一一月の日本海新聞賃上げ闘争を党が指導できなかったことを反省した論文である。日本海新聞闘争は鳥取県における〈総資本対総労働〉の闘争であったが、党内の「分裂主義者、破かい主義者」によって切

り崩された。闘争総括のために開かれた拡大地区委員会は「結成いらいはじめてのはげしい会議となり出席した全員がそれぞれ深く自己批判し、感ずるところがあまりにも多く、ほとんどの同志が夜ねむれなかった」という（五九頁）。その後の県内各部署における総点検運動の状況を報じている。

②は第一次総点検運動の第一回全国組織防衛会議（一九五三年一二月）から半年後に出された論文で、総点検運動の六つの方向を明示している。

一、党を思想的・組織的に統一するための積極的な党内闘争。
二、個人的指導をやめ、民主的中央集権制に基ずく集団指導の確立。
三、革命的警戒心を高め、党を意識的に防衛するための活動。
四、学習運動によって、原則と規律にたいする理解を深め、これにもとずく党活動の系統的な点検。
五、幹部の採用についての便宜主義的傾向をあらため、党派的な幹部政策の確立。
六、事務的・実務的活動家にたいする政治指導をつよめ、その活動の創意性を高めるとともに、これを不断に点検する。

一点目は「分派」批判であり、現在党内に「公然たる分派組織」は存在しないが「分派的傾向」「分派思想」はあり、これとの闘争は不可欠であると述べる。全六点は、党創立記念中央集会における報告である③の春日論文にも再録されており、総点検運動の基本であったことがわかる。しかし、字面からは「総点検運動」の圧迫的なイメージは浮かんでこない。こうしたことが後述するように、総点検運動が一九五五年に入っても生き延びた要因であろうか。④―⑥は党の組織原則を「団結と鉄の規律」に象徴化させ、「あたらしい型の党」建設のために、セクト主義の克服をあげている。一九五四年「一・一決定」の延長である。⑦は鳥取県の事例も含めて全国各地における総点検運動の状況を紹介している。

総点検運動の続行

従来、総点検運動は一九五四年中に終了したと思われてきたが、翌五五年にも続行されたことが、六全協後に「東京都」が作成した無題史料（8-0042）からうかがえる。かなりの乱筆ではあるが、「第三次総点検運動」についてつぎのように記している。

1955.6月　6.6 記念日―7.15日　党強化運動

第三次総点検運動

①新綱領、選挙綱領、1.1 方針を基準に政治点検　②幹部の採用と配置について

③事務的実務部門の点検　④常任活動家の点検

①〔ママ〕A.国民の統一が前進したかどうか

B.党と国民との結合が強ったかどうか

C.細胞は強化されたかどうか

D.機関の公然部門が強化されたかどうか、それに伴って合法主義の危険性がないか

E.公然活動と非公然活動の結合が正しく行われているかどうか

F.極左冒険主義が克服されたか、それに伴い右翼偏向がないか

②〔ママ〕A.党派性を基礎とした幹部の採用を行っているか

B.幹部採用に便宜主義がなかったかどうか

C.幹部のスイセンについて機関で討議されたか、機関の責任が明かにされているか

D.新しい幹部の採用するとき、充分検討されているか

E.期間は新しい幹部を育てるため系統的に労力を払っているか

③〔ママ〕A.細胞活動が行われているかどうか、細胞で政治方針が討議されているか
B.任務の遂行が政治方針に基き、党派的又は想像的に行われているか
C.日常活動が革命的警戒心に基いて行われているか
D.党を防衛するために党規約に従い、日常的に点検運動を行っているか

日付から推すと、総点検運動は六全協直前まで続いていたことになる。[*20] 二つ目の①があげているD・E・Fの条項は、六全協に向けた下地作りであり、内容から推して、六全協後も生き続けていたことを示す。この点に注目するならば、一九五四年後半から一九五五年にかけた長期の党統合過程の結果として、六全協が成立したという位置づけは変わってくる。すなわち、総点検運動の続行という面を重視するならば、六全協は党の分裂から統合一という〈断続〉の画期だっただけではなく、党組織規律強化という〈連続〉の画期でもあったといえよう。

第2節　復権する宮本顕治

宮本の中央指導部入り

宮本顕治は一九五四年一二月一〇日に東京新橋駅前で開催された都委員会主催日本共産党政策発表大演説会に松本三益・岩間正男・風早八十二らとともに「中央指導部」メンバーとして登壇し、翌一一日の東京都党員決起大会で第二七回衆議院議員総選挙（一九五五年二月二七日投票）の東京一区候補者として決意表明をしている。[*21] 演説会と決起大会の内容は『アカハタ』に掲載されるが（一九五四年一二月二七日付「国民の統一と団結をめざして　共産党の選挙対策会議すすむ」）、宮本の肩書は「中央指導部員」である。つまり宮本は遅くとも六全協の約八ヶ月前、一九五四年一二月初めには中央指導部員（および総選挙候補者）として党中央に完全復帰している。一二月二七日夜、中央指

導部主催の忘年会が党本部大広間で開かれ約八〇名が参加し、「なごやかなふんい気だった」という（『アカハタ』一九五四年一二月二九日付「一九五四年をおくる　盛会　党中央指導部主催で」）。さらに志田重男夫人の寄留先へ東京本富士署が行っていた監視活動に対して、一二月三一日に宮本は中央指導部員として抗議をしている（『アカハタ』一九五五年一月一九日付「志田同志夫人の家の前に監視小屋」）。こうしたことも『半世紀譜』は載せていない。

一九五五年に入ると、一月九日の中央指導部主催「赤旗びらき」で春日正一議長や岩間正男らほかの中央指導部員とともに宮本は郷土民謡をうなり（『アカハタ』一九五五年一月一一日付「年頭の決意かたく」）、中央指導部員の肩書で「赤旗びらき」や「政見発表演説会」に数多く登壇している（『アカハタ』一九五五年一月八・一一・一五・一七日付）。

一月二一日には総選挙公認候補第一次分の東京一区に宮本の名前が出ているように（『アカハタ』一九五五年一月二一日付「共産党公認候補」）、選挙運動に駆けずり回っていた。[*22]『真相』一九五五年第七九号に宮本「国民と団結して闘う」が載っているが、肩書は「中央指導部員」である。発行日付は二月一五日。実際の印刷発行はそれ以前の一月末だろうから、年頭に宮本が党中央に完全復帰したことは周知の事実だった。[*23]『アカハタ』二月八日付「日本共産党衆議院議員公認候補者」でも宮本は「党中央指導部員」と紹介されている。三月一二日には「アカハタ日刊一周年記念講演と映画の夕」が開催されているが、ここでも宮本は「中央指導部」の肩書で春日正一と並んで講演をしている（『アカハタ』二月二五日付）。宮本の中央指導部入りの正式発表は三月一五日のことだが、実際にはその数カ月前に指導部入りをしていたのである。三月発表時の新中央指導部員は、春日正一（議長）、志賀、宮本、米原の四名。主流派と反主流派が同数で、「全党の統一と全民主勢力の団結」をめざすとされた（『アカハタ』三月一六日付）。

宮本の復帰戦略

一九五四年暮、なぜ宮本は中央指導部に復帰したのか。所感派への屈服か。そうではあるまい。宮本の本来的戦略であったと思われる。時間は数年前にさかのぼる。全国統一会議機関誌『理論戦線』第一号（一九五一年三月）に宮本は「党の統一を妨害しているのは誰か―党統一のコースをめぐる諸問題（一）」（※2、執筆日時は一九五一年一月一八日）を載せている。一九五〇年秋の統一委員会・臨中間の統一交渉を論じたものだが、末尾で「臨時指導部＝「所感分派」と断定してはいけない」、指導権を握っているのは「所感分派」だが、臨中構成員すべてがそうなのではなく、所感派を全面支持しているわけでもない、と臨中が一枚岩でないことを指摘している。さらにこう述べる。中央委員会が解体されている現在、「合法指導機関」の臨中を無視して、中央委員会への団結を訴えても「合法と非合法との正しい結合はのぞめない」、と。これは統一委員会解散時に宮本が臨中に提出した「統一促進のための具体的方策」（※2）の筆頭に掲げられた中央委員会の統一・団結の強化という要求ラインを引き下げることを意味した。結論はこうである。「不幸にしてこの合法指導機関が正常の全党的機能を果しえない今日のような場合は、臨時指導部の単なる否定ではなく「臨時指導部の刷新」のために努力するのが正しい方向である」「党の正しい統一は、弁証法的に即ち全体として非合法と合法の正しい結合の観点なしには解決できない」。要するに臨中の肯定であり、合法・非合法複合路線の承認である。[*24]

さらにさかのぼり、中共九・三社説以降の論理展開からも自然な結論であった。『統一情報』（活版二号、一九五〇年一〇月上旬号）「統一委員会の性格について」（※2）は、臨時指導部を「一つの分派グループの代弁者」とみなし、「必然的にその組織方針は党中央の解体と分裂を合理化する分裂主義に立脚している」としたが（一二五頁、『統一情報』一号、一九五〇年九月一五日、「同志椎野の談話によせて」※2も同様）、九月一八日付「九・三社説の全面的承認を前提とする無条件大同団結のために―再び統一のために訴える―」（※2）は、臨時指導部と統一委員会双方の

「統一促進運動」(一四四頁)を提唱している。

臨時指導部への対応が大きく進むのは一〇月三日付「両翼の偏向の克服と党の統一のために—相互批判と自己批判の一つとして—」(前掲『統一情報』活版二号、一九五〇年一〇月上旬号、※2)だろう。党混乱の要因として「臨時指導部がわが党の合法的指導機関としての体裁をあるていど整えつつ実質的には、中央委員会内の一グループの出店の観を呈して分裂主義的方向をとりつつあったこと」を指摘し、「臨時指導部を、名実ともに統一的指導機関としての機能を発揮しうるように、構成その他について「刷新」するという基本的立場をとることが大事である、無批判的盲従が正しくないと同時に、単なる「不信任」による決裂的態度も正しいとは云えない」と論ずる(一六九頁)。一〇月六日付「直ちにみんな原則に立ち返ろう—三たび党統一のために訴う—」(※2)も同様の指摘をしている。統一委員会は一〇月下旬の解散の際にも「臨時指導部の刷新・強化」のために「正常な構成と運営」を訴え、[*25]宮本は臨中に提出した「統一促進のための具体的方策」(※2)の中で統一委員会の臨中への結集をあげた。

『理論戦線』第一号「諸問題(一)」の結論は、同第二号(一九五一年六月刊行)「党の統一を妨害しているのは誰か—党統一のコースをめぐる諸問題(二)—」(※3、執筆時期は一九五一年四月一二日)で確固たるものになる。この間の『前衛』一九五一年二月号の臨中・統制委員会連名「スパイ・挑発者との闘争—民族の敵を売国奴として党内より放逐せよ—」(※2)は、反主流派批判を激化させていた。そのため「諸問題(二)」は臨中を「所感派の完全な手先」と呼ぶことになるが、臨中否定には向かわず、「諸問題(一)」で示した非合法・合法の〈弁証法的〉結合論をつぎのようなリアリズムに転化させていく。「中委が非合法におかれたとき合法的指導機関が設けられる必要はある」が、中央委員会と臨中の関係は「「非合法」が「合法」を指導する関係」である。しかし、中央委員会は解体しており、臨中は「所感分派の完全な手先」「分派のロボット」「事実上分派の合法指導部」になっている。ゆえに主流派・反主流派の統一プロセスを「大衆闘争での共同—臨中への団結—中委の団結」と段階的形式的にとらえ、「中委の団結を「統一の仕上げ」と規定してみても、臨中が以上のものであるが故にそれは空想にすぎなくなる」。宮本はこう述べて、臨中を否定・批判することなく、中央委員会の統一・再建論を完全に引き下げた。

結論はやはり「臨中の根本的刷新」に落ちつく。中央委員会＝非合法と臨中＝合法の〈弁証法的〉結合は臨中刷新へと転回した。一九五四年から五五年にかけての宮本の中央指導部入りは、この臨中刷新戦術の必然的結果であった。〈分裂〉状態を〈弁証法的〉に結合させていく路線は捨て去られ、臨中刷新・臨中奪還路線が進められたのである。

主流派への〈侵入〉

宮本はつぎのように回想している。[*26] 一九五一年から五五年にかけた「党史」である。

そのころ、私は河出書房の『宮本百合子全集』の解説を書いた。私は党機関とのつながりはなかったが、『人民文学』や『新日本文学』に現われたセクト主義があまりにひどいので、一評論家としてその批判を精力的に書いた。それらを、『批判者の批判』上下二巻として出版した。一九五五年のある日、顔を知った使いの者が来て、志田重男らが会いたいと告げた。（中略）その日、自動車をたびたび乗り換えて、郊外の大きな家に行った。志田のほか西沢隆二らがいた。徳田は北京で死んだ。極左冒険主義は誤りだった。伊藤律はこれこれの経過で不純分子であることが判明した—彼らはこう言って、「六全協」（第六回全国協議会）の計画を提案した。

宮本は、一九五一年（おそらく全国統一会議解散時の一〇月）以降、党機関から離れて『宮本百合子全集』の解説執筆など「一評論家」として多忙であったが、「一九五五年のある日」主流派国内地下指導部の志田らと接触した結果、党中央に復帰した、と述べる。[*27]

『半世紀譜』によれば、『宮本百合子全集』の解説執筆は一九五一年五月から五三年一月まで、『批判者の批判』上下二巻の出版は一九五四年の一月と一二月である。『半世紀譜』があげる一九五三年の記事は、前後の年に比べて圧倒的に少ないし、筆者が『アカハタ』紙面を点検した限り、一九五四年には上述したような重要な動きが数多く見られる。宮本は『新日本文学』一九五五年二月号「復活いろいろ」の中で一九五四年一二月頃の話として、「吉田内閣の末期で、解散か総辞職かの大詰だつた。共産党は今後の政治情勢で公然活動をつよめる方針をとり私の政治生活も多忙になつた」（一二三七頁）と述べている。

つまり、宮本は①公然中央指導部から指導部入りを要請され、②「一九五五年のある日」、非公然地下指導部の志田や西沢らと初めて面談した、ということになる。しかし、『理論戦線』の前掲宮本論説自体が明示しているように、非公然地下指導部と公然中央指導部の関係は指導・従属という密接な上下関係だったから[＊28]、中央指導部が地下指導部の意向とは別に、先行的に宮本を登用したとは考えられない。宮本の党中央復帰をいきさつを探ってみよう。

宮本「発言」の意味

現在の日本共産党の公式見解からはこう言えるかもしれない。たしかに一九五四年暮に宮本は党中央に復帰したが、六全協開催に向けた準備はその時から始まったと解すべきであり、六全協を一九五五年七月の瞬間的出来事としてとらえてはならない、と。実は宮本自身もそう述べていた。六全協直後に開かれた関西地方活動家会議での発言である[＊29]。

六全協の開催に当っては第六回全国大会で選ばれた政治局員の間で、かなりの準備と討議がやられ、一九五〇年以来分裂していた、かつての政治局員が心をひらいて批判を深め、六全協が書かれたものとしてだけ正しいものでなく、率先し実行する幹部としての責任をかつて知らぬ、大胆率直な自己批判によって深めました。（中略）同志志田らは積極的にこれにとりくまれ、この間単なる自己弁護になることなく、この決議―六全協をつくりあげたのであります。（中略）一・一方針はこの決議を予想して出されたものです。私は総選挙に出ましたが、あんな悪党の代表を何故出すのかという意見もありましたが、そのときすでに六全協の方向に、団結のために党内体制がとられていました。長キにわたる準備と検討と同志的討議によって思想的にも精神的にも統一をかためたのです。

整理してみよう。第一に分裂前の「第六回党大会で選ばれた政治局員」が、「心をひらいて」「大胆率直な自己批判」を交えながら、六全協に向けて「かなりの準備と討議」を行った。これに関して、関西地方活動家会議で志田も六全協の準備過程についてつぎのように発言している。「非常な激烈な討論がやられ、腹たちわり欠陥をかくす事なく、徹底的にやられた。この討論の結果自分たちのやった事を積極的に出していき、そしてお互にやった全ボウを正確につかみ、団結の方向はいかにあるべきかは検討され、こうして六全協は起草されていったのであります」[*30]。なお、志田は宮本発言を受けて、会議の冒頭で「同志宮本は大分私の報告をかっぱらった傾向があります」と述べ、出席者の笑いを誘っているが、六全協に向けた両者の密接な関係を暗示している。『アカハタ』一九五五年九月二〇日付志田「党団結のさしあたっての問題（下）」にも、党の統一に向けて「一九五〇年の分裂のまえに同じ中央委員であり、かつ信頼できる同志諸君に、われわれのはだかのままの考えを卒直にうちあけました」と見える。ここで「一九五〇年の分裂のまえに同じ中央委員であり、かつ信頼できる同志諸君」と記されているのは、中央委員（二五名）全員ではなく、宮本も述べているように、政治局員をさすだろう。

では六全協に向けた準備に関わった「第六回党大会で選ばれた政治局員」とは誰か。第六回大会が選出した政治局員は、徳田球一・野坂参三・志賀義雄・宮本顕治・伊藤律・長谷川浩・志田重男・紺野与次郎・金天海の九名だった。このうち、徳田は死去し、伊藤・紺野・野坂は中国、金は朝鮮にいた。一八中総で金の代りに政治局員に選出された白川晴一は一九五二年七月に死去していた。長谷川は九州に長期派遣中である。紺野・野坂の帰国時期は不明だが、六全協を準備した中心人物は、志田・宮本・志賀の三人となる。

第二に三人の中のリーダー格は志田であった。第三に六全協決議の「予想」として一九五五年一月一日社説「一・

一方針」が出された。第四に宮本は一九五五年二月の総選挙に党内で批判されながら出馬（立候補表明は一九五四年一二月）するが、「そのときすでに六全協の方向に、団結のために党内体制がとられてい」た。

以上の点から、六全協決議を「予想」させる「一・一方針」が一九五四年中に作成されたことは当然であるが、その作業は志田が主導し、宮本が協力したと考えられる。上田耕一郎も一九五四年の「一・一決定」、一九五五年の「一・一方針」によって、極左冒険主義とセクト主義が初めて自己批判されたことにふれて、「六全協のための党の上部での討議はおそらくはこのころから開始されたものと想像される」と幅を持たせながら、一九五四年中の六全協準備スタートを示唆していた。[*31] また犬丸義一は一九五三年春中国に密航し、河北省の日本共産党学校で日本近現代史を教えていたが、一九五四年一二月二五日前後に元中央指導部員の河田賢治が副校長として着任し、着任講演で「極左冒険主義から絶縁宣言」を行ったと述べている。[*32]

つまり、「一・一方針」の確定はどんなに遅くとも一九五四年の一二月中旬でなければならないのだから、宮本が「一九五五年のある日」に志田や西沢と会ったという宮本「党史」は、六全協直後の宮本自身の発言によって否定されるのである。

一九五五年一月会談説の破綻

問題を「一九五五年のある日」にしぼってみよう。『半世紀譜』や年表によれば、その日は同年一月だが、同席していた西沢がキーパーソンとなる。年表によれば、西沢は紺野・河田賢治・袴田里見と連署で「日本共産党中央委員会北京局」（北京機関）として、ソ連共産党中央委員会に資金援助を要請している。日付は一九五五年一月一三日。国後述の国谷哲資証言によれば、モスクワを訪問していた西沢は一九五四年秋に北京に戻った後、姿を消している。国谷説ならば、一九五四年暮帰国、年内「一・一方針」策定を経て、一九五五年一月会談同席も可能だろうが、『半世紀譜』・年表に従えば、西沢の帰国はどんなに早くとも一月下旬から二月初旬にかけてとなり、「一・一方針」より一カ月も後となる。これでは宮本は「一・一方針」策定と無関係となり、関西地方活動家会議での発言は虚偽となる。宮本「党史」は成り立たない。

さらに決定的と思われるのは西沢の帰国が、「人民艦隊」を通じて一九五五年五月であったとする後年の公安発表[*33]である。西沢が頻繁に日中を往復していたとは思えない。この発表を採用するならば、宮本が志田や西沢と会見したのは六全協直前のこととなり、これでは「長キにわたる準備と検討と同志的討議」は到底不可能である。少なくとも、「一・一方針」前後の六全協決議策定過程への西沢の参加は無理ではないだろうか。

第3節　「党史」・正史の限界

不自然な叙述

タイミングにこだわってきたが、宮本「党史」の不自然さはまだある。たとえば、「徳田は北京で死んだ。極左冒険主義は誤りだった。伊藤律はこれこれの経過で不純分子であることが判明した―彼らはこう言って、「六全協」（第六回全国協議会）の計画を提案した」とある。不自然さに目をつむって、宮本と志田の会見を一月のことだと仮定しよう。徳田の客死は初耳であったにせよ、極左冒険主義の誤りは「一・一方針」で知っていたはずである。伊藤律についてはどうか。伊藤律はすでに一九五三年九月に除名されていた。その経緯を『アカハタ』紙面に追ってみると、伊藤除名はスターリン批判後のソ連共産党内でのベリヤ失脚に影響を受けている。ベリヤ除名記事は一九五三年七月一五日付「ソ同盟共産党、ベリヤを除名」が初出、一八日付には『人民日報』一二日付社説を「ベリヤ追放は世界人民の利益」と題して、二一日には『プラウダ』一〇日付社説を「党と政府と人民の打破りがたい団結」と題して、それぞれ転載している。八月三日付は一面から二面にかけて長大な「党と国民の戦列を強化せよ　日本共産党」を載せ、「ベリヤ事件は、わが党の活動にとつても、貴重な教訓をあたえた」と述べて、「共産党にとつては、党に優越する個人の権威、個人主義、出世主義というものは、完全に縁のないものである」と論じた。その後、九月二一日付に「伊藤律処分に関する声明　日本共産党中央委員会」が発表されている。この事実を宮本が知らぬはずがない。徳田の死去、極左冒険主義の自己批判はまだしも、一年数カ月前の伊藤律処分を志田がこの段になってあらためて説明するものだろうか。またこのとき初めて聞いたように書くものだろうか。

この間の事情は、共産党の正史も明確ではない。『日本共産党の七十年・上』によれば、一九五三年末に紺野・河田・宮本太郎らが中国に渡り、徳田亡き後の「北京機関」に加わり、一九五四年三月に新方針案を作成し、野坂・紺野・河田・宮本太郎・西沢がそれを持参してモスクワにおもむき、在モスクワの袴田も合流した。袴田は党内事情を説明するため、全国統一委員会から五〇年末ごろ中国を経てソ連に派遣されたが、スターリンに屈伏して徳田・野坂派にくら替えし、一九五一年八月には自己批判書を発表した。モスクワに持ち込まれた新方針に対して、ソ連のスースロフ、ポノマリョフ、中国の王稼祥が別の案を示し、それを野坂ら「北京機関」メンバーが討議して、六全協の決議原案ができた（年表によると「夏」）。この決議原案の方向にそって、一九五五年一月一日発表の「一・一方針」が出される（二四二頁）。一方、『日本共産党の八十年』によれば、一九五四年三月、モスクワにおいてソ連のスースロフ、ポノマリョフ、中国の王稼祥、日本の野坂らによって六全協決議原案が作られ、その方向で「一・一方針」が出されている（一二一頁）。

『七十年史』『八十年史』『百年史』

つまり、『七十年』は日本共産党が決議原案の素案を作成した後、ソ連・中国側より別案が出され、協議の結果、六全協決議原案が確定されたとし、『八十年』は三国代表の合議で決議原案が作られたとする。宮本と志田の会見についても、『七十年』は一九五五年一月とするが、『八十年』は、志田が「宮本顕治に会見をもとめ、党の統一回復と運動の転換についての協議をもちかけてきたのも、このころでした」と「一・一方針」後の出来事だったかのように曖昧に記している。『百年史』は『八十年』を受けて、こうである（一一四頁）。

> 五四年四～六月ごろ、ソ連のスースロフ（党政治局員）らは、野坂と中国の党関係者をモスクワに呼び、「第六回全国協議会」（六全協）の決議原案となる文書をつくりました。これをうけて、五五年一月、「アカハタ」主張で、極左冒険主義と手を切り、「党内の団結と集団主義」を強めることが表明されます。（中略）志田重男が宮本顕治に会見を求め、誤りをただし、党の統一を回復する方向での共同をもちかけてきたのもこのころで、党の分裂と混乱の克服をめざす新しい転換の方向が準備されてゆきました。

『百年史』は宮本「党史」の可能性を生む。「一・一方針」は六全協決議を「予想」して出されたから、時系列的には「一・一方針」→六全協決議であり、「一・一方針」作成が一九五四年中、発表が一九五五年元日、その後六全協決議策定ということも考えられる。つまり、一九五四年のモスクワ製六全協決議が「一・一方針」を経て、一九五五年に志田・宮本によって新・六全協決議として策定された可能性が浮上する。六全協決議の策定過程は次章で詳述するが、最終的にモスクワ製や北京製の決議が東京製の決議に変わるのが、一九五四年から一九五五年にかけてだから、宮本は六全協を準備した〈栄光〉に浴する。

しかし、これはこれで大問題なのである。『百年史』は、六全協を「党を分裂させた側が外国の党との相談のうえで準備した不正常な会議」（一一四頁）と定式化し、宮本が六全協決議策定に関与した事実を隠蔽している。なぜか？　宮本を志田とともに「党を分裂させた側」に組み込み、六全協を「外国の党」と相談したとは言えないからである。

一九五四年に何が起こったか

六全協に向けた動向に関して、当時、北京機関の日本向け放送「自由日本放送」で働いていた国谷哲資はつぎのように述べている。[*34]

日共中央の二派への分裂状態を解消する動きが、1953年末から始まったようだった。「所感派」の国内残留組の中央幹部である紺野与次郎、宮本太郎、河田賢治らの姿が北京機関で見られるようになり、やがて野坂、西沢とともに姿を消した。彼らは、実はモスクワに行き、「国際派」幹部といわれていた在モスクワの袴田里見とともに第6回全国協議会の決議原案の準備を進めたようだ。当時のソ連共産党と中国共産党の中央幹部数人もその作業に参加したという。54年秋ごろには、彼らがモスクワから北京に帰ってきた。また、それと同時に袴田里見が初めて北京機関に現れ、紺野、野坂、西沢らの姿が消えた。北京に残った袴田里見が放送局の主たる指導者となった。そして放送局の細胞では、六全協の素案を新方針と呼んで、袴田のもとで新方針の学習運動が行われた。

筆者は電話取材（二〇二〇年七月八日）と私信（同年七月二一日付）により、上記の点および、①袴田の北京機関入り（年表によれば、「指導部」参加）は所感派と国際派の妥協を意味し、野坂や紺野ら所感派幹部が日本へ帰国する中で、袴田が北京機関の実質的責任者になったこと、[*35]②新方針の学習運動が一九五四年中に始まり、六全協決議原案の決定は「一・一方針」以前であることは明らかであること、の二点について確認を得た。

見えてくるプロセス

以上の回想・発言に共産党の「正史」や袴田『私の戦後史』も加えて整理すれば、宮本「党史」とは異なるつぎのようなプロセスが見えてくる。

①一九五三年末から北京機関において、所感派による六全協決議原案づくりが始まった。②一九五四年三月に北京

原案が固まり、夏にモスクワにおいて国際派の袴田里見[*36]も交えて、ソ中両共産党の指導のもと検討に入った。③この時点で所感派と国際派は六全協に向けて基本的な合流・妥協をした。この際に、ソ連共産党のスースロフから原案の中に「五一年綱領は正しかった」との一行を入れるようにとの要求があった。④九月にモスクワ原案が出来上り、北京を経由して一〇月から一一月にかけて日本にいる志田重男のもとに届けられた。このモスクワ原案は第八章第1節で詳述する「六全協決議原文」と思われる。⑤袴田も九月には中国入りし、北京機関の「指導部」に参加した。この段階で「六全協決議原案」に改訂された可能性もある。⑥モスクワ原案は遅くとも一二月初めまでに志田と新たに中央指導部入りした宮本によって検討が加えられた。⑦最終的な「六全協決議」案は一二月中旬には確定した。⑧六全協決議を「予想」させるものとして一九五四年暮に「一・一方針」が決定され、『アカハタ』一九五五年元日付に発表された。⑨その直後の一月一三日に「日本共産党中央委員会北京局」（北京機関）はソ連共産党中央委員会に資金援助を要請した。[*37]⑩それ以降、決議案調整の可能性も含めて、七月末の六全協に向けて党内体制が整えられていった（三月中央指導部改編、五月民戦〔在日朝鮮統一民主戦線〕解散・在日朝鮮人党員離党、六月中核自衛隊解散・武装解除など）。

なお前述したように、宮本の党中央復帰は一九五四年中のことだから、同年秋から翌一九五五年初頭にかけた神山茂夫の除名取消要請の動きについても、宮本は中央指導部の一員として責任がある。この点に関して、前掲小山『戦後日本共産党史』は、神山派除名（九月二〇日）の後、「図にのった志田派指導部」は宮本や蔵原らの再除名を工作したが、「国際組織からの強力な指示と勧告がおこなわれた」結果、「組織的戦術的方針の根本的転換」を余儀なくされ、一九五五年の「一・一方針」に至ったと述べている（一七一―一七三頁）。小山は「この間のくわしい事情はいまだ明らかにされていない」（一七三頁）としたが、神山派除名後、宮本は中央指導部入りし、「一・一方針」に向けて志田とタッグを組んでいた。上述した点からすると、「一・一方針」は六全協決議の「予想」あるいは「予測」ではなく、

「予報」「予告」と位置づけられるべきである。六全協決議の〈前触れ〉であった。

また志田は一九五四年元日にセクト主義を自己批判したものの（「一・一決定」）、総点検運動を続行した。二面性は明らかだが、神山除名後における宮本・蔵原らの再除名工作は時間的に無理があり、必要性も見いだせない。根拠のない憶測であり、宮本らが志田らの極左冒険主義と無縁であったことを強調せんがための物語ではなかっただろうか。

日本共産党の『八十年』は六全協に関して、つぎのように断言している（一一二頁）。

「六全協」とは、準備された経過と実態からみれば、スターリンの指揮のもとに党を分裂させ、誤った方針をもちこんだ当事者たちが、自分たちの活動の失敗をみとめ、なしくずしの方向転換をはかろうとした自己破産の宣言にほかなりませんでした。

しかし、「当事者たち」や「自分たち」とは〈徳田・野坂分派〉に限らない。「準備された経過と実態」の中には、間違いなく宮本らも存在していた。「なしくずしの方向転換をはかろうとした自己破産の宣言」は特定のグループ・勢力に負わせて済む話ではない。

第九章　協議（六全協）

六全協が出たとき、すぐわたしはあなたのことを思い出しました。これまでのわたしは、敵が敵がと思いつめていました。党の苦しみも国民の苦しみも、その原因の一さいが相手にあると割切っていました。しかし、苦しみの原因は党の中にもあったのです。わたしの中にもあったのです。党の弱さ、党の足りなさ、党のまちがいもその原因の一つであったのです。（岩間正男「母への手紙」『この子らを』淡路書房、一九五五年、九二頁）

第1節　新綱領と六全協決議

六全協開催の噂

一九五五年夏、共産党は三つの大きなイベントを開いている。第一は七月一五日に国際スタジアム（旧両国国技館）で開催された党創立三三周年記念式典「平和と独立の夕」中央集会、第二は同二七―二九日に党本部でもたれた第六回全国協議会（六全協）、第三は八月一一日に日本青年館で開かれた六全協記念政策発表大演説会である。「平和と独立の夕」は一カ月前の六月一五日付『アカハタ』で予告され、当日の参加者は主催者発表で二万五〇〇〇人（警察発表二万三〇〇〇人）を数えた。その一こまを見てみよう（『アカハタ』一九五五年七月一八日付「日本共産党創立三十三周年記念平和と独立の夕」）。

青い夏空に赤旗が目にしみるようにひるがえっている。かつてアメリカ軍が使用し「メモリアル・ホール」（中略）の正面には徳田書記長の大肖像がかかげられ、両国大通りのみちゆく人びとが足をとめる。異常な暑さといわれるこの夏の日、七月十五日午後二時、この巨大な会堂は労働者や学生、野良仕事をきりあげてきた農民、赤ちゃんをだいた主婦、家族づれの市民の長い行列でとりかこまれた。（中略）八時、春日〔正一〕議長を先頭に志賀義雄、宮本顕治、松本一三、米原昶の中央指導部員があいさつのため壇上にのぼると、二、三階のいたるところからテープがとび花吹雪がまい、赤、青、黄いろとりどりの風船がまい、あらしのような拍手と歓声がまきおこり大鉄傘をゆるがす。三万の人びとがにぎる赤旗は赤い波のようにうねる。

六全協の前夜祭的な雰囲気と受け止めてはいけない。この時点で六全協の開催は噂（後述）でしかなく、公式の予告はまだない。六全協を迎える党ではなく、新綱領下の党のイメージに引きつけるべきだろう。「平和と独立の夕」は東京だけでなく全国五二カ所で開かれ、神奈川県では一三日に三〇〇〇人以上が参加した記念集会がもたれている（『アカハタ』七月一六日付）。一七日の北海道集会には宮本または松本三益の記念講演が予定され（『アカハタ』六月一五日付、宮本の講演は『半世紀譜』で確認）、七月末までさらに二〇〇カ所での開催が予定されていた（『アカハタ』七月一六日付）。

「平和と独立の夕」中央集会から一週間後の七月二三日付『アカハタ』に中央指導部議長春日正一名で六全協開催の予告が載り、二七日から六全協が開かれる。ただし、開催の噂は数年前からあった。一九五二年七月一一日付『朝日新聞』は、共産党は結党三〇周年の七月一五日から一カ月余りを「三十周年記念闘争月間」と決め、合法・非合法の集会の合間に「持回り閣議」式に六全協を開催するのではないかと報じている（「当局、動きを重視　日共結党三十周年の15日」「懸案の「六全協」開くか」）。同年暮にも六全協開催の噂は飛び交った（『社会運動通信』一二月一七日号「日共、六全協開催か?」、『読売新聞』一二月二一日付「日共六全協の前ぶれ？　民戦、全国大会で闘争方針決定」）。

一九五三年一〇月にも二年ぶりに全国協議会開催かと報道された（『読売新聞』一〇月一五日付「日共・近く「六

全協」軍事方針強化　粛清拡大か」、『毎日新聞』一〇月二五日付夕刊「日共『六全協』を準備か〝国際的〟反米に集中」)。これは前月九月二一日付『アカハタ』が掲載した中央委員会「伊藤律処分に関する声明」の中に、「党規約にしたがつて、かれの除名処分を党の全国会議に提案することを決議した」とあったことに注目して、「全国会議」を全国協議会とみなしたことによる。

近づく六全協

一九五五年『アカハタ』元日号の「一・一方針」以降、極左冒険主義は自己批判され、六月には軍事組織・非合法組織の解体が指示される。[*1] 六月二二日付『国民の星』第七一号終刊号「「国民の星」廃刊に当つて」はつぎのように述べている。[*2]

われわれが努力すればする程、国民の統一と団結の代りに少数の自衛組織だけが固まった。それだけではなく、広汎な国民の統一を推し進める代りに、少数精鋭による冒険的な闘争に走る危険性さえ生れた。（中略）われわれは、現在の情勢、特に敵と味方の力関係を冷静に検討した結果、国民の統一と団結をおし進める上に自衛組織が有害な作用をしているという結論に達した。そこで、われわれは中核自衛隊ならびにわれわれが作った恒常的な自衛組織を解散し、かつ、いままで自衛組織の支持と援助の下に発行されてきた「国民の星」もまた廃刊することにした。

軍事組織の解体は具体的にどのように行われたのだろう。六月末に中央V（ビューロー、本来はBureauなのでB）が口頭指示した「措置」はつぎのようであった。[*3]

（イ）Y組織を解散すること。（ロ）Y関係文書一切を処分（焼却）すること。
（ハ）武器の処分をすること。

なお以上の実施に際し次のことを注意すること。
○このことは、文書によって指示通達指令することを禁止する。○処分（焼却）する文書とは、Y関係の暗号、方針書、通達、報告文書、国民の星、中核、警友、国兵、アメ帝向けのホテル案内、旅行案内、国民評論、その他一切のものを言う。○処分（焼却）は、二人で立会いの上、行うこと。○このことは、急速に、しかも極秘で行うこと。○中自隊の解散については、隊員に明瞭に知らせること。○武器の処分については深い海に捨てること。○以上の処分は、全国的に二十八日十三時をもって実施するが、完了次第暗号その他をもって報告すること。○これまでYに関係したことのあるもので、現在関係していないものについては、この際、見送り、措置が完了した後において行うこと。

こうした路線転換について、各紙は七月七日付で一斉に報じる。見出しはつぎのようであった。『朝日新聞』「日共、戦術を転換　治安当局で確認　『軍事組織』は解体」、『読売新聞』「日共、合法活動へ転換　15日ごろ党発表　軍事組織を解体」、『毎日新聞』「日共、戦術を転換　軍事組織を全面解除[*4]」。

六全協開催

一九五五年七月一五日付『アカハタ』は主張「日本共産党創立三十三周年をむかえて」を掲載したが、その内容は「一・一方針」同様に極左冒険主義・セクト主義批判であり、六全協の基本線が提示されていた。記念集会で春日正一中央指導部議長はこう演説している（『読売新聞』七月一六日付「合法活動へ再出発　日共記念集会平穏に終る」）。

革命はいく百万の大衆の力によっておこなわれるものであるということを心にしめて、革命をせっかちにやろうとする冒険主義やセクト主義、革命を安易にかんがえて、党の建設と、国民を新綱領の思想で統一する任務をおこたる右翼日和見主義を克服して、党の活動方法を改善し、マルクス・レーニン主義の原則にもとづく、誠実でねばりづよい活動をおしすすめるならば、かならず、この光栄ある任務をなしとげることができるであろう。

ついで前述したように、『アカハタ』七月二三日付に中央指導部議長名で六全協開催の通知が載り、二七—二九日に六全協が開かれる（以下、六全協関係は『アカハタ』七月二三・二九・三〇日付記事による。なお、六全協を前後する三週間、中国共産党第一期全国人民代表大会第二回会議が開催されている）。招集対象は①地方委員会議長、②都府県委員長、③特に招集された党員の計一〇五名、病気欠席者が四名いた。議長団は中央指導部の春日（正一）・志賀・宮本・松本・米原の五名。志賀の開会の言葉についで行われた春日報告「党活動の総括と当面の任務　第六回全国協議会の決議」は、冒頭で「新しい綱領が採用されてから後に起ったいろいろなできごとと、党の経験は、綱領に示されているすべての規定が、完全に正しいことを実際に証明している」と五一年綱領を全面的に支持したうえで、民族解放民主統一戦線樹立に向けて、従来の偏向を三点指摘している。

第一は統一戦線をめぐる「無原則な自然成長的傾向」・段階的発展論、第二はセクト主義、第三は極左冒険主義であった。このうち第二と第三については、『アカハタ』七月三一日付主張「六全協の決議の実践に真剣にとりくもう」でも、主な誤りは「戦術上の極左冒険主義と工作上のセクト主義」であったと再論されている。春日報告には「今後の党活動は、綱領〔五一年綱領〕とこの決議にもとづいて指導される。したがって、過去に行われた諸決定のうち、この決議に反するものは廃棄される」という付帯決議があったが、「日本の解放とその民主的改革の平和的方法というのは、偽瞞の方法である」と規定した五一年綱領は聖域化され、最終的には六一年の第八回大会で破棄されることになる。春日報告で重要なのは、革命スタイルの複合性（合法・非合法）に関わる問題である。

党はその合法性を階級間の力関係に応じて、つねに維持し発展させるように努力しなければならない。非合法活動は情勢と階級の力関係によってこれを余儀なくされる場合におこなう活動である。一九五〇年から一九五一年の弾圧のはげしかった時期には、合法活動を党の主な活動と考えることは正しくなかった。一九五二年五月に占領制度が形式的に停止され、情勢が変化し、合法活動を展開する可能性が拡大した。この可能性を活用する点でわれわれは立遅れていた。党はいま、政治活動を合法的に展開できるすべての条件を全面的に活用しなければならない。

二つ論点がある。第一に、「一九五〇年から一九五一年の弾圧のはげしかった時期には、合法活動を党の主な活動と考えることは正しくなかった」というのは、五〇年六月の党中央委員会解体を合理化しており、主流派の政治判断を正当化している。第二に、五二年五月の独立以後、「合法活動を展開する可能性」の活用で「立遅れていた」というのは、独立以後も五月のメーデー事件・新宿流血事件、六月の菅生事件・吹田事件・枚方事件、七月の大須事件と非合法・武力革命路線が採用され続けたことへの反省を意味している。二日目には「党の統一にかんする決議」が党中央の責任を指摘し、三日目に徳田球一が一九五三年一〇月二四日に死去していたことが報告された。

六全協はいかに受けとめられたか。前掲上田『戦後革命論争史』は党内を三区分している（下巻一一五頁）。「第一の部分は、主流派を正しいと信じて分派と闘い極左冒険主義的な党活動にも身の危険をかえりみず忠実に参加してきた大部分の党員たち、第二の部分は分派闘争を自己批判して五一――二年に復党していた党員たち、第三の部分は六全協によってはじめて復党してきた党員たち」。第一部分は「強いショック」を受け、第二部分は「喜びと苦さとを同時に味わ」い、第三部分は「歓呼として六全協を迎え」たという。

六全協決議原文

六全協決議「党活動の総括と任務」[*5]の原文と思われる史料（7-2758）がある。欄外に「歴史研究資料第1集」と見え、末尾につぎのように記されている。「あとがき　この文章は明に一九五五年七月の日本共産党第六回全国協議会の決議文の原文である。六全協の開催された時は、既に吉田内閣は倒れ、鳩山内閣による二月総選挙も終了した後であった。この文章はそのような事態にふれていない。したがって六全協の前年夏頃に作成されたものと見られる。しかも、これが日本国内ではなく、中国あたりで作られた所に重大な意義がひそんでいる。この文章には表題はないが、此後これを〝六全協の原文〟と云うことにしたい。以上」。一部は前掲亀山『戦後日本共産党の二重帳簿』で取上げられているが、全文についてはこれまで知られてこなかった史料である。

詳しい事情を知らされぬまま出席した山辺健太郎は、「六全協の筋書きは中国でしょう。それは間違いないでしょう。六全協の原案というのが別にあるはずですから、筋立てはできていて、結局、全国協議会という形式をつくるために呼びだされて行ったということじゃないですか」[*6]と述べている。おそらく本史料が「六全協の原案」だろう。

「六全協の原案」と断定できる理由は、第一に「第六回全国協議会」を開催予定としていること、第二に「日本民族の解放は、反動的吉田政府を倒すことなしには不可能である」と見え、第五次吉田内閣総辞職の一九五四年一二月一〇日以前の作成であること、第三に前掲亀山『戦後日本共産党の二重帳簿』によれば、六全協決議をめぐって、「原々文（A）」「当日提案された決議原案（B）」「決議されたもの（C）」の三つがあり（二一〇—二一一頁）、BとCには「深い真のヒューマニズム」という表現が見られるが、本史料にはないこと。よって、本史料を「原々文（A）」＝「六全協の原案」とみなすことができる。

原文から原案へ、決議へ

用語を整理すると、亀山が言うところのAが「原文」、Bが「原案」、Cが「決議」であり、A→B→Cの順となる。相違点については、亀山が詳細に分析・批判している（二一二—二二〇頁）。A「原文」とC「決議」を比べて顕著な違いだけを述べたい。A「原文」が①武力革命と②合法・非合法活動について言及している点である。まず①の武力革命に関する記述を見てみよう。C「決議」からは一切消えている箇所である。

日本民族の解放は、反動的吉田政府を倒すことなしには不可能である。これは真剣な革命的闘争なしに平和的な手段では達成されない任務である。しかし、こゝから武力による革命闘争は、いつでもいかなる条件のもとでもやってよいということにはならない。党はそれぞれの瞬間において、いかなる闘争の形態と方法をとるかと云う問題を解決するためには、なによりも先づその瞬間における情勢の正しい、冷静な評価を行うことが必要である。（中略）第六回全国協議会は、こんにちの日本には切迫した革命的情勢もないいし、武装闘争の条件もないことをはっきりと確認する。したがって、一切の冒険的闘争を直ちに停止し、これまで作られたいわゆる自衛隊を解散しなければならない。こんにちはストライキや農民闘争や、デモの時における一時的なピケット隊（監視隊）以外に恒常的な軍事的半軍事的性質をもった部隊を組織することは正しくない。今日の情勢のもとで大衆から離れてこのような冒険闘争の実行をつゞけるならば、ただ労働者農民の中から出た最も革命的な分子と党の幹部とを全滅に導くのみである。しかしこのことは、云うまでもなく以前の日和〔見欠ヵ〕主義的「平和革命」論へ再び帰ることを意味しない。

すなわち、武装闘争・冒険主義の中止が指示されているものの、それは軍事路線の無条件放棄を意味するものではなく、中段に「いかなる闘争の形態と方法をとるかと云う問題を解決するためには、なによりも先づその瞬間における情勢の正しい、冷静な評価を行うことが必要である」と見えるように、いわゆる〈敵の出方〉論につらなる認識であった。また旧来の「平和革命」論への回帰を意味するものでもなかった。

A「原文」は合法・非合法、公然・非公然の二面性を柔軟に追求するよう提示しており、その指摘は結果的に、C「決議」の五（2）においてつぎのように公然化された。

党はその合法性を階級間の力関係に応じて、つねに維持し発展させるように努力しなければならない。非合法活動は情勢と階級の力関係によってこれをよぎなくされる場合におこなう活動である。一九五〇年から一九五一年の弾圧のはげしかった時期には、合法活動を党の主な活動と考えることは正しくなかった。一九五二年五月には占領制度が形式的に停止され、情勢が変化し、合法活動を展開する可能性が拡大した。この可能性を活用する点でわれわれは立遅れていた。党はいま政治活動を合法的に展開できるすべての条件を全面的に活用しなければならない。

整理をすると、一九五四年一二月以前に作成されたA「原文」は、軍事組織が解体される一九五五年六月まで検討が重ねられてB「原案」となり、最終的にC「決議」で武力革命と合法・非合法活動は穏健な表現に転回したが、軍事路線は明確には否定されていない。宮本と志田が共同歩調をとったのは、B「原案」の検討からC「決議」の確定へ至る六全協決議策定の国内過程だったと思われる。

第2節　六全協の真相

六全協は正統か？

第六回大会党規約第二二条には、「中央委員会は大会から大会までの間の急を要する党の基本政策を討論するために、地方の党組織の代表者を集めた全国協議会を招集することができる」とある。一九四五年から五五年までの大会・協議会は以下の通り。

一九四五年一一月八日：第一回全国協議会（一全協）党本部
一九四五年一二月一～三日：第四回党大会　党本部
一九四六年二月二四～二六日：第五回党大会　京橋公会堂
一九四七年一月六～九日：第二回全国協議会（二全協）渋谷公会堂

一九四七年一二月二一～二四日：第六回党大会　京橋公会堂
一九五〇年六月一八日：全国代表者会議（三全協）党本部
一九五一年二月二三～二七日：第四回全国協議会（四全協）党本部
一九五一年一〇月一六～一七日：第五回全国協議会（五全協）党本部
一九五五年七月二七～二九日：第六回全国協議会（六全協）党本部

規約上、全国協議会の招集者は中央委員会であった。しかし一九五〇年六月六日に中央委員会は機能を停止したので、三全協から六全協までの招集者は中央委員会ではなく、臨時中央指導部であった。これだけでもイレギュラーだが、四全協規約草案に「全国協議会」はない。そのかわりに附則に「情勢に応じて、ボリシェヴィキ的原則にしたがい、この規約の精神にもとずいて、臨時の最高党機関を確立することができる」とあり、全国協議会は大会に代わる「臨時の最高党機関」とされた。臨中主導の一連の動きに対して、一九五一年四月二〇日付東京都統一会議『プロレタリア通信』第五号「確信をもつて党統一の大道を進め！――「第四回全国協議会」は無効である――」[*7]は、「党規約を無視して行われた会議」であり、「決定されたものは一切無効」だと論じている。

四全協規約は第七回大会で承認を求めなければならないとされ、附則は消えた。第七回大会との関連で注目されるのが、『アカハタ』一九五七年一一月六日付号外「第七回大会における中央委員会政治報告要旨」第三章のつぎの箇所である。

五全協は適法的でない四全協の基礎にたっていたこと、第六回党大会の中央委員会との関係や規約からみて、不正常なものであることをまぬがれなかった。四全協とちがった条件としては、正当に解決されたとはいえないが、ともかく一本化された党としての会議であったことである。ここで、極左冒険主義はいっそう発展され、五一年綱領の決定などによっていっそう権威づけられた。しかも、党内指導における個人中心的な指導の強化のもとに、ことなった異見への官僚主義的な圧殺と分派主義者よばわりによって、綱領問題についても、冒険主義的な方針についても党内民主主義にもとづく卒直な検討の道が封ぜられてしまったのである。

冒頭の「五全協は適法的でない四全協の基礎にたっていた」という点は四全協の違法性を明示しているが、重要なのはその後の箇所である。六全協中央委員会は、①五全協によって党は「一本化」＝統合され（一九八九年二月の第一八回大会第四回中央委員会総会で、文書点検の不備にともなう誤りとされ、のちに削除される）、②その統一共産党のもと、極左冒険主義が進み、五一年綱領が決定されたことを確認している。つまり、五〇年から五五年までを一貫した〈分裂〉期とはみなしてなかったということである。

全国協議会とはなにか？

現在の日本共産党は臨中時代を分裂期とみなし、正統性・正当性を認めていない。一九八四年四月に「第一回全国協議会」、一九九一年一〇月に「第二回全国協議会」を開催しているが、これは一九四五年の一全協、一九四七年の二全協はもとより、一九五〇年の三全協、一九五一年の四全協・五全協を無視している。臨中時代を否定する論理からすれば、一九八四年の全国協議会は「第三回全国協議会」、一九九一年の全国協議会は「第四回全国協議会」となろう。しかし、六全協を認めているので、そうしたカウントは出来ない。といって、六全協に続けて「第七回全国協議会」「第八回全国協議会」と呼べば、四全協・五全協の正統性・正当性を認めることになり、それも出来ない。そこで「この全国協議会は、現在の党規約のもとではじめてのものであります」と説明して[*8]、一九八四年の全国協議会を「第一回全国協議会」と呼んだ。しかし、この論理では党規約が変るたびに「第一回党大会」が誕生するようなことになってしまう。話を整理してみよう。

二〇〇〇年一一月の第二二回大会で規約三七条の全国協議会は廃止され、臨時党大会に切り替えられたが（第一九条）、その際全国協議会は七七年の第一四回大会において導入（第三六条）されたと説明されている。経過を厳密に見ていくならば、第六回大会党規約第二二条の全国協議会の項目は一九五八年の第七回大会党規約からは消え、「中央委員会は、中央機関の方針をその地方にただしく具体化するために、また闘争の統一をはかり、経験を拘留するために、数個の都道府県組織によって協議会をひらくことができる」（第三五条）とダウンサイジングされ、一九六一年の第八回大会以降の規約に継承されている（七三年第一二回大会以降は第三六条）。それが一九七七年の第一四回大会で再び全国協議会として復活する（新第三六条）。つまり、縮小（廃止）から約二〇年後に復活し（一九八五年第一七回大会で加筆改正、一九八八年第一八回大会で都道府県協議会が復活）、さらに二〇数年後の第二二回大会で全国および都道府県協議会は完全廃止される。

なぜ一全協から五全協を否定する一方で、六全協の存在を認めてしまったのか。答は簡単である。六全協が主流派と反主流派の合作だったからである。六全協は共産党の蘇生力・回復力が発揮された場として肯定されねばならなかった。そのためプロセスを不透明にし、正統化・正当視したことで、ジレンマに陥った。六全協の存在を認める一方で、四全協や五全協を否定し、「五一年綱領」（新綱領）の存在を無化し、「五一年文書」と表現しているのが現在の日本共産党の認識である。

六全協をめぐる証言

さて、前掲『日本共産党史《私の証言》』には六全協に関するインタビュー記事が収められている。いかに六全協が不自然・不正規な協議会であったかがわかる。

たとえば、亀山幸三はこう述べている。「全国協議会は、会議の性質としては党大会につぐものではあるが、《六全協》の場合は、本来党大会でなされるべき党中央委員等の選出という越権行為をあえて犯している。その一点だけをみても、以前の他の全国協議会とは異なった特殊性をもっている」（六頁）。前述した点とも関連するが、党規約第二三条によれば、「全国協議会は中央委員として自分の任務をはたさない者をやめさせ、中央委員候補から補充することができる。ただし中央委員をかえるのは、大会で選ばれた中央委員の五分の一以下とする」とある。六全協は新中央委員一五名を選出したが、これは更迭・補充人事ではない。本来、第六回党大会選出の中央委員が第七回党大会を招集して、新中央委員を選出すべきだったが、臨時中央指導部（中央指導部）の存在により、複雑な過程をとる。つまり、中央指導部の招集によって開催された六全協が、規約を無視して新中央委員会を選出し、第七回党大会を準備するという倒錯的結果になったのである。

亀山はこうも述べる。「私は六回大会の中央委員で、七回大会でも中央委員ですけどね、あの六全協のときだけは、中央委員じゃないわけですよ。（中略）〔宮本は〕自分が主流派と妥協してしまうと、六回大会の中央委員である神山や私たちをはずして、「六全協中央委員会」というものを作ってしまうという、大変な規約違反を平気でやっているんです」（八―九頁）。春日庄次郎もこう証言する。米原と志賀から中央委員就任の説得があったが、「ぼくは、「四全協、五全協というのが、そもそも違法な会合であるから、それに上のせして六全協を開いたというのも違法になるのではないか」、「違法な会議で選ばれた中央委員など引き受けられん」といって突っぱねたんだ」（七頁）。

あらためて六全協が選出した役員をあげてみよう。明らかに主流派優先の人事だった。

中央委員：野坂、志田、紺野、西沢、椎野、春日（正）、岡田文吉、松本一三、竹中恒三郎、河田（以上、主流派）。

志賀、宮本、春日（庄）、袴田、蔵原（以上、反主流派）。

中央委員候補：米原、水野進、伊井弥四郎、鈴木市蔵、吉田資治（以上、主流派）。

中央常任幹部会：野坂、志田、紺野、西沢（以上、主流派）、志賀、宮本、袴田（以上、反主流派）。

中央統制委員会：春日（正）、岩本巌（以上、主流派）、蔵原、松本惣一郎（以上、反主流派）。

結局、春日は第二回中央委員会に出席して六全協は違法であり、新中央委員会選出は不当である、六回大会選出の中央委員を七回大会の準備委員とすべきだと訴えたが、宮本に「六全協中央委員会というものが、変則的ではあるけれども、過渡的に唯一の中央指導部」であると押し切られた（八頁）。春日はその後「六全協中央委員会」のメンバーとなる。

春日証言で興味深いのは六全協開催を意外と受け止めていたことである。「六全協には出ていない。〔代々木病院に入院中〕ぼくのところには六全協を開くという連絡もなかったので、あれは終ったあとに突然やってきたものだった。（中略）七回大会で中央委員に選ばれた竹内七郎君が、そのころ中央の会議に呼ばれて出席して、帰ってきてから、アカハタに第六回全国協議会が開かれたという記事が大きくでているので、それで、「おれが出席してきた会議が、あれが六全協なのかな」といっていた」（七頁）。

六全協は突発的に開催されたのではない。すでに七月二三日に開催は予告されていた。出席した会議が「第六回全国協議会」であったことに気づかぬはずはない。竹内は何の会議か詳しく知らされずに党本部に出向いたということではなかろうか。他の出席者も自覚なき出席だったようだ。山辺健太郎はこう述べている。「六全協というのは出ていますしかし、あれはいきなり「出てこい」といわれて出て行ったんで、なんのことかわからなくて行ったんですね、正直なところ」（九頁）。島成郎も六全協は「突然といえば突然にきたと思いました。ただ、あのとき、宮顕が東京の選挙区で立ったことがあって、そのとき東大細胞に宮顕が来たことがありますから、いわゆる分裂が解消されつつあるということは知っていたわけです」（一一二頁）と回顧している。[*9]

ところで、六全協の議長席を撮った有名な写真がある。「日本共産党　第六回全国協議会」の白文字を浮き上がらせ、その中央に北京で客死した徳田球一と党創立指導者片山潜の肖像画が飾られた赤旗を背に、宮本ら指導部が並んでいる。徳田の肖像画の直下に宮本が座っている光景は、最高指導者の転換を象徴的に示している。徳田の肖像画に黒リボンが飾られているので、徳田死去が発表された日程三日目の七月二九日に撮られた写真ということになる。『アカハタ』の写真掲載も翌七月三〇日付である。

六全協記念政策発表大演説会

六全協は党分裂の責任を主流派＝所感派指導部にも認めた。一九五五年八月一〇日に日比谷公会堂で徳田追悼式が開かれ、翌一一日の日本青年館での「六全協記念政策発表大演説会」に、地下活動をしていた野坂・志田・紺野の三名が登壇した。三名は団規令（団体等規正令）違反で数日間拘留されたが、一六日に釈放された。党本部に戻ってきてそれぞれ挨拶をしているが、野坂は非合法活動を振り返って、「私たちは五年間たって、どの党にもない二つのものをもった。一つは正しい戦略、あの新しい綱領、いま一つは、この戦略にそってそれを実行するための戦術、六全協の決議である」と述べた（『アカハタ』八月一八日付「三同志迎えた喜び」）。六全協路線が五一年綱領の枠内であることが改めて宣言されたが、野坂はそれ以上に重要なことを述べている。

この正しい戦略と戦術、これは正宗の名刀を二つもったようなものだ。これはどの党ももっていない。共産党だけです。必ずこの武器さえあれば勝利できるという確信がある。しかしこの正宗の名刀も五つ六つの子どもにもたせると、障子に穴をあけたり、おしまいには自分の手を切ったり（笑声）……勝利にはならない。これは名人がもたなければならない。共産党自身が名人にならなければならない。そうして正しく使わなければ、いくら正しい綱領や決議があっても何にもならない。

これは笑い話でもたとえ話でもない。野坂は武力革命・非合法非公然活動を否定していない。問題は極左冒険主義に陥らぬ、「名人」芸の行使だったのである。こうした視点は紺野や志田にも見られただろうか。二人の発言量は少ないが、紺野は「そのときどきの情勢、諸関係を正確に判断して一つ一つの問題については慎重に万全の策をとって科学的にこれを処理する」と述べて、革命の型を固定化していない。志田の場合は、彼一流のジョークで煙に巻いている。「ごあいさつしようと思っていたことを野坂さんからいわれてしまったので、きわめてらくです。この五年間（野坂さんを指さしながら）おかげでいつもらくをさせてもらってきました」。場内は爆笑で包まれ、批判の声はあがらなかった。

六全協の解説

六全協以後、新指導部による解説論文や全国各地からの声が『アカハタ』に続々と掲載された。新指導部の論文としては、①宮本「第六回全国協議会の基本的意義」（八月一八―二〇・二二日付）、②春日「第六回全国協議会の決議と労働運動」（八月二三・二四日付）、③志賀「第六回全国協議会の決議と国際・国内政治情勢」（八月二五・二六日付）、④紺野「批判と自己批判」（九月三日）、⑤志田「党団結のさしあたっての問題」（九月一九・二〇日付）、⑥野坂「誤りをおかした人にたいしてただちに不信をいだいてはならない」（九月二一日付）、⑦紺野「戦術の問題について」（九月二二―二四日付）がある。

②は労働運動におけるセクト主義を自己批判しているが、一般論にとどまっている。③は再軍備反対闘争の重要性を訴えている。④は表題に関する一般論である。⑤は党分裂期の誤りと欠陥は「あげて党中央の指導から生じた」と自己批判したうえ、六全協後の責任の果し方をかなり率直にあげている。野坂は伊藤律除名に関して述べていたが（九月一五日付「野坂第一書記談」、同一七日付主張「重大な歴史的教訓―スパイ挑発者伊藤律について」）、⑥で当事者意識に欠ける、緊張感のない一般論を展開している。⑦は思想闘争の重要性を強調している。

いずれも意外なほどマイルドであった。党分裂の深刻さや猛省は見られない。志田の⑤は責任を痛感していることがうかがえるが、もっとも重要なのはやはり①だろう。宮本は「党活動の総括と当面の任務　第六回全国協議会の決議」に関して、こう述べている。

この決議にある日本の革命運動の基本方針とはあのかがやかしい新綱領がわれわれにしめしたものです。数年間の経験はこの新綱領がしめした道がまったく正しかったことを証明しています。この綱領は今回の決議のみちびきの星であります。

また選挙戦での後退については次のように述べている。

これは弾圧のせいもありますが、弾圧だけではなく、わが党が正しい進路をとっていなかったということが、大きく関係しております。正しい綱領をもちながら、具体的な戦術の点で極左冒険主義とセクト主義のあやまりをおかしていたからであります。

つまり、六全協春日報告、八月一六日野坂声明と同趣旨である。宮本は五一年綱領に関して、「基本方針」としての非平和的革命路線は「まったく正しかった」が、「戦術」としての極左冒険主義とセクト主義が間違っていたと位置づけたのである。六全協が否定したのは戦術としての極左冒険主義とセクト主義に止まり、暴力革命を戦略とした五一年綱領は生き延びた。つまり、暴力革命と極左冒険主義とは異なる範疇なのである。そのいずれもが否定されるのは、終章第1節で述べるように、一九五六年六月の第七回中央委員会総会になってからである。

さて、宮本「第六回全国協議会の基本的意義」の中で、のちに問題となる一節がある。

一九五〇年の混乱と不統一の内容は複雑でありますが、とくに六・六追放後の党の事実上の分裂状態を考えてみても、ただ一方が一〇〇％正しくて片方が一〇〇％悪いときめて、片づけるのでは歴史的事実にも反し、真に統一を回復する方向も出てこないのです。

この時点の宮本は、のちに黒白を乱暴に決着した宮本ではない。党分裂期の複雑で深淵な実情から目をそらさず、同時期にスターリン批判に直面したイタリア共産党書記長トリアッティの視線、〈われわれの『共同責任』〉（第二章

第2節参照）を自覚する宮本だった。

第3節　批判される新指導部

全国各地の六全協討議

六全協後、一九五五年八月下旬から九月中にかけて全国各地でつぎのような活動家会議・代表者会議が開かれ、六全協の全党的理解が進められる。[*10]

八月二五・二六日　第三回東北地方党会議　一〇〇数名　中央：春日正一
九月三日　中国地方党代表者会議　六〇名　中央：宮本・志田
九月一〇・一一日　東京都細胞代表者会議　七〇〇名　中央：野坂・宮本・志田・紺野・西沢
九月一三・一四日　北陸地方党活動家会議　六〇名　中央：紺野・蔵原惟人・松本惣一郎
九月一七・一八日　東海地方活動家会議　九八名　中央：紺野・蔵原・松本惣一郎
九月二〇・二一日　関西地方活動家会議　二〇〇名　中央：宮本・志田・志賀
九月二四・二五日　九州地方党活動家会議　一三四名　中央：宮本・志田
九月二七・二八日　関東地方党活動家会議　二五〇名　中央：野坂・宮本・志田・紺野
九月二九・三〇日　四国地方党活動家会議　一〇七名　中央：春日正一・蔵原
九月三〇日—一〇月二日　北海道地方第二回全道代表者会議　中央：志田・宮本

『アカハタ』一〇月一一日付主張「党の統一と団結の促進のために—各地の党活動者会議を終って—」は、「討議のなかには、部分的には、ゆきすぎた打撃的な発言もみられた」が、全体的に「率直な同志的な批判と自己批判の精神」

にあふれていたと総括している。

しかし、党中央批判は激烈であり、『アカハタ』一〇月一四日付「日本共産党は党の陣列の統一と団結をつよめるために闘っている」には、「党は六全協のまえにすでに自分の誤りを克服することに着手した。しかしそれはわずか数歩この方向へふみだしたにすぎない。六全協は、いままでの誤りをなおす仕事に着手することを全党員によびかけ、党活動を改善する道をしめした」とある。六全協は終着点ではなく、出発点だった。

中央批判の声に耳を傾けよう。『アカハタ』は「六全協の決議の理解と実践のために」と題して、各号で全国各地の討議の状況を報じているが、「旧軍隊の青年将校式のやりかた」（八月三〇日付京都府委員会全常任会議）「軍隊と同一」（九月二日付東京三多摩細胞代表者会議）というように党組織における軍隊的側面への批判が出ている点に注目したい。この問題は尾を引いて、『前衛』一九五六年七月号「意見と討論　軍隊的指導の根はどこにあるか」にも同様の意見が見える。執筆者は「先頃ある知人が、「この頃、党員は、なにかというと〝六全協、六全協〟と鬼の首でもとったようにいうが、今頃になってそんなことに気がついたのか、といいたい。それに、あの自己批判ではまだ甘いよ」といった」と書き始め、「性急な冒険主義やセクト性や官僚主義は、旧日本軍隊の持久戦にふえてな速決戦的戦略や夜襲などの奇襲戦術、また陸軍と海軍や、軍部内のばかばかしいほどみにくい派閥あらそいや非人間的官僚主義とひじょうににている」と述べ、さらにつぎのように論じている。

いうまでもなく旧日本軍隊は絶対主義的天皇制官僚の中核であり、その編成の基本は「上官の命令は朕の命令と心得、ことのいかんをとわず服従せよ」の絶対主義的中央集権制である。それにたいして共産党の方針は徹底的な民主的な討論によって決定するが、その実践は少数は多数に、下級は上級に、全党は中央にしたがう民主主義的中央集権制である。旧軍隊と党は、その内容では絶対主義と民主主義で、まるでちがうが、その形式の中央集権制である点はにているところがあるとおもう。

敗戦後、戦前社会の上下関係、指導服従関係は党組織にも入りこみ、一〇年が経とうとしても容易には払拭できなかったどころか、定着しさえしていたのである。またそこに見られた旧軍的体質が軍事路線の受容と拡大を容易にしたものと思われる。

東北地方活動家会議

八月二五・二六日に仙台市で東北地方の活動家会議が一〇〇名余の参加で開催され、党中央からは春日正一が参加した。議長団の一人、青森県の大沢久明は会議終了後、『アカハタ』九月三日付主張「党機関の官僚主義を克服しよう」に呼応して、一〇日付に長文の「党中央と盲従主義」を寄せ、党機関の官僚主義をつぎのように批判した。官僚主義が巾をきかしたのは、党中央ではないかとおもわれる。そしてそれが一番具体的に実践されたのは東北地方ではないかとおもわれる。問題なのはそれがまだ十分に根を張っていることである。自分もその責任者の一人である。この点でいま、全党的にこれを一掃しなければならない。俗に勇将の下に弱卒なしで、党中央はたれよりも反省してもらわなければならない。でなければ地方はよくなれない。年中自己批判がくせになるようでは、心細くてやりきれないのである。その意味では、党の統一と団結はまず党中央よりはじめよ、である。

東北地方委員の大沢の主張は、党中央以外の個人発言としてはきわめて珍しく、異例の長さであった。[*11] 地方組織からの中央批判としては典型的な発言であっただろう。

福島県では春日を交えて地区責任者会議を開いている。福島は国際派だったため「分派あがり」の気持ちが強かったが、議長は「当時の党の不統一と混乱、分裂の政治責任が一方のみにあるのではない」と諭した。これには春日も同意し、会議では「分派」という言葉は使われなかった（『アカハタ』九月五日付「六全協の決議の理解と実践のために」）。

中国地方代表者会議

国際派の拠点であった中国地方では九月三日に広島市で代表者会議が開かれた。出席者は六〇余名、中央から宮本と志田が参加した（『アカハタ』九月八日付「統一と前進の中国地方党代表者会議」）。統一問題に関しては一〇時間以上討議を重ね、自己批判を決議している。終了後に六全協記念講演会が開かれ、傍聴者一〇〇〇名以上を前に、志田は「六全協と大衆運動」、宮本は「六全協と日本共産党の進路」をそれぞれ講演した。ついで一一月一一日には第五回中国地方党会議の報告草案「中国地方における党活動の総括と当面の任務」が発表されている。[*12] 中国地方委員会は「郷土代表的意識」が強かったため、〈主流派性〉はなかったとしながらも、党分裂の厳密な事実検証を求めた。なお、この党会議にも宮本と志田は参加し、自己批判している。

関西地方活動家会議

関西地方活動家会議は九月二〇・二一日に開かれた。[*13]「関西地方活動家会議」と題された長文の史料（手書き、8-0410）がある。会議への招請者数は二五四名、出席者は一日目が二〇七名、二日目が一六五名で、中央からは志賀・宮本・志田が参加している。

冒頭、西川彦義の出席が認められてないことをめぐり、地方委員会と杉本昭典（阪神）ほかの参加者の間で紛糾した。[*14] 途中、宮本が西川の復党手続は正規に完了していないと発言したところ、手続き未了でも「協力員」として出席している者がいることが判明した。宮本はそうした出席は「例外」「友好的な処置」ケースであり、西川は正規の手続きが必要だと突き返した。志田も西川を排除しているのではなく、「積極的に援助」するために手続きを重視していると述べた。大阪市立大学細胞からも会議の持ち方、代表選出の仕方などで疑義が出たが、徳田の遺骨引き取りに関する志賀報告から会議は始まった。

次いで宮本の長大な報告があった。冒頭、六全協についてつぎのように述べている。「新綱領で正しい展望と決定がなされたにかゝわらず、大きな戦術的誤りのために正しい綱領の方向に進みえませんでした。いま六全協は正しい戦術を確立し、これを保証する組織原則と正しい党生活、それはいうまでもなく党の統一と団結でありますをうちたてました」。宮本は党分裂について、まずその責任を伊藤律に求め、つぎに統一回復に向けた志田のとりくみを評価し、分裂が生んだ混乱の責任は「政治局全員」が負わなければならない、「あのときどちらがより悪かったかに眼を向けるべきでなく」、分裂経過から再び分裂を起さない「歴史的教訓」を導き出すべきだ述べて、全党的な統一を呼びかけた。

志田も登壇し、長い演説をしている。第八章第2節でもふれたように、冒頭、「私が報告しようとした事を同志志賀、同志宮本が殆んど報告してしまひました。同志宮本は大分私の報告をかっぱらった傾向があります」と彼一流の口調で場内の笑いを誘っている。しかし、〈かっぱらった傾向〉という表現はたんなる冗談ではなく、六全協をめぐる志田と宮本の深い関係を物語っていた。志田は所感を自己批判しながら、「コミンフォルム批判を正しくうけいれようとした人たちは批判をうけるのに正しい態度をとっていたが、これを契機として党中央を混乱におとしいれようとした一部の策動に対して闘えなかった」と、国際派内部にはらまれていた問題点を指摘している。この「双方の弱さ」が党分裂を形成していったというのである。志田も伊藤律を批判しているが、つぎの箇所が興味深い。

一九五〇年の分裂は思想において分裂したのではありません。中央において私は伊藤律と宮本同志とどちらを信頼していたか。勿論宮本同志です。決して今だから云うのではありません。党的な信頼においては、宮本同志を信頼していた。私は最初から伊藤律に対しては茶坊主と思っていました。一九五〇年の分裂は共産主義者としての思想において別れたと云うより、それ以前の意見の対立で別れて行ったのです。

伊藤との間にあった対立は、「共産主義者としての思想」ではなく「それ以前の意見」であったという。しかし、志田は「私は非常に大きな誤りをおかして来ました。極左冒険主義の親玉と云うべきです」と自己批判したものの、伊藤との間にあった「意見」の相違については詳しく述べない。また、「関西の党内になる悪い個人中心的考え方、派閥主義と党派性の混同、これをうえつけた元兇は私である」とも自己批判している。志田のお膝元とも呼ぶべき関西での集中砲火をおそれたものと思われる。

中央委員三名の演説の後、関西地方委員から報告（『関西地方党報』一九五六年一月一〇日付第一号（7-1694）附録「関西地方党活動家会議の開催に当って関西地方指導部が行った一般報告」）があった。それによると、関西の党勢は一九五〇年当時と比較すると、三分の一から五分の一に激減し、大衆団体における党勢は壊滅状態だった。関西党内の志田派と西川派の対立についても言及され、全国的な分裂の要因になったと指摘されている。

この後、各府県からの報告が求められたが、反対意見が続出した。「六府県が報告するなら、関西を点検しようとする同志の云い分をきこうとしないことであり、下からの意見を封殺することになる」（奈良県）、「六府県が報告することに反対である。会議の順序の中に入っていないものである」（滋賀県）、「県の統一した意見を述べることはできない。六全協を今まで義務的にやってきたが、このことはあやまりだということがわかった。私は県委員会の責任ある発言はできない。したがって参加している多くの同志たちの意見をきいてほしい」（和歌山県）。つまり、各府県の状況をそれぞれ報告する状況にはなく、それより関西党全体に関する意見を自由に述べさせよ、という発言であった。

これに対し、宮本は「今日は関西地方の活動を点検するだけでなく六全協がどのように問題にされているか、報告できる状態ならきかせていただきたい。関西地方委員会の活動の点検でなく関西全県において六全協がどのようにとりくまれているかを知りたいのです」と地方委員会を批判する声を封じようとしたが、志田から「たくさんの意見を出していただくことをのぞんでいます。明日一日は徹底的にふかめたいと考えます。討議を成功的にみちびくために今晩発言の要項をまとめてもらい、明日項目別にわけて討議したらよいと思うがどうですか」との提案があり、一同賛成した。

宮本と志田の間に議論の仕方をめぐり温度差があったが、宮本は急転してこう述べる。「期待しているのは府県委員会の意見でなく、復帰工作の対象、復帰回復者の状況、はなしあいの事実を簡単に報告してほしいと思った。一度はそのことをきかなければならない。討議の順序としては、ごく輪郭でもつかみたいのです。その報告は細胞や各同志の発言をしばるものではない」。しかし、宮本の説明は姑息に聞こえたのだろう。滋賀県から批判があがった。「今宮本同志がいったことをなぜはじめからいわないのか。機関が細胞にいうやり方はいつもこの手である」。

議場は混乱した。各府県からの短い報告を期待していた参加者もいた。なんとか一日目に形をつかみたいということだったのだろう。議長は「夜おそくまで会議したり、腹がへっても活動するのはやはり極左冒険主義だと思います。疲れたときにはやめることはよいと思いますからやめます」と切り上げた。

二日目はまず各府県の復党者状況が報告された後、杉本昭典（阪神）から分裂問題についてつぎのような発言があった。

五一年大半が復帰した以後起った分裂に就いて報告したい。五一年は八割が復帰し、そのとき私も復帰したが、五二年の火焔瓶、五三年の三反戦線などこれらの諸政策と関連し新しい分裂が五四年の神山除名に至るまでつづいている。（中略）一九五〇年の分裂のさいの不手際な処置だけでなく、五一年に新綱領が出されて以後、統一を課題にのせておきながら、派閥官僚主義が更に新しい分裂をもたらしていると考える。（中略）このことは伊藤律の破カイ活動のみに帰せられない。伊藤律除名後も派閥闘争がつづいていたことはみのがせない。それについて明らかにしてほしい。特に関西に於て私たち復帰者に対し、志田氏中心の派閥の支配は強いと思う。吾々の再除名の原因は人事配置に対して意見をしたのに対する報復的処置であったと思う。

同じく阪神地区からは「今全党をみても俺一人正しかったといえる人は一人もいないと思う。全党員が共通の事業として正しい党内闘争をやり得なかったことを自己批判するということでなければ、党員一人〳〵が自己批判せよでは総ザンゲになってしまう」との声も出た。党組織の統一についてもみなが賛成していたわけではない。京都からは早急な統一への反対意見が出され、「中央で統一をいってもそう簡単に統一出来ない。無理に統一をさすとS〔細胞〕はつぶれる。笑いごとではありませんぞ。（中略）現段階では統一に反対です。それでも統一せよと云うならおしつけである」と猛烈な中央批判をしている。滋賀からもつぎのような声があがっている。

中央委員会の幹部の人たちは納得するように話しをしてほしい。伊藤律のことは長年にわたって問題にされ、志田同志も彼はお茶坊主だということを知っていたにもかゝわらず、何故ほっておいたのか。苍間律は徳田書記長のフトコロガタナだといわれている。生死を共にしている同志がそのことがわかっていながら、地位をすてゝもなぜ闘えなかったか不思議でかなわない。町の人はスターリンが独裁だといっているが、そういうことが日本の党にもあったかと思う。ことなかれ主義、追随主義がある。

党内外のごく常識的な疑問であり不満であっただろう。会議ではY＝中核自衛隊に関しても批判が続出した。まず同志社大学細胞。

Yは派閥主義の典型であった。Y細胞と政治Sの意志の統一が不充分であり、大衆の奪いあいがやられ、政治細胞からY細胞えのひきぬきがやられていた。これが不明確な形で廃止された。極左冒険主義という事だけしか理由がわからず討議もされづ、歴史的存在をまっ殺せよといわれ、あとから理論的根拠が中央から下りるといわれたが、はっきりしない。隊員を全部入党させろといわれたが、そんなにすぐに党員にならない。やった事をまっ殺せよといっても、出来ないと云っている。古い党員の大半はYの活動の経験をもっている。自己批判しようとしても、Yの事は云えないので、自己批判が中途半端になってしまう。

京都南地区委員会からも中核自衛隊抹消指令に対する反論がでた。

Y活動の犠牲者が機関細胞、大衆の中にもいる。肉体的障害をうけたもの、家庭を破かいされたものもいる。この人たちに対して、Yはなかったものにするという事で対処出来ない。中央委員会はYによって被害をうけた人に責任をもつと云う態度をもっているかどうか。選挙の時、同志志賀が京都に来て、火焔瓶について質問された時、「火焔瓶で革命がやれるなら、共産党はサイダーやビールの瓶をあつめてやる。そんな事で革命がやれると思う者はキリ〳〵パーだ」と云った。大衆は喜んだが、やった同志や大衆はやりきれない感じがしたのであった。中央委員会の責任はどうか。京都の同志は同志志田に京都にきてもらい極左冒険主義について討議したいといっている。

志田への批判は激しかった。志田の出身地である淡路島細胞からは、前日の志田の発言―「一九五〇年の分裂は共産主義者としての思想において別れたと云うより、それ以前の意見の対立で別れて行ったのです」―に対して、つぎのような声があがった。

もしそういうことならば、到底理解できない。党規約の無視、規律のちがいであると思う。分裂の原因はコミンフォルムの批判、六・六追放後、一定の裕余〔猶予？〕期間があり、中央委員会がひらかれないはずはなかった。意見の相違とか論争、それは直ちに分裂を意味するものではない。ところが中央委員会もひらかれず、一方がどこかえいってしまった。規約を全く無視してしまったところに分裂の原因がある。規約を厳格に守るということは思想問題であると思う。

閉会が迫ると、本音ともいうべき切実な声が出始めた。兵庫但馬からの発言である。

今後開かれる府県の会議には、中央委からも是非出席してもらいたい。中央がどれだけ自己批判しているのか、その点で言うならば、六全協はもう一つの決議をすべきであったと考える。誤った指導のため狂人となり或は妻を奪われたり、多くの犠牲者が出ている。これに対して若し真の同志愛があり、プロレタリア的感情があるならば、これらの同志を救援するといった決議がなぜされなかったのか。私どもは10年間黙々淡々として闘って来た。ところが今日の会議で色んなことをきいてビックリした。もう一度こんなことをきいたらショック死してしまうだろう。中央の幹部は分派闘争や何やとい、乍ら、勢力争いをしていたのではないか。そのため何百、何千という同志がギセイになっている。それに対して何故あたたかい涙をもった決議が中央委員会によって出されないのか。（中略）私は人間的な中央委員会になって欲しいと心からお願いする。一枚岩の党といわれ乍ら、分派が何故出来たのか。理論的低さといわれるが、もっともっと深いものがありはしまいか。それを掘り下げて欲しい。この会議で全同志の言いたいことは中央の自己批判がまだ腹の底からされていないという気持から出ている。

宮本と志田の総括発言

最後に宮本と志田の総括的発言をみてみよう。宮本はつぎのように述べている。

私は六全協を準備し、新しく選ばれた中央委員として問題を一挙に百パーセント完全に解決出来ないと承知しないということであってはならない。基本的本質的に問題を明らかにすることが大切です。すみずみまでわり切るには困難なこともあり、そのすべてを事実問題としてあきらかにしなければならないというのでは党は発展しないと考えています。中国共産党も党大会で明らかに出来ない問題があった。時期が熟さないのに出して紛争をひきおこすことをさけて、本質的に解決の方向を出し一歩一歩党の団結と統一をきづいて行くという方法を賢明な中国の指導者はとっております。（中略）ブルジョア政党なら個人の責任をバクロしあうでしょうし、それは眺めとしては面白いことでしょう。しかし党の団結はそんなことでは保てない。バクロ合戦、個人的な責任のなすり合いでなく、党の政治方針を正しい路線にのせること、一本の軌道にのせること、即ち正しい政治コースと大局としての団結をつくり出すことに努力をつくしてきました。

また、宮本は場内の志田批判に対して、以下のように擁護する発言をしている。

同志志田も困難な中で闘って来ました。同志志田もし自分の望みが許されるならば、よろこんで一兵卒としてやるでしょう。私は同志志田がそういう心境にあることをよく知っています。しかし同志志田が自分の立場を弁明することは許されないし又それは正しくない。同志志田は困難を回避することなく、もっとも苦しい批判の前に立って実際に具体的に党を結集する闘いの中に立っている。党はその同志志田が六全協の先とうに立つ同志として必要であるから、あえて指導的地位に選んだのです。

では志田はどう発言しただろうか。志田はつぎのように懺悔の言葉を発している。

若し私の希望がゆるされる事ならばやめたいと思っています。全国を歩いて罪のつぐないをしたいと思います。しかし党の統一の為にどうしてもやったことの責任をおぎなう為新しい政治方針をかく立し、これを実際的にやっていくこと、分裂状態を正常にしていく事、こゝに第一の果すべき任務があります。（中略）私個人としての希望は党の統一が軌道にのれば私の地位はどうなっても良い。そういう立場でやっています。（中略）吾々は責任をのがれようとしていない。個人的な出世主義のために機関にぶら下ろうという根生〔性〕はもっていない。一切合切を洗いざらいに出しています。そういう形で中央は団結しています。いづれ機会が来れば私の責任のとり方があるでしょう。その時まで努力をつくした〔い欠ヵ〕と念願しています。

この志田の発言に、「全員のしばしなり止まぬ嵐の様な拍手」が応えた。しかし、宮本と志田の決意表明にはやはり批判が出た。杉本昭典からである。こう述べている。

同志志田は責任をいわれたが、こんご自己相互批判の原則にもとずきその政治的指導的才能において明らかにすべきであると考える。同志宮本は吾々の自己批判は党を前向きにし発展さすべきものであるといわれたが、これは果して責任ある態度であるか。日本の状態から敵の目前で一〇〇％明らかにして混乱することを望んでいないが、真実を真実として語れない党風が党を誤らせた。一〇〇％を要求しないが重ねて自主的な幹部の自己批判を明らかにしてほしい

杉本は政治情況の厳しさを理由に「真実を真実として語れない党風」があってはならないと論じた。宮本の政治判断が誤謬の再来につながることを危惧したのである。[*15] 他の地域からも「本当に今迄の党のアヤマチをあきらかにし、党の統一と団結をかちとろうとするならば、少々後向きになっても、又個々の責任追求になっても、徹底的に、その誤りをあばき出し、その根源を党の弱点として、あきらかにすべきではないか？」（京都南地区）との意見が出された。

関西地方活動家会議は関西党に強い影響力を及ぼした志田が出席したこともあり、議論は熾烈だったが、出席者は一日目が八割を超えたものの、二日目は六五％と三分の一は欠席した。会議の設定目的、参加資格、議事内容が不明確だったことが理由だろう。

関東地方活動家会議

関東地方の活動家会議は九月二七・二八日に東京で約二五〇名の参加で開催されている。党中央からは野坂・志田・宮本・紺野が出席した。会議に出席していたかどうか不明だが、茨城県委員会常任委員の大池文雄（一九五八年除名）は、志田の自己批判（前掲⑤「党団結のさしあたっての問題」）の矛盾を指摘している。[*16]

極左冒険主義の反省が進み、『前衛』一九五五年一〇月号に「山村工作四ヵ年の経験から」が載る。八月二二日開催の東京三多摩地区山村工作細胞全体会議の議事録である。各村から反省の弁が聞かれたが、つぎのように山村工作自体は批判されていない（五四頁）。

六全協の党中央の自己批判は国民との団結と統一が不十分だといっている。工作者の問題もこういう観点からみる必要がある。地区は君達にすまなかったというだけだ。これは感情であって政策ではない。すまなかったということを工作者にいうよりも、山村の農民にめいわくをかけたといってもらいたい。こんご村民をどう工作していくか、この点から工作者の同志にどうやっていくかということを出してもらいたい。党中央幹部は誤りをやったのやめないとブル新でデマっているが、すまなかっただけでは同じようにデマられる。すまなかったというだけで下ろすのではこまる。党はあすこにいるべきだ。山であれ、平場であれ、農村に工作者をおかなくてはいけない。

指導に入った都委員会も、今後の対応は「山を下りる同志は下り、止る同志は止つて、六全協の精神にしたがいいっそう山村の大衆のために献身すること」とした（五七頁）。

一九五六年二月の第一回東京都協会議会に向けた「党活動の総括と当面の任務」（7-1039）も、小河内村における岩崎貞夫の死を悼んではいるものの、同時に「工作隊の同志は極左冒険主義を一歩一歩克服し、農山村の農民に大きな影響力を確保している。都委員会はこれらの経験を総括し、今後の農民運動に積極的に生かしてゆかねばならない」と、山村工作隊の存在自体については反省していない。山村工作隊の〈夢〉は続いていた。

第一〇章　未完

明治維新の革命に、結局生残って大臣参議に出世した奴は、矢玉の下をくぐらぬ利口者であり、馬鹿正直な三石衛門は、真っ先に鉄砲玉に当って死んだ。六全協で自己批判した中央委員や県委員は、代議士に当選し、参議院議員になった。これからもなるだろう。だが私は、松川事件、白鳥事件、横川事件等の、有名でない党員の犠牲を考えると、滂沱として涙が流れるのだ。（熊王徳平「自画像」『無名作家の手記』大日本雄弁会講談社、一九五七年、一九七頁）

第1節　全国からの批判の声

湧きあがる党批判

党活動への疑問・批判は各級レベルからあがった。一九五五年一〇月三〇日付の静岡県西部地区委員会「地区活動家会議議事録」（7-1487）をとりあげてみよう。

東海地方において、静岡県は名古屋大学と並んで分裂が表面化したケースである（東海地方委員会「一九五五年一二月一〇・一一日　第一回地方党協議会報告（草案）」7-1444、同「第一回地方党協議会報告」7-1430）。静岡県では東部・中部両地区委員会、加茂郡委員会、三島・島田両市委員会、吉原・富士宮・三島三細胞が解散処分をうけ、被除名者三九名、党籍喪失者約三〇〇名、その他を含め約五〇〇名の離党者が出た。西部地区委員長は分裂期の責任問題に関してつぎのように発言している（静岡県西部地区委員会「地区活動家会議議事録」7-1487）。

われ〳〵が絶対信頼していた党中央が誤りをおかしたではないか。私たちは、いままで、党中央の云うことには絶対まちがいはないと考へていた。党中央を神格化していた。しかし、中央も人間の集り、生身の人間の集りである。だから誤りもおかす、ということを知って貰いたい。

なぜそうした誤りが生れたか。それは戦前の党活動の過度の狭隘さの遺産だった。

私も戦前牢獄にぶちこまれた時に知っていたのは「天皇制打倒」というスローガンたゞ一つでほかに何も知らなかった。そして私たちがただ一つ知らされていたことは、「党中央の命令には絶対服従しなければならない」ということだけだった。（中略）そうした、党中央を神格化する戦前の党の欠陥が、現在まで持ちこまれてきたのであります。そこでは人間性は全く認められなかったのであります。

そして叫ぶ。「みなさん！私たちは、私たちを人間にして貰いたい。神格化しないでいただきたい」。切実な叫びだった。

名古屋大学の場合は、一九五六年五月五・六・一三日開催の第一回名古屋市党協議会資料№２「統一と団結についての総括資料」（7-1396）によれば、主流派から除名処分を受けた党員数は七七名にのぼった（名古屋市全体では八三名）。理学部細胞は当初より主流派批判をおこない、主流派を支持した中共九・三社説に反対し、「社説は日本の党の実状をよく知っていないのではないかとさえ考えて、北京人民日報に質問書を出した」という。理学部細胞は「国際主義者団」の影響を受けていたため（名古屋市委員会「第一回名古屋市党協議会への報告」7-1361）、中国地方委員会から「極左分派主義」と批判されたが、次第に他の反主流派と足並みをそろえ、四全協後に文・経・工各学部細胞とともに「名大細胞集団」を組織する。反主流派としての動きが停止するのは一九五一年九月のことで、五全協に向けて復帰活動が始まる（前掲「第一回名古屋市党協議会への報告」）。その後の動向は不明だが、六全協後、旧主流派名大細胞委員会は反戦学生同盟に対して、分派呼ばわりしたことを自己批判している（前掲「統一と団結についての総括資料」）。

「六全協討議における質問」

一九五五年一二月二六日付の中央委員会宣伝教育調査部教育班編「中央委員会宣伝教育調査部教育資料第五号　六全協討議における質問（その二）」（8-0587）という史料がある（（その一）は不明）。提出者は複数だが、東京都委員会からの発言を三点あげておこう。第一は、意外にも五〇年代前半の党史が認識されていなかったことである。[*1]

現在Sの中には一九五〇年の分裂について知らない人々が大部分である。現在党員は共産主義者として、日本共産党員としてこのような教訓的事実を徹底的に学ぶべきである。その意味で全党員が正しく深く学べるように〈日本共産党のあゆんだ道〉〈日本の労働運動史〉〈日本の革命運動史〉という観点で国際批判から六全協までの事実について文献を作り、全党にあきらかにすべきである。[*2]

第二は、その一方で極左冒険主義批判のきっかけになった一九五三年暮の岩崎貞夫事件に関して、西多摩党が、「山村工作隊について。三多摩と都の自己批判はよく分る。しかし工作隊は中央の指令にもとづいて入れられたものではないか。はじめは中央できめて、おわりは地元細胞や地区であとしまつ（総結〔括ヵ〕）をおしつけているのではないか」と批判していることである。前述したように『アカハタ』紙上に小河内工作隊、三多摩地区委員会、東京都委員会の自己批判書は掲載されたが、西多摩党は党中央の責任を問うた。

第三は、一般的普遍的な中央批判が出されたことである。

集団指導の原則を無視して強引にやった人々が今になって自己批判だけ集団でやって活としている態度は、私にもまたナイーブな大衆にも理解できないことです。（中略）宮本同志の六全協の報告中「それは党中央の重大な責任である」という言葉だけでは納得できないのです。これは野坂、紺野、志田の諸同志の個人としての自己批判に裏付けられてこそ党中央の集団指導への宣誓が素直に末端の党員や大衆にうけいれられるでありましょう。六全協によって党内は結束し、その後一路まっすぐ第七回大会へ向けて、全党が統一した歩みを始めた、というわけではなかった。党内はつぎのような党外の声とも共鳴していた（『毎日新聞』一九五五年八月一五日付東京朝刊投書「日共最高幹部は辞任せよ」）。

新幹部の顔ぶれをみると、少しも誤った中央指導部の責任がとられたように思えない。私たちの常識では、責任を感じたならばまずやめることだと思う。かつて五年前、日共はコミンフォルムから、野坂理論は米、日反動の理論で共産主義とは縁もゆかりもないとしかられた時も、当の野坂氏は中央幹部をやめなかった。（中略）そこには党内民主化も、幹部の自己批判も感じられない。（中略）日共よ、六全協を口頭禅に終らせたくないならば、その実践の第一歩は十年の長い間指導を誤った最高幹部全員の辞任である。

終らぬ党内論争・党批判

六全協後、一種の「解放空間」[*3]が到来したが、そこには喜びだけではなく、苦渋も満ちていた。『前衛』一九五五年一二月号の久我隆「六全協と私の歩いてきた道」は、六全協が一般党員に与えた衝撃を伝えている。久我は民青団（日本民主青年団、一九五〇年五月正式結成、のち日本民主青年同盟）配属の党員だった。六全協後の民青団第五回東京都大会で東北の民青団再建のために学生オルグの派遣が決まった。しかし、事前交渉時に「六全協がだされているのにどうしてこんなことをするのか」という反論があり、都大会においてオルグ派遣方針は同盟中央の官僚主義・引廻し主義と批判された（六〇頁）。

「こういうことが、なぜやられるのか。」
「地区の同志は中央のロボットだ、伝声管だ、職制だ。職制は団の中にもある。」

「文学を希望し、卒業論文をかかねばならぬ人を、むりやりに中央の考えにしたがわせようとしている。」「平和友好祭もカンパ、カンパで、どうも政策がおかしい。文句をいうと、『文句は金をあつめてからいえ』という。」

これらの批判は、民青団中央への批判であり、それは、とりもなおさず民青団中央の共産党グループと、それを指導する共産党中央への批判であった。

不満・批判は党内に溢れた。予定より遅れて一九五六年二月に開催された第一回東京都協議会では宮本批判が続出し、中央区委員会から、前年九月の都細胞代表者会議において志田は「六全協のもち方は誤りで、今後は下からもちたいといった」という爆弾発言も出た。[*4] 六全協の見直し論、否定論である。また七月予定の第四回参議院議員選挙(東京都選挙区)の野坂擁立をめぐっても紛糾した。[*5] 主導権争いは続き(一九五六年一月志田失踪、五月神山派復権、九月志田・椎野処分)、国際情勢も激変した。一九五六年二月のソ連共産党第二〇回大会におけるスターリン批判、[*6] 同年四月のコミンフォルム解散[*7]の結果、「五〇年問題」の大枠は崩れたが、全面的な転換がその後、一九五八年の第七回党大会、一九六一年の第八回党大会まで続いたことを現在の日本共産党も確認している。[*8]

あれほど熾烈な混乱と対立が続いたにもかかわらず、分裂の記憶が忘却されることを防ぐ必要があらためて指摘されていたこと、新指導部が主流・反主流両派の妥協の産物と見られ、六全協の見直し論まで出ていたことなどは銘記されるべきことであろう。

『アカハタ』一九五六年二月四日付に一月の第四回中央委員会総会が採択した「党の統一と団結のための歴史上の教訓として」が掲載されているが、一九五〇年から一九五一年までの経緯しか跡付けていない。五全協での新綱領採択以降、六全協までの流れが不明である。この点は前述したように『日本共産党五〇年問題資料集』も同様の限界を持つ。

党批判についてはさらに内在的根底的に探っていく必要がある。その点で注目されるのが、『アカハタ』紙面に対する読者批判を集録した一九五五年「アカハタにのぞむ」と一九五六年「ハタ批判」である（7-2366, 7-2364）。たとえば、党名や機関紙名に関して、「アカハタにのぞむ」第三号には「共産党ときいただけで農民はこわがるから、名をかえよ」、「ハタ批判」第一号には「このさい思いきってアカハタという名を変えてはどうか」、第二号には「ハタは「人道」「人民日報」「日本新聞」などのような六全協にもとづいた名にかえるのが正しいと思う。「赤旗」の名はなんとも名残りおしいが、現在では左翼セクト主義の存在にみえる。民族解放民主統一戦線をつくらなければならない時に天皇制・日本軍国主義打倒の武器であった「赤旗」の名を固執することは賢明だろうか。国民共通の希望の名にかえることは服務者の義務である」、第四号には「ハタという名はなにかすごみを感じさせ親しみにくいものをあたえているのではないかしらと思います。（中略）たとえば、〝新日本新聞〟というような素直な名前にしたらと思います」、第五号には「ハタの題名については、党機関紙のルールから外れないならもっと大衆に受けのよい名にすることを望んでいます」、第六号には「アカという字があるために人前でひろげられない。「国民新聞」「新日本新聞」とかえて下さい。それができないならせめて週刊アカハタの名をかえてください」などと見える。党メディアの大衆化への要望である。

紙面批判にとどまらぬ、党批判も見られた。「ハタ批判」第五号には『アカハタ』一九五六年一月二一日付主張「宮本百合子死後五周年をむかえて」に関して、宮本百合子文学の評価をめぐる対立を論じるつぎのような声をあげている。

主張は〝誤った評価〟をしたのは「一部の党員評論家」「一部の同志」といっていますが、それは当時の党臨時指導部の名ででています（一九五一年四月）。はっきり党中央として誤ったことを「一部」の誤りとして片づけることができるものだろうか。当時の臨中は「一部」の同志だったから今の党中央には責任はないということなのか。党中央として自己批判すべきことです。

このコメントは分裂期の「党中央」と六全協後の「党中央」の継続性を指摘し、責任の回避はできないのではないかと質している。

スターリン批判をめぐって

一九五六年二月一四―二五日のソ連共産党第二〇回大会におけるスターリン批判の衝撃の凄さは、現在の私たちの想像をはるかに超えるものだろう。一般紙は二月一九日付以降その内容を伝えたが、『アカハタ』は一九日が日曜休刊で二〇日付以降に報じた。しかし、踏み込んだコメントはない。三月二四日付は中央委員会「ソ同盟共産党第二十回大会について」を載せたが、「大会はマルクス・レーニン主義の光にてらして、党の上に個人をおく個人崇拝の残りかすを一掃する、はっきりした態度をとり、党と大衆の役割、党内集団指導の役割をあきらかにした」との表現にとどまり、スターリン批判への直接的言及はなかった。

その一方、六全協が「極左冒険主義を克服し、家父長的個人主義を排した」ことを自負していた。以後、三月三〇日付の「個人崇拝はマルクス・レーニン主義と無縁　プラウダ論評」、同三一日付「なぜ個人崇拝はマルクス＝レーニン主義の精神と無縁か　プラウダ紙無署名論文」と連なる。『アカハタ』紙面に対する「ハタ批判」を見ておこう。

まちがいを公にし、改めていくことには何もいうことありませんが、スターリン独裁は、氏が非常に立派な頭脳の持主だったことを、だれかが認めていたからではないでしょうか。偉大なソ同盟共産党がこんな大きなあやまちを犯すとは、少からぬ幻滅です。故スターリン首相への先入観もあるためか納得できません。（第七号）

ブルジョア報道は、スターリンの姿が消えてなくなるような騒ぎ方をしています。しかしドイツファシストを打破りソヴェトを守ったのは、ひとえにスターリンの戦略と戦術です。日本の党にどんなしきたりがあるか知りませんが、せめて命日を国民に知らせてもよいと思う。あまり極端な変心の仕方ではないか。スターリン論文がでると大騒ぎで宣伝し、批判があるとこのありさま、こんなことがあると何も信じられず、自分自身しか信じられなくなる。（第一〇号）

いずれもスターリン批判をめぐる混乱と困惑である。つぎのような党批判もみられた。

モーツアルト百年祭をにぎわしく報道するハタが、五日にスペースをさいてスターリンの面影をしのび、教訓を学ぼうとする謙虚な態度がないのでしょうか。以前とうら返しの観念的な権威追従の証明のように思われます。一度権威を失ったら如何に不当な取扱いをうけるか、そのような冷酷さをゆるす党員の非人間性がつくづくおそろしくなった。（第八号）

五日のハタをみてスターリンのスの字もないのであっけにとられた。もう彼はすぐれた指導者でも英雄でもなくなったのか。時代が変ったのだから、彼のことなんか思いださなくてもよくなったのか。（中略）こんな忘恩的なことが行われるなら、共産主義者の云々することはいかにもたよりなく、なんとあさはかなことだろうか。君子豹変もよいところ。そんな人たちこそ生前の彼を神様扱いにしていたのではないか。（中略）。事大主義、自主性の欠除〔如〕といわなくてなんであろう。（同前）

スターリンは一九五三年三月五日に死去した。モーツァルト生誕二百周年を祝いながらも（『アカハタ』一月二七日付社説「モーツァルト誕生二百周年」）、スターリンの命日になんら紙幅を用意しないのは、「権威追従」の裏返し、「事なかれ主義」、「事大主義」ではないのかというのである。一般紙を通じてスターリン批判に接していた党員・党支持者にとって、党のスターリン評価はあいまいであり、信頼するに足りなかっただろう。「ハタ批判」第一一号掲載の愛知・蒲郡分局からの声は、党員の中に「何が何だかわからない、六全協だってどうだか」という不信感が生じていることを伝えている。

第2節　首都からの声

第一回東京都党協議会に向けて

東京では一九五六年二月に第一回東京都党協議会（一都協）が開かれる。細胞代表者会議→区党協議会→一都協という六全協後の経過をたどってみよう。なお『前衛』一九七三年四月号「特集・わが地方の進歩と革命の伝統」に掲載された東京都の部では、一都協が選出した新都委員会（委員長芝寛）は「清算主義的傾向とそれと結びついた自由主義、分散主義的傾向」を有し、「反中央的な態度」「反党的思想」の温床となったと批判している。

一九五五年一〇月二四日付「第三回大田区細胞代表者会議の討論と決議」（南部地区委員会、7-0860）という史料がある。大田区細代会議はすでに「五十年における党の分裂の事情を明らかにする」要請書を党中央に提出していたが、第三回会議では「五〇年分裂当時の中央の情勢分析、党の方針、それが南部及び大田においてどのように具体的に行はれたか―つまり党の歴史を行います」「党中央が分裂した原因と教訓を徹底的に研究すること」といった意見が出ている。その際、支障になったのが資料不足だったので、「分裂のことでも、党中央は全党が自主的に討論できるよう資料を発表すべき」「コミンホルムの批判、その他の資料を研究して自分たちの力で誤りを明らかにして前進したくても資料が出ないからできないのだ」「歴史的事実をはっきりしてくれ、われ〳〵自身がその中で判断して行きます。そのために学ぶ資料を要求しているのです」「中央での資料を沢山もつているのだから、それを発表したらよいと思う」などといった声が続出した。六全協決議を単に受動的に了承するのではなく、自主自立的に自前の分析と総括をしたいという要求であった（一二月一五・一八日に大田区党協議会開催を予定）。

一都協に向けて、一九五六年一月に都委員会は報告（草案）「党活動の総括と当面の任務」（8-0626）を発表する。

それによれば、党勢は一九四九年夏を一とすれば、五五年が三分の一、『アカハタ』読者は四九年を一とすれば、五五年が五分の二であった。総選挙の得票数は、四九年一月が三三万三五八六票、五五年二月が一五万五一七五とピーク時の半分以下だった。報告（草案）は都委員会の政治責任を自己批判した。

これに対して、物部長興（数学者、のちべ平連）はじめ新宿区の細胞から反論が出る（日付不明、8-0626）。物部たちは党内民主主義の確立、分裂期の経過発表を求め、「一九五〇年にはじまる分裂と混乱は、じつに一九四五年このかたの、戦略上、基本戦術上、組織上の誤りに直接根ざしたものであった」と論じた。

東大学生細胞からも一九五六年二月一一日付で意見書が出た（8-0636）。同日は一都協一日目である。意見書は報告（草案）を高く評価しながらも、「都委員会の上級機関であるところの党中央の方針の点検という点で、全く不充分」であり、「都委員会が上級機関を点検する「義務」を果していないこと」「都委員会が全党的観点をもっていないこと」を批判している。なぜならば、「東京都は単に党の拠点であるばかりでなく、首都としての政治の中心であり、敵にとっても最大の拠点」であり、都党は「全国的責任」を負っているからであった。東大学生細胞意見書は都党協議会開催を「第七回大会へ向っての巨大な一歩」と記している。六全協は第七回大会への一里塚であった。

一都協の開催

一都協は一九五六年二月一一・一二・一九日に開催された。「第一回東京都協議会議事録」（7-0961）から会議の内容をうかがってみよう。六全協後の全都細代が選出した臨時指導部が都協を準備したが、当初予定の一一月下旬開催が一二月、一月と延期された結果の開催であった。第一日目は冒頭から荒れた。板橋大山生協細胞は「本日都協議会を開いたことは下部に混乱を与えた。都協議会の前に北部地区の協議会をやるべきだ」と被害を受けた北部地区の事情を説明し、三多摩国立細胞や板橋自由生協細胞からも、六全協の基本的性格に反する「不当」開催であり、「意義が不明確」であるとの批判が出た。開会延期を求める緊急動議に対して、指導部は協議会が成立していることを伝え、不十分な点は報告で補いたいと説明したが、法政大学細胞からは「事実上成立しているというような答弁の感覚に非常に不満だ」との指導部批判が出た。

前述もしたが、中央区委員からは「都細代で志田同志は、六全協のもち方は誤りで、今後は下からもちたいといった。都の協議会は相変らず上からもたれている。ここから素朴な疑問がおこる。中央の答弁を求む」との根本的な疑義が出され、東大細胞は六全協後指導を放棄した指導部の責任を問うた。協議会の拙速な開催に反対する多くの声に対して、党中央は自己批判しながらも、参議院選挙（七月）に備えて早急に態勢を整える必要があると答えている。結局、「協議会が非常に不十分だということはわかった。討議を早くやって徹底的にあきらかにしたい」との練馬区からの発言により、会議は始まったが、その後も政策論争ではなく、党分裂を巡る都委員会・党中央の責任を問う発言が相次いだ。

相次ぐ宮本批判

二日目には中央委員会から宮本顕治が出席した。宮本発言はつぎの七点である。

①分裂問題については、四中総（五六年一月二八―二九日）の決議（「党の統一と団結のための歴史上の教訓として」）が一般的結論を出している。四中総の決議は、当時の中央委員会の責任をあきらかにしている。また同時に教訓とすべき中心はかなりの程度明らかにしたと考える。個々の事実について明らかにせよというが、死亡した同志もあり、伊藤律のように国内にいないと思われるものもあり、また中央委員会に出席できない同志もいる現在困難が多い。事実は頑固なものであり、消すことはできない。今後も検討を深める。

②新綱領は外国製であるとか、排除された中央委員の意見が反映されていないという議論があるが、綱領には全党

の意見がかなり反映されている。一方の側の中央委員の意見のみで作られたと考えるのはあやまりである。
③すべての責任を伊藤律に転嫁しているというが、そのようなことはない。
④宇田川文書の役割、統一委の解散について。
⑤六全協直前の組織的混乱については、敵の攻撃が予想されたので、充分準備がととのわずおこなわれたためいろいろの不都合がおこった。
⑥六全協以後の全国的な党組織の再建は上級から順次点検する方法をとった。すなわち地方機関を点検し、下から構成し、これを県、地区とおこなっていく方法である。
⑦六全協後党活動は党内問題に忙殺されてたたかう共産党としてのいちじるしく欠けるところがあった。
興味深いのは②である。五一年綱領は「全党の意見がかなり反映されている。一方の側の中央委員の意見のみで作られたと考えるのはあやまりである」と述べている。のちの発言とは大きく食い違い、全党的所産であることを明言している。四全協から五全協に至る間に、主流派・反主流派が基本的に〈統一〉を回復したことを示唆している。

また、宮本は分裂問題に関する資料の件で、「分裂はたんに中央だけのことではなく全国にわたる問題であり、事実の確認を不正確、不公平にやるならば、事実の確認をめぐってまた一九五〇年当時のような混乱をまきおこすであろうことも考えられる」と述べている。分裂をめぐる事実経緯はきわめて複雑で微妙だった。それゆえ、事実を隠すつもりはないが、「中国共産党においても十年かかっている。これは党史に問題だからである。闘志を確立することは大事業である。だから慎重にやらなければならない」との姿勢を示した。「当時の資料は不充分で不正確なものが多く、その選定は非常に困難な問題である。早急に充分な検討なしにやることは賛成できなかった」と技術的な問題も指摘している。

この事実経過解明問題に関して、元全学連書記局細胞からつぎのような批判が出た。「宮本同志の発言で、せっかちに一九五〇年当時のことを明らかにしようとすると混乱をくり返すといわれたが、これに多くの人が拍手した。これは不幸なことだ。四中総で到達した一応の結論の上にたって歴史的事実をさらけ出して検討する必要がある。「せっかちにやるなら」という条件つきでも歴史的な誤りを明らかにすることでどうして混乱がおきると考えるのか」。これには港区小山町細胞から同調の声があがった。「事実問題の追求を「うしろむきだ」という美名にかくれて、明らかにすることをおこたっては党は前進しない」。三多摩小平細胞からも「党の分裂について事実を明らかにすべきだ。これは議論のための議論ではない。（中略）同志宮本は「事実をどのように確認するか〟問題だ」といっているが、過去は不明確というにはあまりにも明確な事実にぶつかってきたではないか」。教育大細胞は「学生の反帝闘争を弾圧したのは党ではないか。その連中はいまでも自分の地位にしがみついている。党の責任者は自分の地位にしがみついていることが党の責任のとり方だといっている。こんな自己批判はどこにあるか」と訴えた。

宮本はこうした意見にも返答しているが、基本的に資料提出には消極的であり、つぎのような立場から動こうとはしなかった。

いま党内にはっきりいって二つの傾向がある。一つは、昔の問題をすべてすっきり明らかにしなければ前進できないという立場、もう一つは昔の問題をあきらかにしなければならないが、六全協においてある程度あきらかにした。われわれは現状においてたたかえるし、またたたかわなければならないのである。過去の問題もこのなかであきらかにする。これが闘争と結合した党建設の方向である。中央委員会がとっている立場は後者である。この立場は国際的にも正しいと必ず評価されると思います。われわれは決して事実をおそれない。団結を保持してすすむならば、党の歴史として必ずあきらかにされるときがくる。

これに対しては葛飾区から「宮本同志は二つのコースがあるというが、この問題のたてかたはまちがっている。過去をあきらかにし、当面の闘争に同時にとりくまなければSの闘いはすすまないのだ」との本質的な認識に関する反論があがった。

宮本批判は三日目も見られた。品川区からは「宮本同志の言葉のなかに後むき、前むきの言葉があったが納得できない。われわれは自己の誤りについては卒直に自己批判してきたが、中央の同志はなぜここの責任についてあきらかにできないか。自分の誤りの事実をみずから全党に示すことは、指導者としての責任だ。今後あきらかにすべきものは残してもあきらかになったものはすぐ全党に示してほしい」「同志宮本は、事実のせんさくを後向きにしている傾向があると指摘した。大衆闘争を放棄して党内闘争に没頭するのは誤りだ。しかし真剣な党内闘争を後向き、前向きなどといって抑えるのこそ偏向である」との声が上がる。ある評議員は「われわれの間には一方では調査することによって問題をあきらかにしようとするものと、一方では隠ぺイしようとする二つの傾向があらわれている。事実を隠ぺイすることは党を誤らせるものである」と党中央の隠蔽体質を非難した。

党内状況を二項対立的にとらえる宮本発言への反論は止まなかった。西部から「宮本同志はこの会議の意見のなかに原則上の点で対立があるように云ったが、細胞は「事実だ」「大衆闘争だ」というふうに誰も考えてはいない。われわれが事実を明らかにしろということと、大衆闘争をすすめることと、原則上の対立があって原則上の誤りを冒しているようにいわれるから一歩もひけなくなるんだ。宮本同志にあの発言を撤回するか、弁明してほしい」との発言には、武井昭夫がすかさず賛意を表明し、「宮本同志の云った二つのわけ方を解消しなければならない。われわれが過去のあやまりを明らかにしろというのは、それなしに党が団結できないからだ」と訴えた。

古参党員の岩田英一（敗戦後、所有していた代々木の土地・建物を共産党に寄付、一九六一年離党）からも宮本批判はあがる。「宮本同志は「二つの傾向」といったがそれはまちがいだ。また中国でも「若干の歴史問題に関する決議」が十年かかったのだから、日本でも長い時間が必要だと云うのは機械的である。また当時の関係者がいないというが、亡くなったのは徳田同志だけで、伊藤律は査問においてしゃべったから材料はある筈だ」。東大細胞も、「いわゆる

「二つの傾向」のほかにもう一つの傾向がある。それは「無内容な自己批判をくり返し口先だけで大衆闘争を強調し、理論的な掘りさげを怠り、過去の政治責任をとらず、下部からの批判を封殺する傾向」である。宮本同志がこの傾向に気づかず一面的に「二つの傾向」を強調するならば、この傾向を助長するだろう」と批判した。おそらく東大細胞が指摘した第三の傾向が最悪だっただろう。港区委員会からも「議長団が最初「二つの傾向」というようにわけたが、この間ちがいはほぼ明らかになった。今の自己批判の問題も二つの対立した流れがあるかのように採決という形にもちこむのに反対する。いままでの討議でみんなが一致して満足できる決議をすべきだ」との声が出た。

数多くの批判に対して、宮本は「事実として現在、大衆活動が全国的にやられていない。これは全党のあきらかな傾向である。こういう傾向は中央が自己批判をしないからだというが、中央は六全協後全国的に会議をひらき、卒先して自己批判を展開している」と釈明した。参院選の野坂擁立についても異論が多かった（結果的に満場一致で承認）。

一都協の結果とその後

会議の凄絶で混乱した状況は「第一回東京都協議会議事録」にも反映し、冒頭で「一都協の議事運営は必ずしも、成功したとはいえない」「一部に一都協は混乱にだけ終始したとの印象さえ与えた」と率直に記しているが、その一方でつぎのようにも評価していた。

この協議会は一般党員の下からのイニシアチヴが強力にしめされたことで、まさに画期的な会議であつた。（中略）党再建いらい、こんなに強力なイニシアチヴが下から示されたことは、いまだかつてなかつた。場合によつては、それは「突き上げ」とさえ評価する人もあるくらいであるが、しかしこんごの党運営は、このイニシアチヴ〔を〕無視してはできないし、このイニシアチヴをどう正しく発展させるかで、党の成長の程度がきまる。この下からのイニシアチヴこそ、こんごの党発展の基礎である。

まさに〈下からの六全協〉の観があったが、〈上からのベクトル〉も忘れていない。「会議の席上では、指導部の正しい上からのイニシアチヴが足りなかつた。新都委員会としては、こんごもつと強力な上からのイニシアチヴ、つまり指導性を発揮すべきであると考える」と、組織構造自体を抜本的にひっくり返すことは許されなかった。

党史編纂に向って

その後の動きを追ってみよう。一都協の中心テーマは「分裂と不団結について」であった。代議員たちは都党委員会・党中央委員会における徹底的な調査と分析、責任の明確化と処分を求めたが、そうした声は出されっぱなしではなく、具体的に着手されていった。

一九五六年三月一一日の第一回中部地区（文京）協議会では五一年綱領の政治的・理論的究明をめざす全党討議の開始を求める決議があがっている（「第一回東京都中部地区協議会の決議」8-0365）。四月二二・二六日には江東地区協議会が開催された（報告第二号「六全協後の党活動の総括と今後の方針」7-1026）。一都協では江東地区党も厳しく都党委員会・党中央委員会を批判したが、地区党は方針の一つに「江東における過去の党活動の経験の総括と研究」をあげた。目的は「南葛以来の革命的伝統がいかに今日にまで及んでいるか、また戦後一〇年間の党の活動はこれとどのようなかかわりをもち、これを如何に発展させているか。また一〇年間の党活動の失敗と成功の教訓」を明らかにすることにあり、そうした研究活動はマルクス・レーニン主義の理論と思想を「具体的に体得」することにもなり、実践的にも「今後の政策と戦術」に寄与するだろうと位置づけられた。

戦前の渡辺政之輔・川合義虎らで知られる戦闘的労働組合「南葛労働協会」の伝統を意識した視点であり、一部で作業は着手され、「労働者としての生いたちと成長」を文章化している党員もいたという。正史としての日本共産党史に、一党員としての自分史を対峙させる姿勢である。その延長が「江東地区党史編サン委員会」の設置提案であった。この仕事はかなりの時間と広汎な人びとの協力と相当の計画性と実務を要求されるので、この点をよく考慮して人選する。責任者は地区委員会の同志が選ばれるようにし、連絡場所は地区事務所におく。約六ヵ月間を第一期として、第一期のおわりに、概略をのべた「略史」を出版する。

党史編纂については、六全協後に渡部義通がその緊急性を野坂・宮本・紺野らに提唱していたことが注目されるだろう。党中央からは党史編纂ではなく『日本革命運動史』編集をという回答があり、責任者は紺野、編集は渡部とされた。[*9] 編集過程で『日本社会運動史年表』『日本社会主義文献解説』(ともに大月書店)が刊行されるが、結果的に渡部は『日本革命運動史』編集から手を引き、①党史資料委員会の再編・確立、②党史編纂に備えた資料の収集・整理・研究の緊急性について、一九五六年八月一五日付で水野津太と連名で第八回中央委員会に提出している。[*10] その後、『日本革命運動史』編集が打ち切られ、幻に終わった経緯については黒川『戦争・革命の東アジアと日本のコミュニスト』が詳述しており、『日本革命運動史』の目次も紹介されている(二七一―二七五頁)。

第3節　犠牲者と党中央

メーデー事件

第四章でみたように、分裂期に党員が体験した悲劇は大きい。ひるがえって一九五二年五月一日の「血のメーデー事件」を再検討してみよう。明治神宮外苑で開催された第二三回中央メーデーの参加者の一部が、デモ行進の解散場所である日比谷公園から、皇居前広場(人民広場)に入り込み、二重橋付近で警官隊と衝突した事件である。

講和条約発効後最初のメーデーは高揚し、演壇は主導権をめぐって荒れ、「民族的英雄徳田球一」と大書したプラカードなどが波打った。[*11] 当日の様子については多くの証言があるが、作家の阿部知二は雑誌『世界』の依頼で神宮外苑に赴き、次いで先回りして日比谷公園の音楽堂でデモ隊の到着を待っていた。やってきた学生たちの「堰きとめ得ない波濤のごとき」デモに多くの市民が拍手を送った。阿部は人民広場に入れず、「もうもうとまき起こる砂煙をはるかに見ながら」引き上げざるをえなかったが、「その夕刻からのラジオや大新聞の群が描き上げたところの暴徒の図面と、私が見た青年たちの面影とは、どうしても合致しな」かったという。阿部は学生群に中国の五四運動、インドの反英運動を見た（阿部知二「遺憾という意味」高見順編『目撃者の証言』青銅社、一九五二年）。

人民広場は戦後一貫してメーデー会場であった。一九五〇年までメーデー会場として使用され、一九五一年は占領軍の命令で使用禁止となり（芝公園で開催）、一九五二年は吉田政府によって使用が禁ぜられた。これに対して、会場使用を申請した総評（日本労働組合総評議会）が使用不許可は憲法違反であると東京地方裁判所に訴え、サンフランシスコ講和条約が発効した四月二八日に東京地裁は訴えを認める判決を出す。しかし、政府は地裁判決を不服として控訴したため、メーデー当日、参加者の不満と怒りは高まり、人民広場へ抗議のデモ行進をした。そこへ警視庁の警官隊が弾圧を加え、ガス弾七三発以上、ピストル七〇発以上が発射された。その結果、高橋正夫（都職労）・近藤巨士（法政大生）の二名が死亡し、千数百名が重軽傷を負い、逮捕者一二三〇名、うち二六一名が騒擾罪として起訴された。五月下旬から七月にかけて、東京拘置所はメーデー被告で溢れた。

メーデー事件の経緯、その後一四年間に及んだ裁判闘争については、岡本光雄『メーデー裁判』（メーデー事件被告団、一九五八年）、メーデー事件被告団編『奪われた広場　メーデー事件被告と家族の歩んだ14年』（労働旬報社、一九六六年）が詳しい。メーデー事件の背景には、講和条約発効後の大衆運動弾圧法として国会に提出されていた「破壊活動防止法」（破防法）を成立させようという企図があり、事件は仕組まれたものであったことが公判で明らかになった。ただし、事件直前に「われわれは武装の準備と行動を開始しなければならない」「中核自衛隊の組織と戦術」

などの軍事文書が流布され、『日本週報』などの雑誌に掲載されたり、駅の売店などで販売されたりしていたという。[*12]

学生の声

メーデー事件で多くの学生が逮捕された。東京大学・早稲田大学・中央大学・東京外語大学・東京芸術大学・法政大学、青山高校・千歳高校・慈恵高校・朝鮮高校などである。ある東大生は恩師宛書簡の中で、「無抵抗では、殺されるより仕方がない。無抵抗のものにまで暴力をふるう奴らは、力によって打倒する以外にない」ことを学んだと述べ、つぎのような心境を語っている。[*13]

外国の野蛮な軍隊に帰ってもらうには、話し合いだけではすでに十分ではなくなっています。外国の軍隊をいたたまれなくするのは、組織された抵抗の力だと私は考えます。（中略）私もむろん暴力はいやですし暴力をにくみます。けれども、それだからと云って私は現在公然と、合法的あるいは非合法的に行われているもろもろの暴力、資本主義的サク取、ファッショ政治、植民地支配、侵略戦争を根絶するために、のんびりと「話し合う」だけで私の良心を休めようとは思わないのです。多くの人たちが殺されてゆくのを、よそ目に見てはいられないのです。

共産党が極左冒険主義路線をとっていた時期の学生が抱いたひとつの暴力論であろう。これとは真逆の見方もあった。被告の友人に宛てた別の東大生の書簡である。[*14]

小生はメーデーとか他のデモ行進とかは、日本の現状においては単なる労働者の啓蒙とデモンストレーションの域を出るべきではなく又出で得ないものと思って居ります。その事から、何故あの場合、指定された神宮外苑だけで事をすます事が出来なかったのだろうか、何故鉄棒を入れた竹竿その他の凶器（？）を持たざるを得なかっただろうか、動機が単に興奮した反米意識の爆発ばかりでないとしたなら何故自動車を焼き打ちにしなければならなかったのだろうか等の疑問が心に浮びます。
彼がとりあげている「鉄棒を入れた竹竿その他の凶器」については確たる証拠がないが[*15]、暴力をめぐる疑問が出されていることが重要である。

小説「附和随行」論争

一九五五年一〇月二四日に「メーデー事件被告・家族と共産党との懇談会」が開催されている（『アカハタ』一〇月三一日付「人間らしい配慮を」）。党中央の野坂参三・松本三益・長谷川浩が、自由法曹団の石島泰・上田誠吉・松本善明・小沢茂、日本国民救援会副会長難波英夫らと出席し、参会者は一三〇名をこえた。懇談会について見る前に、この年春のある出来事について述べよう。『新日本文学』二月号に永松習次郎「附和随行」が載った。主人公の中学教師が同僚に誘われて中央メーデー集会に参加し、皇居前広場の争闘に巻き込まれ起訴されたことで、謹慎処分にあい、職場や組合での孤立に苦悩するというストーリーである。「附和随行」とは「騒擾附和随行」という罪名からきている。

この作品が『新日本文学』四月号「読者通信」で批判される。メーデー事件被告団団長の岡本光雄（全国被告団体協議会議長）は、永松は被告をめぐる周囲の心理状態を曲げて表現している、「生活と権利をふみにじられている総ての国民の中に口では言えなくても、行動では容易に表わせなくても、圧迫階級への深い怒りと憎しみを通じて、闘う仲間への深い思いやりと愛情が生れて来ているのだと云うことを正しく見なければ間違いだと思います」と怒りに満ちた感想を寄せている（一六三―一六四頁）。難波英夫も、「憤りに近い不満」を覚え、「連帯精神」「共感」が欠如して「共通の敵に対する怒り」が見られない、「希望」「心の糧」がもてないと批判した（一六五―一六六頁）。「附和随行」はそれほどまでに否定されねばならなかったのだろうか。『新日本文学』五月号「読者通信」のトーンは一転して変る。四月号の「附和随行」評は「主観的公式主義」「紋切型」「政治的押しつけ」ではないかと反論が寄せられ、メーデー参加者として、「敵に対する限りない憎悪を抱くと同時に、味方の大衆をしてみすみす敵の計画的な術中に陥らせた先進分子の主観的・無計画性の責任も無視されてはならない」といった問いかけも見られた（一六〇―一六一頁）。六月号の長谷川四郎「『新日本文学』の小説にかんする一会員の感想」も、「大へん重要なテーマをあつかつた作品」「決して迂回して通ることのできない問題」と「附和随行」を位置づけた。

永松にしてみると、思わぬ反響であった。六月の『隊商』第一六集に「「附和随行」について」を発表している。それによると、メーデー事件被告団事務局から「附和随行」がメーデー被告の憤激を買っているとの抗議文が来た。そこで事務局の若者と会って、「附和随行」が実際の体験をもとにして書いた作品ではなく、想像で書いたと伝え、迷惑をかけたことを謝罪したという。さらに新日本文学会の合評会にも顔を出した。当初、「どう考えてもそれほどの作品とは思えない」「買いかぶられているのではないか」「とにかく僕は自信がないのだ」と低姿勢だったが、合評会への参加から転調する。「ただその批評は公式的であるうらみがないではなかつた。昔のプロレタリヤ文学理論をどれだけぬけだしているかは、大へん疑問だと思つて僕は承つた」。

しかし、永松はメーデー事件対策委員会の批判に「テロ」「暴力」を感じたことで、低姿勢にもどる。「そのような「暴力」をなんで無名の一文学青年に向つて注がねばならぬのであろう」。永松が言いたかったことは、彼なりの「正義」だった。こう述べる（八五頁）。

ただ一つの「敵」というよりも、もつと多数の「敵」がわれわれ自身のなかに、善良の仮面をかぶつてひそんでいないかを反省してみたいと思つた。（中略）同じ職場の人間をも「敵」と「味方」に分れさせずにはおかないものの正体を衝きたいと思つたのだ。いや、人間を人間でなくする方向にはたらきかける今日のメカニズム機構に於て、われわれはいかに生きるかということが、僕の文学のささやかな願いだ。

「附和随行」をめぐる論争は、六全協直前における〈敵〉像の多元性を連想させ、興味深い。一九五五年夏を前にして、〈敵〉の姿は―ある意味で当然だが―複雑な形で見え隠れしていたのであり、その認識の対立は臨界点まで高まっていた。

『新日本文学』一二月号の窪川鶴次郎「創作方法と現実認識の問題―「附和随行」をめぐつて―」は、「附和随行」に関するほぼ完璧な批評だが、五月号「読者通信」がとりあげた党の指導問題についても窪川流につぎのように論じている（一六〇頁）。

神宮外苑のメーデー参加者を皇居前広場へどのようにして動員したか、ここでの集会がどのようにもたれたか、あのような事態を招くにいたつた経過はどんなであつたか。これらのことがいわゆる主体的責任において明らかにされねばならぬであろう。この事件の一切の被害はあくまで当局の残虐・非人道のファッショ的弾圧にあることは言うまでもないが、それだからと言つて主体にとつてのこの事件の意義を、敵の弾圧のなかにだけ求めることは、この事件の真の意義をゆがめることになるであろう。

これは六全協後ならではの批判であったとおもわれる。というのは六全協以前にみられた〈主体的責任〉論は異なる視点に立っていたからである。『新日本文学』一九五二年六月号の菊池章一「独立の証言―破防法案をめぐる一週間の記録―」はこう述べる。「要するに突入後のデモ隊全体の目的のあいまいさ、その全体としての非組織性に僕は事件の基本的な偶発性、その計画の欠如を認める」（一四三頁）。つまり、〈主体的責任〉の欠如によって事件はおこったのだから、責任能力不在の者に対して、事件を〝おこした〟主体的責任は問えない、責任はすべて弾圧者側が負わなければならない、という論理である。この論理が六全協後に転換することは次項で論じてみよう。

「メーデー事件被告・家族と共産党との懇談会」

六全協は「団規令その他による弾圧反対に関する決議」をあげたが、メーデー事件の位置づけは微妙だった。一九五五年九月四日に国民救援会難波英雄副会長・新日本歌人協会渡辺順三会長らがメーデー事件被告団慰労会を開くが、ある被告は「共産党は極左冒険主義を自己批判しても犠牲者のことは知らん顔だ、という職場の声に答えられなかった」と発言している。九月二九日の被告団班代表者会議は「極左冒険主義とメーデー事件」を集中討議し、「メーデー事件は独立と民主主義を要求する大衆的デモに対する弾圧であり、極左冒険主義によるものではないが、評価がすっきりしない背景にはその誤った方針の影響がある」とし、メーデー事件＝極左冒険主義との認識が強いことを指摘した。[*16]

こうした動きをふまえて、『アカハタ』一〇月二〇日付は第三回中央委員会総会（一〇月一三日）採択「弾圧犠牲者の救援にかんする決議」を掲載し、前述したように二四日に「メーデー事件被告・家族と共産党との懇談会」が開かれる。『アカハタ』記事によれば、被告団団長岡本光雄から公判の現状、被告団の近況が報告され、ついで野坂が共産党を代表して「メーデー事件の犠牲者は、犬死でない。犠牲は大きかったが、決してむだではない」と述べたうえで、「共産党としてはその指導力、組織力の点で反省すべきものがあった」と自己批判した。その後、被告や労組員からつぎのような共産党批判の声が相次いだ。

「共産党は勝手にさわいで、大衆団体に被害をあたえ、あまつさえ尻ぬぐいをさせる」「メーデー被告だというだけで、世間からは党員あつかいだ。メーデー事件の奮闘談をする党員に、証人になってくれとたのむと、細胞の決議でなれないという」「事件前まで始終きていた共産党員が、事件後とたんにこなくなり、町であうと知らぬ顔をしたと被告の家族がいう。（中略）世界史的な事件だと評価しながらその事件の被告や家族にたいし共産党は中央も末端も現実にはなんの援助もしなかった」

「杉並職安だが五二年メーデーに共産党は公然と参加できなかった。東京土建に入って参加した。杉並支部の幹部三名組合員二名が逮捕されるや、党員はみんな逃げた」

「メーデー事件は敵の挑発だというが、それだけではどうしても釈然とできない」「党中央は自己批判をすればすむが、ついていった者がおきざりにされる。これでは危くてたよれない。もっと党員の生活を考え、めんどうをみる必要があるのではないか。人間らしい配慮が第一ではないか。それができねば革命など問題にならない」

「火えんびん事件の被告に今夜の会を話したら、大義名分の立つメーデー事件がうらやましいといい、おれの事件の被告の会をひらいても、野坂さんはきてくれぬだろうとしみじみ語った。こういう被告のいることを忘れないでほしい」「メーデー事件の証人に立つなということが、細胞の決議だとか、党機関の方針だとかいってつたえられる。一律にはいかぬだろうが原則的な誤りでないかと思う」。

こうした意見に関して、石島弁護人から「党機関の引きぬきにより被告団班組織がつぶれ、出廷被告や傍聴人が減少し、あるいは共産党員の証人拒否など、共産党中央に明らかに公判闘争軽視の誤りがあった」との指摘もあった。

日本共産党とメーデー事件

一九五五年一〇月の懇談会まで共産党はメーデー事件に対してどういう姿勢をとってきただろう。事件直後の一九五二年五月二〇日に国民救援会と舞台芸術家組合の共催で「メーデー記念の夕」が開かれ、約五〇〇〇名がつめかけている。遺族をはじめ各団体からの挨拶があり、編集中のメーデー記録映画も上映された。音声はなく画像だけだったが、参会者はスクリーンに映るデモ隊の行進に合わせて「ワッショイ、ワッショイ」のかけ声をかけ、人民広場での衝突の場面では「場内には革命歌がおこり、歓声があがり、手拍子、足ぶみがとどろいて、大衆の意気はますますたかまっ」たという（『アカハタ』五月二四日付「忘れるな5月1日」）。翌二一日に共産党は各地方・府県宛通達「第一、

○四九号　人民広場血のメーデー犠牲者救援カンパを組織せよ」（4-1269）を出し、犠牲者を「民族の英雄」と称賛し、「愛国の行動」と高く評価した。同年七月号の『前衛』には鎌倉定夫「平和擁護闘争の一大発展のために」が載る。鎌倉は「メーデー事件は、民族解放民主革命へと進む国民の闘いのノロシをあげた」と論じ（見出しは「五・一闘争は革命へのノロシである」）、五月三日のロンドン・メーデー集会でイギリス共産党書記長が「東京の英雄的労働者に光栄あれ」と叫び、フランス共産党機関紙『ユマニテ』（五月三日付に写真入りで報道）は「今日のアジアの政治における決定的な要素の一つ」「正当な抗議」「平和を守るための抗議」と評価したと紹介した。

その後メーデー事件が問題となるのは、一九五六年五月二九日の「メーデー事件四周年記念講演と映画の夕」である。宮本顕治が挨拶をし、総評の正式代表としてはじめて東京地評事務局長芳賀民重が出席した。同年一二月七日のメーデー裁判初の統一公判には、党の公判闘争対策委員会責任書記木村三郎が総評放棄対策部長神鳥日吉らと傍聴している。一九五七年四月には東京都委員会がメーデー事件ほかの各弾圧犠牲者に対し全党員一ヵ月一〇円の救援カンパを決めている（東京都委員会財政部「財政報告」8-0643）。

次いで一九五七年一〇月にメーデー事件が問題となる。一〇月一二日付各紙はメーデー事件が共産党都委員会の指令だったという治安当局談を報じた（『朝日新聞』「〝メーデー事件は日共が指令〟治安当局発表」、『読売新聞』「政界メモ」、『毎日新聞』「メーデー事件日共幹部追求さる　治安当局が発表」）。報道によれば、八月七・八日に開催された被告団全国グループ会議において、都委員会代表から「平穏に進めようとする実行委員会の方針をふみにじって、都委員会の指令で皇居前広場を占拠したものだが、その責任はどうするのか」との発言があり、それに対して志賀義雄が「なぜ党中央の了解なしにこのような発表をするのか、都委員会といえども許されない」と発言を批判し、「党内の機密はあくまで守って公判に支障を来たさないよう防衛上注意してもらいたい」と述べたという。

これに対して、都委員会は一五日にメーデー事件は「現在までまちまちな評価がおこなわれ（中略）正しく統一されていない」が、「基本的評価」で一致したと述べ、つぎのような「評価」を発表した（『アカハタ』一〇月一八日付「被告を陥れ、党を傷つける」）。

①皇居前広場の使用を禁じられた情況下、「メーデー参加者のあいだには強い不満と憤激がわきたっていた」。

②「メーデー実行委員会は実際には大衆が広場に入るように指導はしなかったが、この不満と憤激が広場に向って行進するという当然な行動を大衆におこさせた」。

③「そういう行動を予知していた官憲はその行動を阻止する方針をとらず、むしろ大衆を他の繁華な市街地に向わせないように配慮して広場へ誘導する方針をあらかじめ決定していた」。

④「大衆の憤激、官憲の誘導によって数万の大衆は現実に秩序性然と広場に行進した」。

⑤「広場から平和的に退散しようとしていたとき、まさにそのとき、突然官憲の武装襲撃をうけた」。

⑥「その後の大衆の行動は何らの統一的指導をうけない自然発生的なものであ」り、「互いに身体を寄せあい、同志をかばいあい、勇敢にひたすら防御のために闘った（中略）それはプロレタリアートの不屈な闘争心、階級的連帯心、下いわと独立にたいするゆるぎない確信をしめす英雄的行動であった」。

⑦それゆえ、「「血のメーデー」を日本プロレタリアートの偉大な英雄的闘いと評価した海外論調は全く正当であったし、メーデー事件は日本労働者階級の記憶に永久にのこるべき輝かしい大衆の闘いである」。

⑧メーデー事件は「極左的行動」ではなく、「米帝国主義者と国内の保守反動勢力による日本の従属化と戦争の脅威に対する、労働者の憤激と正しい大衆的抗議であった」。

⑨しかし、「その後、この英雄的な闘争が内外から大きく賞賛されるや、この賞賛をあたかも、最初から、共産党の計画であったかのように宣伝するものもあり、また、この闘争が決して軍事的行動でなかったにもかかわらず、これを軍事的行動の典型であるかのごとく宣伝するものがあった」。

⑩「これらの宣伝は誤り」であったが、都委員会は批判しなかった。これは「自己批判」すべきものである。総括するならば、大衆的不満・憤激と周到に準備された弾圧計画により、「自然発生的」におこったメーデー事件は、「英雄」性が過剰に賞賛されることで、「軍事的行動の典型」と位置づけられ、都委員会もその評価を受容してしまったということであった。[*17]

このような経緯をふまえて、一〇月二七日に被告団総会（再建総会）が開かれ、共産党中央委員会・都委員会宛につぎの三点からなる要請書を提出した。

一、メーデー事件の階級的真実と歴史的意義についての共産党の統一的見解の発表。

二、共産党が集会の権利を守る闘いの方針を明確にし、この闘いを一そう強化し、一日も早く人民広場を人民の手にとりもどすために奮闘すること。

三、当面の公判闘争のために、①欠席がちな被告党員が出廷できる条件をつくること。②証人の用意について努力すること。③党機関紙誌でメーデー事件公判闘争についての宣伝を強化すること。④公判費用カンパ運動への協力を強化すること。

この要請に対して、中央委員会書記局・都委員会常任委員会は一二月一〇日に「メーデー事件とその公判闘争について」を発表（『アカハタ』翌日付掲載）し、具体的な対応策を明らかにした。

意識と行動

メーデー事件は、一九五八年の第七回党大会に向けた議論のなかにも登場する。北海道地方委員の一人はこう述べている（後藤鉄治「日米体制の打破と戦術との関連」『団結と前進』別冊前衛、第1集、一九五七年）。講和条約発効により、大衆の間に「講和したのだから自由は拡大された。以前には要求できないことも今度はできる」といった「幻想」が生まれた。それが「新たな闘争意欲」を醸成し、「血のメーデーにおける労働者大衆の行動は国民の多くの部分が支持した」。参加者は「誇り」を持った。「その後のいわゆる火焔ビン的闘争とは異質のものであり、党の冒険主義的闘争指導や敵側の挑発からおこったものではない。それは米帝とその手先に直接むけられた民族のいきどおりであった」。しかし、事態は誤った方向へ進んでいった。彼の結論は以下のようなものであった。

当時採用されていた軍事方針に大きくわざわいされて、メーデーにおける大衆の意識の変化や昂揚の過程をみるよりは、階級間の激突のさいの尖鋭な闘争形態のみを追った。「大衆は武装蜂起をおそれていない。すでに軍事的行動はおこっている」というような独断的判断にたって、極左的戦術が一般化した。もろもろの大衆的でない尖鋭な闘争形態のみを評価した。しかし、このときはすでに大衆は支持どころか離れつつあった。メーデー破防法反対闘争を境として党は大衆から孤立しつつあったのである。

この指摘は重要だろう。しかし、「大衆の意識の変化や昂揚」と「階級間の激突のさいの尖鋭な闘争」を峻別することは容易だっただろうか。困難なことではなかっただろうか。「武装蜂起」「軍事的行動」を見極めることはあの時代に限らず、それほど単純明快なことではなかろう。歴史的瞬間に身を置いた〈大衆〉や〈階級〉はどのような意識と行動を選ぶだろうか。高校生党員だったある参加者はつぎのように述懐している[*18]。

その頃の集会という集会はすべてまともに終ったためしはなく、集った人々は必ず何かを期待し、行きつく所まで行かなくては満足して帰らなかった。必ず騒ぎが起り、警戒に当る予備隊と衝突を起したが、まだ決定的な暴力的衝突が起らず、何か不満足なしこりを心に持ったまま、人々は散会した。その日のメーデーの行進は、そのような気持の集中的で度はずれに大きく満足すべきものであった。興奮した快感が途中で切断し、はぐらかされた後の虚ろな不満を、今日こそ味わなくてすむ、最後のエクスタシーをものに出来るといった感動に満ちており――激昂した群衆などというものでなく――一路到達点まで驀進したのだ。

終章　「六全協」の世界

第1節　上書きされる六全協

第四・五回中央委員会総会

六全協から半年が経過した一九五六年一月二八・二九日、第四回中央委員会総会が開かれ、「党の統一と団結のための歴史上の教訓として」（『アカハタ』二月四日付）が採択された。この決議は一九五〇年一月のコミンフォルム批判以前に、「米日反動の攻勢がつよまり、闘いが困難になるにつれ、戦略の不明確さは党内にさまざまな矛盾を発生させ、平和革命の再検討の気運もおこり、大衆運動の指導方針をめぐる対立と論争も生じていた」と整理し、分裂過程を跡付けている。重要な点は、一九五一年一〇月の五全協における「正しい綱領」＝新綱領（五一年綱領）の採択によって、「党の統一の政治的土台が確立され、ある程度党の統一もすすんだ」と総括していることである。ただし、その一方で、極左冒険主義戦術の採択、非公然体制下の不正常な状態、個人中心的な家父長的な指導、総点検運動など、一九五五年夏の六全協までさまざまな誤りが継続したとも述べている。決議は「今後、個人の権威による指導でなく、集団指導を貫徹し、集団的な知恵と経験を尊重しなければならない」と結論づけているが、この時点ではソ連共産党第二〇回大会（二月一四―二五日）におけるスターリン批判の情報は入っていない次いで一九五六年三月六―八日に第五回中央委員会総会が開かれる。ここで「ソ同盟共産党第二十回大会について」が報告される（『アカハタ』三月二四日付）。しかし、スターリン批判に関しては、前述（第九章第3節）したように、「大会はマルクス・レーニン主義の光にてらして、党の上に個人をおく個人崇拝の残りかすを一掃する、はっきりした態度をとり、党と大衆の役割、党内集団指導の役割をあきらかにした」という表現にとどまった。その一方で、六全協が「極左冒険主義を克服し、家父長的個人主義を排した」ことを強調している。

スターリン批判に関する報道・論説は一般誌紙が先行し[*1]、『アカハタ』が追う。三月三〇日付に「個人崇拝はマルクス・レーニン主義と無縁　プラウダ論評」、同三一日付に長文の「なぜ個人崇拝はマルクス＝レーニン主義の精神と無縁か　プラウダ紙無署名論文」が発表される（四月一〇日付に補足）。四月七日付には中共中央委員会政治局拡大会議の討議に基く人民日報編集部「プロレタリアート独裁に関する歴史的経験について」が載る。これは「社会主義社会には矛盾なんかもうないと考えるのは単純すぎる。矛盾の存在を否定することは弁証法を否定することである」と述べ、スターリンの全面否定は間違っており、「分析的な態度」をとらねばならぬと諭している。のちの中共の文化大革命、毛沢東評価（「功績第一、誤り第二」）を考える時、重要な論文である（一二月三〇日付に編集部論文「ふたたびプロレタリアート独裁にかんする歴史的経験について」が載る）。

さらに四月九日付に『プラウダ』論文（五日付）「共産党はレーニン主義にたいする忠実さによって勝利して来たしまた勝利しつつある」、翌一〇日付に『恒久平和と人民民主主義のために』論文（三月三〇日号）「ソ同盟共産党第二〇回大会の諸決議にてらした党の宣伝について」が発表される。一九日付に主張「ソ同盟共産党二十回大会の決議に学ぼう―全党の学習運動として―」が載るが、スターリン批判ではなかった。二〇日付にはコミンフォルム解散を告げる「共産党・労働者党情報局の活動停止にかんするコミュニケ」が載り、「時機にかなった適切なもの」という常任幹部会声明（一九日付）を出す。その記事のすぐ下には『プラウダ』無署名論文（一八日付）「重要な決定」があり、コミンフォルム解散は各国共産党の「相互接触の形態を創造的に完成しようとしていること」を示すものであると見える。同二六日付には『恒久平和と人民民主主義のために』最終号（四月一七日付）の「国際共産主義運動のいっそうの発展と強化のために」が載った。

第六・七回中央委員会総会

この間の四月一六日から二七日の長期にわたって開かれたのが、第六回中央委員会総会である。第一書記野坂が政治報告「最近の情勢とわが党の任務」を行っている。報告で興味深い点は二つある。一つは冒頭でソ連共産党第二〇回大会をとりあげているものの、スターリン批判についてはまったく触れていない点である。スターリン批判の内実が六月にならないと入ってこなかったこともあるだろうが、二月以降の情報さえも整理していない。もう一つは党問題である。「党の過去のあやまりや一九五〇年の党の分裂の問題についてこれまでの党の解決や発表に不満足であるということから、それらが満足のゆくように説明され、解決されないかぎり、前進できないという考えがある」と指摘して、「それが一挙に理想的にできると考えたり、また、それをただちにおこなわなくては何事も前進できないと考えることは正しくない」と宮本と同様、クギをさしている。さらに「党内問題だけの論議を脱しない傾向」「党内問題についての批判と自己批判に一面的に没頭する傾向」があるが、それは「党内民主主義のはきちがいや打撃本位の批判態度」につながり、「主体的な責任の無視」「建設的な実際に役立つ原則的な批判と自己批判ではない」と否定した。六全協後の現状を野坂はこう表現した。「共産党も生き動くものである」。

第五章第3節でも述べたが、一カ月後の六月二八―三〇日に開催された第七回中央委員会総会は六全協路線を修正する重要決議「独立民主主義のための解放闘争途上の若干の問題について」（『アカハタ』七月二日付）を採択する。決議はソ連共産党第二〇回大会が「社会主義への移行の多様な形態、および一連の資本主義国での革命の平和的発展の可能性の問題」を提起したことをうけて、日本における革命運動の歴史をつぎのようにまとめている。

戦前は「議会を通じる革命の可能性はまったくとざされていた」。議会を通じた社会主義の主張は、「空想としてみじめな破産に終るほかはな」かった。戦後においても、「アメリカ占領軍を解放軍と規定し、国会を通じての革命の可能性を主張することは明らかに正しくなかった」。いわゆる平和革命論の否定である。では講和条約締結後の独立日本においてはどうか。「民主的党派が国会で多数をしめることが可能であろうか、われわれは可能であると考える」「独立、平和、民主主義のための政府を、内戦をともなわず勝利的にうちたてる可能性」はあり、「社会主義への移行もまた平和的に可能」である。この認識は六全協決議を継承しているが、六全協で全面的に正しいとされた五一年綱領の「日本の解放と民主的変革を、平和の手段によって達成しうると考えるのはまちがい」という部分は、「あきらかに今日の事態に適合しない」と判断された。つまり新綱領否定のターニングポイントは、一九五六年夏であり、第七回大会の総括を経て、最終的に一九六一年の第八回大会で新綱領は廃棄される。

スターリンの生前に作られた五一年綱領は、スターリン死後の六全協においても正統性が確認されていた。七中総決議は明らかにソ連共産党第二〇回大会を画期とするスターリン批判の影響＝〈解禁〉であっただろう。

党創立三四周年記念党員集会

このように六全協後も生き抜いた新綱領の軍事主義は、一九五六年六月の七中総で否定された。さらに翌月の党創立三四周年記念党員集会における記念講演（『アカハタ』一九五六年七月二五―二八日付「共産主義の不滅の旗の下に（一―四）」）で宮本顕治は、七中総は内外の情勢を検討した結果、「議会を通じて革命をなし得る可能性」を問題提起したと訴えている。講演は七中総決議を受けて、非平和的（暴力）革命に関する宮本のリアリズムがつぎのように刻印されている。「日本帝国主義の敗北前の時期に、議会を通じて平和的に革命を行う可能性がなかったことは明白です。（中略）可能性を説くことは、大衆に主観的幻想をおしつけるものでありました」「戦後アメリカの軍政下においても、議会を通じての革命の可能性がなかったことは、事実が示しております」「〔講和条約後〕国会に独立と平和、民主主義の勢力を多数おくり、議会を人民の意志の道具にかえる可能性があります」。こうした革命リアリズムがあったればこそ、逆にコミンフォルム批判の際に、宮本は平和革命論を否定する〈国際派〉としての立場を堅持しえたのである。

なお、ソ連共産党の六月決議について、『前衛』一九五六年九月号に米原昶（中央委員候補）が「スターリン批判とわれわれの態度―六全協一周年にあたって―」を発表する。米原はスターリンの個人崇拝は社会主義体制に必然ではなく、逆に社会主義体制によってこそ克服できると述べ、すでに日本共産党は六全協で徳田の個人崇拝の解決に取り組んだと論じた。しかし、スターリン崇拝が社会主義体制の中から生まれてきたこと、社会主義体制ぬきには生まれなかったことは言うまでもない。米原の認識はあまりに純朴すぎた。

米原は個人崇拝問題では日本共産党はソ連共産党に先駆けていると自負したが、党内には承服しない動きもあった。すでに『前衛』一九五六年八月号「意見と討論」欄に、ソ連共産党第二〇回大会に関して商業新聞・雑誌が論議しているのに、「おひざもとの共産党で、『プラウダ』や『人民日報』の社説だけのせたのでは責任のがれといわれても仕方がない」「われわれのあいだに偉大な影響をあたえてきたスターリンにたいして、まじめな批判がないのを残念に思います」という声があったが、一九五六年一〇月号「意見と討論」欄「ソ同盟共産党二〇回大会の受けとり方について」も討論が「不徹底」ではないかと述べ、「多くの大衆の感覚」に近い意見を提出している。それは従来の議論が「下部党員や大衆の考えをまとめあげる方向でなく、それと切り離されて上部でなされてい」たことへの不満だった。なぜ党員やシンパの議論を反映させて、「投書の山」を築かないのか、「とにかく「アカハタ」「前衛」はもっと大たんに、ソ同盟共産党大会にかんする意見を掲載すべき」と述べ、コミンフォルム批判の再検討を要求し、党中央の「反民主主義的傾向」も指摘した。[*2]

第2節　新しい綱領への道

第八回中央委員会総会

一九五六年九月一〇―一二日、第八回中央委員会総会が開かれた。八中総は二つの点で重要である。一つは第七回党大会の一九五七年開催（五八年に延期）を決めたこと。もう一つは「志田問題についての決定」と「椎野悦朗同志にたいする決定」である。すでに四月の六中総において年頭来失踪中の志田を常任幹部会委員および書記局員の任務から解いていたが（『アカハタ』六月六日付「志田重男同志についての発表」）、八中総で志田の中央委員を罷免し、党員としての権利と義務を自ら放棄したとみなし、一切の党員資格を剥奪した（九月一二日付「志田問題について」、『アカハタ』九月一八日付掲載）。「志田問題について」で留意すべき点は、「志田君は、六全協の準備に積極的に参加した。その際、彼と他の同志との間に重要な意見の相違は見られなかった」という一節である。志田が公的に復帰するのは、一九五五年八月一一日の「六全協記念政策発表大演説会」であるから、水面下で志田と共同歩調をとっていたことは、この文章からも明らかである。

処分に対する志田自身の言葉が残っている。「八中総の決議について」（一九五六年九月付）の「志田問題」である。[*3]志田は「処分は当然」と受け止めつつ、事実認定に誤りがあり、「根拠のない個人的デマ」が捏造されていると反論した。ただし、具体的には何も述べていない。「断乎として、志田を党から追放する決意が、同時に断乎として党を強化するすべての党員の決意となることが、志田問題の重要な教訓である」と語るのみである。[*4]

志田の六全協観

志田は公金横領や乱れた私生活が暴露されることを恐れて失踪したといわれているが、真相は不明である。だが、六全協後の党に不満を抱いていたことは明らかである。前述したように一九五六年七月に執筆した「日本における人民民主主義革命の独自の道（草案）」（前掲『志田重男遺稿集　第1集』）は、冒頭で「六全協後にわが党内に発生した特殊な情勢」についてふれ、「決議の精神とは明らかに反する」「重大な欠陥が存在」していると論じていた。この論文は志田の一般的なイメージとは異なる理論的作品であり、論点は多岐にわたるが、もっとも重要なのは「革命の方法と形態」であろう。志田失踪後の七中総決議「独立民主主義のための解放闘争途上の若干の問題について」は、暴力革命路線から平和革命路線への切り替えを採択していたが、志田はつぎのように反論する。議会闘争は「有力な武器」ではあるが、「革命の決定的瞬間において、反革命勢力が暴力をもって革命を弾圧するならば、当然これを暴力をもってこたえざるを得ない」「単純に革命が議会を通じて平和的に移行する可能性があるというのは無責任である。いわんや議会を基礎にして（第七回中委総の決議）革命を遂行できるなどとは、さらに無責任である」。

志田は五一年綱領に即した暴力革命論者だった。六全協を準備した志田と宮本は一九五四年中に策定が開始された六全協決議案、一九五五年の「一・一方針」における極左冒険主義批判、そして六全協まで同一歩調をとり、六全協決議が明示しているように、五一年綱領＝新綱領の暴力革命路線も共有していたのである。しかし、六全協後その可否をめぐって対立が生じる。一九五六年の四中総（一月）・五中総（三月）・六中総（四月）における平和革命路線を追求する議論は七中総（六月）に結実し、志田はそれに抵抗した。

ハンガリー事件の衝撃

これより先、一九五六年二月のスターリン批判は東ヨーロッパを揺るがし、六月にはポーランドでポズナン事件、一〇月にはハンガリー事件がおこる。ハンガリー事件に対して日本共産党は当初「反革命」と規定していたが、その後見直して、『日本共産党の六十年』で「あたらしく検討する必要」を提起したのち（一五二頁）、『日本共産党の六十五年』で「ソ連の軍事介入」（上、一五四頁）「反革命の策動とはいえない」（同）「干渉行為」（同、一五五頁）と位置づけた。ハンガリー事件については、小島亮『ハンガリー事件と日本—一九五六年思想史的考察—』（中公新書、一九八七年、新版：現代思潮新社、二〇〇三年）に学びたい。小島によれば、ハンガリー事件発生当初、党内に意見対立があったと蔵原惟人（中央委員）が述べている（『アカハタ』一九五六年一一月二九日付「ハンガリー事件について」）。「ソヴエトの出兵は正しくないというのと、プロレタリア国際主義の見地から当然であるというのと、好ましいことではないがやむをえない処置である」という三つの意見であった。小島は指導部内のこの三グループを分析しているが、『アカハタ』一九五六年一二月二一日付主張「社会主義諸国間の協力関係の発展」につぎのような興味深い一節がある。

ハンガリーの旧指導部がソ同盟の経験を機械的にまねる態度をとり、民族的特殊性をふかくつかまず、両国の協力関係においても国内の実情をかくして体裁をつくっていたことは、結果に於いてソヴエトの党と政府の判断をあやまらせて適当な援助をあたえる時期を失わせ、ハンガリー自身あの悲劇をまねく結果となった。

つまりこういうことである。東ヨーロッパにはスターリンを模した「小スターリン」が跋扈していた。ポーランドではポーランド統一労働者党初代書記長ボレスワフ・ビエルトであり、ハンガリーではハンガリー勤労者党（事件後、ハンガリー社会主義労働者党と改称）第一書記・ハンガリー人民共和国首相のラーコシ・マーチャーシュだった。勤労者党第一書記の地位はラーコシから、ゲレー・エルネー、カーダール・ヤーノシュへ移る。共和国首相の座はラーコシから、ナジ・イムレ、ゲレー・エルネー、ナジ・イムレ、ヘゲドゥシュ・アンドラーシュへと目まぐるしく移る。ハンガリー事件とはナジの復職と失脚のドラマであった。『アカハタ』主張は、①ラーコシ体制が「小スターリン体制」であったこと、②それが原因でソ連の判断があやまったこと、③その結果ハンガリー自身の手で悲劇的事件が引き起こされたことを説明し、いまや社会主義諸国「相互の友好協力関係の新しい段階」に入ったと論じた。この「新しい段階」とは、ハンガリー事件における「ソ同盟政府の断固とした政策と近隣社会主義諸国の協力」(『アカハタ』一一月七日付主張「大十月社会主義革命三十九周年を迎えて」)、すなわち「制限主権論」である。六八年の「プラハの春」をはじめ、一九九〇年前後の東欧革命にまで続く段階である。

主張は党内三グループの見解を統合した視点に立ち、事件の根本原因をハンガリーの「小スターリン体制」に求めることで、ソ連の責任を免罪している。蔵原論文はハンガリー事件をめぐる三つの意見を並置させていたが、主張は事件を時系列的にとらえている。その伏線は一一月五日付主張「帝国主義者のハンガリー干渉に反対する」および翌六日付主張「ハンガリー人民の勝利とプロレタリア国際主義」に見られた。五日付主張は①ハンガリー勤労者党・ハンガリー政府の政策には「重大な欠陥」があった、②ハンガリーの勤労者が国家機関から官僚主義をとりのぞき、生活向上と民主的権利を確保する要求を「下からの運動をやったことは、ただしい」、③「民主主義的な方法で、整然と解決する条件」はあったが、「一部の勢力が暴動的方法にうったえ」た、④その結果、「反革命の陰謀」に乗ぜられてしまった、と整理している。六日付主張はハンガリー事件の経過を述べている。

ハンガリー人民の正しい要求から始まった大衆運動に、大衆の不満を利用してこれを人民民主主義の廃止、資本主義復活の軌道にみちびこうとする反動分子の活動がいりまじり、帝国主義者の援助を受けた反革命分子がテロルを発展させて、ナジ政府を混乱におとしいれ、その行動を左右して反革命の完全な勝利にみちびこうとする重大な危険が生れるにいたったのである。

それゆえ、ソ連軍の軍事介入は「援助」であり、「崇高なプロレタリア国際主義のあらわれ」とされた。勝利したのは「反革命」ではなく、ソ連が容認した限りでの「ハンガリー人民」とソ連軍であった。

スターリン批判と党内民主主義

一九五六年一一月九―一一日に開かれた地方書記会議の常任幹部会総括文書（『アカハタ』一二月二八・三〇日付「十一月に開催された地方書記会議の報告と討議にもとづく総括的結語」）はハンガリー事件に関して、「いろいろ複雑な問題はあるが、いずれにしても社会主義社会のもとでは、どのような欠陥があったにせよ、その是正に武装暴動という手段は絶対に誤りである」と記している。この場合の「武装暴動」とはソ連の軍事介入のことではない。ソ連支配に抗したハンガリー人民の「暴動的方法」を指している。事件＝「暴動」という結論は早くも出ていたといえよう。会議終了直前にある地方党組織から出された「スターリン主義者を一掃せよ」との声に対して、つぎのような印象深い表現で応えている。「共産主義者をスターリン主義者と非スターリン主義者に分けることは正しくない」。

一九五六年末の『アカハタ』一二月二八日付主張「共産主義者の自由と規律」は、ハンガリー問題とスターリン問題をめぐって、「党内外のけじめを忘れて、党内問題を無原則的に党外にもちだした一部の自由主義的な分子が、重大な時には、いかに有害な作用をするか」という教訓を導き出している。この教訓は一九五七年一月九―一一日の全国地方・府県書記会議でも確認される。野坂は閉会の辞において、つぎのように述べている（『アカハタ』一九五七年一月二六日付「全国書記会議での開会のことば」）。「旧所感派」を代表する弁というより、主流派・反主流派双方の頂点部における〈妥協〉を正当化する辞だろう。

五〇年の分裂と党中央委員の追放から六全協までの数年間をふりかえってみよう。ある同志たちは、この時期における共産党は、あやまりだけをやってきたといっている。このような評価はまちがっていると私は考える。これは、具体的な事実を全面的に見ないで、あやまった面だけに目をむけて、歴史的事実をまげるものであり、結局は共産党の活動と党の存在を清算することに通ずる考えである。

「清算」という言葉は、紺野も全国地方・府県書記会議において、「思想的動揺の一つの大きな原因が、清算主義にあると考える」と使っている（『アカハタ』一九五七年一月二八日付「組織および機関紙活動の強化のために　全国書記会議での報告」）。ハンガリー事件と党批判は直結していた。また同じく全国地方・府県書記会議の結語で、宮本は「党活動への確信喪失」「党破壊的な活動」といった自由主義的傾向への警戒・克服を訴え、「一同志から「六全協までの数年間には誤りも成果もあった、ではいけない。平和と独立のために闘ったというが、あそこで主要な面は誤りにある」という発言があった。たしかに、極左冒険主義の戦術は、重要な中心的な誤りである。（中略）しかし、そうだからといって、その期間の活動は全分野にわたってすべて誤謬以外になかったとみることは正しくない」と、野坂と同様、〈妥協〉を正当化・正統化する認識に立っている（『アカハタ』一九五七年二月二日付「組織および機関紙活動の強化のための討議の結語（下）」）。

抑制される党内議論

六全協後の党中央は、一九五〇年代前半の混乱と破壊の時代に「あやまり」「誤謬」以外の建設的で前進的な側面を見出そうとしていた。明るいトーンであるが、もちろんこの時代を高く評価したからではない。この時代を云々することに早期にピリオドを打つためであった。すなわち、党内議論の抑制である。党中央の極めつけの発言は、『前衛』五七年三月号の志賀義雄「最近の情勢と日本共産党」であろう。志賀は「党中央の勧告も聞かずに、スターリン主義の批判とか新綱領の根本的否定とか六全協以前の党機関の忠実な同志にたいする打撃とかにおちいるものが出ています」（一四頁）と述べ、「民主集中制と規律をわすれる自由主義、作風上では大衆と活動をわすれる空論と過去の一切の成果を無視する虚無主義とおもいあがり」が横行し、それは理論的には「日本が従属国をまだ脱けでていないのにそれを軽視してすでに日本帝国主義が自主的にふるまっているかのような独断」（一五頁）だと非難した。ただし、スターリン再評価が国際的に見られるとして、「スターリン批判こそ共産主義者の第一級の任務だとさわぎたてた一部の人びとの立場ははなはだばつのわるいことになってきました」（一五頁）と述べ、スターリン贔屓をうかがわせている。

以後、自由主義的傾向は厳しく批判され（『アカハタ』一九五七年四月二日付「文芸時評（上）党内の自由主義的傾向について　近藤宏子」、同三日付「文芸時評（下）自由と自由主義　権威と権威主義に関連して　近藤宏子」）、とくに春日正一の『アカハタ』四月五日付「自由主義に反対し、正しい党内闘争を発展させよう」は、大沢久明・鈴木清・塩崎要祐の共著『農民運動の反省―日本革命の展望について―』（新興出版社、一九五六年）を「戦前、戦後における党活動の積極的な側面をほとんど無視して、一面的に清算主義的な結論をみちびきだしている有害なもの」であり、そのスターリン批判は「一面的な節度にかけた不適切なもの」と断罪した（のち「第五回東北地方党会議」において、大沢は自己批判）。同時期では東京都委員会『日本革命の新しい道』（大月書店）や政治問題研究会編『日本共産党綱領問題文献集』（上・中・下、青木書店）も自由主義・分散主義的だと批判された。

『団結と前進』（1）―再びの総括―

一九五七年九月末に第七回大会に向けて「日本共産党党章（草案）」が発表される（『アカハタ』九月二〇日付号外）。草案は、日本は「アメリカ帝国主義と、それに従属する同盟関係にある日本の独占資本」によって支配されており、「高度な資本主義国でありながら、アメリカ帝国主義になかば占領された事実上の従属国」であると規定し、革命の主敵はアメリカ帝国主義と日本独占資本の二つであり、革命の性格は国の完全独立、民主主義の徹底、売国的反動的独占資本支配の排除を主な任務とする「人民民主主義革命」であると特徴づけ、発達した独占資本主義国での反帝反独占民主主義革命の路線を明らかにした。

以後、連日『アカハタ』には党章をめぐる解説・質疑応答の記事が溢れ、『前衛』にも関連論文が掲載された。同時に党内論争のために『前衛』別冊として『団結と前進』全五集（一九五七年一〇月―一九五八年七月）が刊行され、計九四本の論説が公表される。『団結と前進』には多岐にわたる論点が見られるが、基本線は六全協の〈継続〉〈発展〉だった。野坂も「第六回全国協議会で十分でなかった点をもう一度総括して、第七回党大会では第六回全国協議会でやられなかった点、若干間違った点をただしながら、今度われわれとしては突っこんだ一〇年間の反省をやろうとしている」と述べていた。[*5]

そうした意図をもっとも鋭く論じたのが、「七回大会の中心問題」（第四集）を投稿した生田浩二である。生田は東大生にして東京都文京区地区委員、第七回大会には最年少の代議員として出席するが、のち離党し共産主義者同盟（ブント）に参加する（『生田夫妻追悼記念文集』同刊行会、一九六七年、参照）。離党後の言動は厳しく批判されているが、ここで注目したいのは、あくまでも生田の六全協論である。生田はこう論じている（一四二頁）。

六全協はたしかに画期的な転回点をかたちづくったものだったとはいえ、けっしてあれで自己批判がおわりだなどというものではなかったはずである。「極左冒険主義戦術」をはじめとした一連の政治方針の検討、党の統一をはじめとした党の組織的状況の点検にしても、いまから見ればあきらかに対症療法的な、応急処置の段階を多く出るものではなかった。六全協自己批判を出発点にして、自己批判を一層全面的に、一層深化させることこそ必要だったのである。

生田は別のところで、「大会は単なる勢揃い大会でもなければ、六全協以後二年半の党活動を総括する〝定期〟大会でもない（中略）第七回党大会が、世界史的な共産主義運動の変化と発展からきりはなされ、国際的な視野と、国際的な規模での共産主義者の統一的任務に無関心のままに自己の活動を検討しようとするならば、正しくないことは明らかである」[*6]、「わが党の社会主義に対する無関心、社会主義革命に対する無知と、それを遠い未来へ押しやる傾向を一てきするために、わが党の第七回大会が、社会主義をいうだけでなく、当面の任務として、そのための革命をめざす方針を確立することを最後にもう一度くりかえしたい」[*7]とも述べている。大会への強い意気込みがうかがえる。

多くの投稿者が大会の意義を六全協の〈やり直し〉ととらえていた。西尾昇（世田谷地区委員、のち除名）「全党の団結のために—五〇年問題について—」は、党分裂の原因が「五〇年前から党指導部内にあった根ぶかい主観主義・官僚主義・非民主主義・批判抑圧などにあったことを反省するならば、五〇年後分裂したいろいろの分派・徳田同志を中心とする家父長的一派も全国統一委員会も国際共産主義者団その他も、みなそれぞれの立場において分裂の責任をおうべきであり、とくに党中央の地位にあった人々の責任が重大」と、全党あげての責任追及を訴え（第四集、一四五頁）、宮本「五〇年問題の問題点から」も「第六回〔大会〕の中央委員の一人として、中央委員会の解体—それにつづく党の混乱を未然に、また早期に解決に導きえなかったという点において、自己の微力、未熟さを反省するとともに、全党と人民にたいして大きな責任を感ずる」（第五集、一四〇頁）と自己批判している。

『団結と前進』（2）—悔恨と主張—

『団結と前進』で最も重要な点は、戦前の党活動を総決算しきれず、悪しき戦前的体質を背負ったまま、戦後の新しい党活動を出発させたことへの悔恨である。伊藤憲一（大会準備委員）「第六回大会選出中央委員として」は、戦前の党は「不正常な状態で活動」していた「非近代的な党」であり、党員たちは「年代的にも組織的にも分断」されていた上、「十年間の中断」をへて、戦後の党活動を始めたが、「一九四五年まで非転向で在獄した同志をいわば神聖視して、これらの同志を中心に党が再建された。ここに家父長制成立の歴史的・社会的条件と思想的な基盤があった。（中略）私などは「徳田、野坂、志賀のやることにまちがいはない」という思想でつらぬいてきた。そしてこのような思想状態にあったのは私ばかりではない」と反省している（第五集、一四四頁）。

伊藤によれば、徳田ら非転向在獄同志は「特殊な党活動」家だったのであり、そうした彼らを指導部に仰いだことが戦後共産党の蹉跌であった。その延長が党の分裂であり、それは全党が引き受けなければならない深刻な問題であった。『団結と前進』のほぼ最後に位置する松島治重（北陸地区書記）「「政治報告」「五〇年問題」について」も、そのことをつぎのように論じている（第五集、一八三頁）。きわめて注目すべき歴史的な主張であった。

分裂について、一方のがわが正しかったという立場をとることはやめねばならぬ。（中略）日本の党が分裂したということは、事実である。どの中央委員も統制委員も、この分裂をなくすることに効果的な活動をすることができなかった。分裂もんだいを解決する能力を不幸にしてかいていた。これは事実である。

綱領論争は党中央刊行の機関紙誌に限られなかった。北海道大学の一学生は細胞機関誌において、論争の水準が低く、「自然成長性」に委ねられているのは、「党中央が自己の主張を個別的に提起するのみで、発展する党内討議を刻々と総括し、草案を積極的に検討してゆく努力がほとんど見られず、また討論の場を大胆に開放して対立点とその検討を全党に明らかにしてゆく決意に欠けているから」だと批判し、党中央にさらなる討論の場の設立と、論争点の早急な整理と課題の提示を求めた。[*8]

党章草案をめぐる論争は全国の細胞でなされ、規約草案に限ってみると、中央委員会宛に約一六〇〇件、約一〇万語に及ぶ批判・意見が寄せられたという（『アカハタ』一九五八年七月一四日付「規約草案の全党討議の資料的な総括（1）書記局」）。たとえば、「六全協後、党中央にたいする意見の上申はひじょうに活発になったが、それが中央でどう討議されたのか、一体うけいれられたのか、うけいれられなかったのか、まったくなしのつぶてで音さたがない。そのためせっかくたかまってきた下部の創意性の発展がおおきく阻害されている。下部の積極性をつよめるためには党内民主主義の徹底が必要であり、そのためには回答の義務を明記する必要がある」といった不満が見られた。

第3節　前衛党神話の彼方

第七回大会を半年後にひかえた、一九五八年一月の『アカハタ』論壇時評に今井義夫の①「前衛党と大衆路線　党大会を見守る知識人」(二九日付)と②「社会主義の魅力」(三〇日付)が載る(今井は当時一橋大学大学院生、のち工学院大学教授)。なぜ今井の時評をとりあげるかというと、前衛党の別党コースをめぐる議論を引き起こしたからである。

前衛党か大衆か

今井は①で中国共産党が大衆路線を「政治思想」として勝ち取ってきたことを指摘した上で、「帝国主義戦争と警察的天皇制の暴虐によって、無数の人民の血が流され、国土は焦土と化したが、われわれ共産主義者はたたかった、という程度の認識を十年後の今日、なお改められないとすれば、総綱や党章という言葉だけを借りても、わたしたちは中国共産党から何物も学ばなかったことになる」と論ずる。どういうことか。今井が問題とする大衆路線とは、人々が望む社共提携への対応だった。「今日のわが国の状況で社共の提携が実現できないとすれば、大衆にたいするその主要な責任は、社会民主主義者ではなくて、わたしたちが負わなければなるまい」と共産主義者の覚悟を問い、「何よりもその第一歩として、わたしたちは、社会民主主義者という言葉を、無条件に、あの古い軽べつと憎しみの感情をもって、口にすることからやめ、行動の統一に献身しなければなるまい」と重ねて主張した。②では議論を突き進めて、「風上にもおけないような共産党は、プロレタリアートの前進に当って、ちっぽけな陰謀団の徒党と化して破滅し、マルクス・レーニン主義を学びとった他の労働者党にとってかわられるだろう。だが、共産党が、その名に価する共産党であるならば、大衆から学んで、つまずきから必らず立直るだろう」と述べている。

今井の主張は解党主義と受け止められた。第七回大会時に蔵原惟人は「反共宣伝の中で確信を喪失した敗北主義的、解党主義的態度」「主体性のないへっぴり腰の態度」と批判したが（『前衛』一九五八年八月号「思想闘争における教条主義と修正主義」）、今井時評の掲載直後、『アカハタ』論説記者の牧瀬恒二（旧所感派）は激しい今井批判を展開している。二月六日付「どんな立場での発言か」は、今井を「思想的に混乱」「政治的にはまったく無邪気」と判定した。なぜならば、今井がとりあげた高見順（『日本共産党のお忘れもの』）にしても、「ハンガリーの反革命に動員された多くの青年」にしても、「主観的には善意」かもしれないが、「客観的には反革命」なのだから。牧瀬は今井の立場は「解党主義」に他ならず、「欠陥のある党はすてる、完全な党は支持するという態度」だと糾弾している。

牧瀬の今井批判は大きな反響を呼んだ。『アカハタ』二月二七日付「読者からの意見」欄に賛否両論が掲載され、翌二八日付に両者の意見が発表される。まず今井「百万人の革命党へ一歩を」から見ていこう。今井は牧瀬の高見順批判をとりあげ、「党と、大らかで土性骨のある党をのぞんでいる大衆の区別を忘れ、党の希望どおりに大衆を動かしたくなる考えこそ、小児病のまぎれもない症状であり、切迫した事態のもとで、極左冒険主義的な戦術の基礎となった思想なのである」と衝く。さらに、「わが党の歴史に根深い左翼小児病が、根絶されず、六全協後には清算的な平身低頭主義として温存され、最近では、わたしへの批判者のように、居直ってきている」と党の転変を指摘して、反論している。

一部の、階級意識のある大衆だけではなく、広範な大衆の信頼をかちとるすべを学びとらないうちは、不幸にしてわたしたちの党は、まだ前衛とはいえないのだ。わたしの批判者〔牧瀬〕には、このことがわからない。だから、階級の党になれず、革命的グループの状態にあって、高いところに構えて、味方をへらし、敵をふやしている間は、共産党にも、破滅の危機があるし、労働者大衆が、べつの労働者党をつくることさえある、というマルクス・レーニン主義の真理が、のみ込めないのである。

一方、牧瀬「私への批判にこたえる」は、「どんなにむつかしい事情のもとでも、党は批判と自己批判、民主集中、党規約をまもることによってのみ発展することは、党建設の原則」であり、今井の「別の党をつくる」思想」は「解党主義の思想」、別党コースの準備だと再批判した。牧瀬は今井の別党思想を危険視したが、その背後には具体的な動きが見えていただろう。一九五七年一二月の日本革命的共産主義者同盟結成から始まり、一九五八年五月の社会主義学生同盟結成（反戦学生同盟の発展的解消）、六月の全学連党本部事件、一二月の共産主義者同盟結成と、日本共産党を否定・超越しようとする動きが続いていた。

では、牧瀬は『アカハタ』論説記者として党中央を支持し、第七回大会路線を容認しただろうか。そうではなかった。牧瀬は綱領草案に反対し、大会終了後、『アカハタ』編集局内に「綱領研究会」を組織して、綱領問題の討議を続けた。[*9] しかし、一九六一年の第八回大会が近づくと「反党行為」とみなされ、『アカハタ』編集局から、沖縄返還促進委員会に回された。[*10] 一九六〇年代には『前衛』誌上で多くの沖縄問題を論じ、『沖縄返還運動　その歴史と課題』『沖縄黒書』（共著）『シンポジウム沖縄―引き裂かれた民族の課題』（共著）『沖縄と米日独占資本　沖縄経済を中心として』『沖縄三大選挙―一九七〇年問題と沖縄』（『資料沖縄問題』（共編）を刊行し、一九七〇年代には『日本史の再発見としての沖縄の歴史』をはじめ、精力的に沖縄研究を発表することになる。一方、今井義夫はその後ユートピア社会主義論、協同組合運動史を手がける。[*11]

忘れられた六全協

今井・牧瀬論争の後、『前衛』一九五八年五月号に森田桐郎・堀正一「党の思想方法とその変革」（執筆は一九五七年夏）が掲載される。なぜこの論文をとりあげるかというと、六全協の風化と忘却を強く問うていたからである。森田は一九三一年生れで当時は京都大学大学院生、一九五八年一〇月の第一一回京都府党会議で府委員に選出される。

のち、『現代の理論』(第二次)に参加する。堀は生物学を研究する党員だった。

森田は『前衛』一九五七年四月号「社会主義への日本の道―綱領問題に関する一意見―」で人民民主主義革命を提唱し、社共統一戦線・人民戦線政府を展望していたが(党内外から批判される。中村健治「人民民主主義革命論について―森田桐郎氏を批判する―」『社会主義』(社会主義協会)一九五七年五月号、川崎巳三郎「米日独占資本の同盟の本質」『前衛』一九五七年八月号)、「党の思想方法とその変革」は正面から〈六全協以後〉を批判した。

森田と堀はまず「「失敗」から学ぶことの拙さ」を指摘する(八九頁)。すなわち、党内には、「困難な情勢の中で貧苦や肉体的条件や周囲からの阻害に苦しめられながら闘争をつづける党員達に確信と勇気を与えるために、たえず情勢を有利に解釈し、失敗を過小評価し、未来を神聖に美しく描き、そして未来のために苦しみに堪えることに最高至上の価値をおく傾きが根強く存在していた。「誤まりをみると確信を失う、戦果をみると確信がでる」という恐るべき単純な誤まった発想が支配的であった」というのである(九〇頁)。

どういうことか。それは一年以上も前の『アカハタ』小河内ダム完成記事(一九五七年六月六日付)にさかのぼる。小河内村工作隊は武装闘争期の象徴だった。しかし、そこには「山村工作隊については一言半句も書かれていなかった」。二人はやり切れない思いをした。扱いがあまりに粗末過ぎる。論文はこう述べて、小河内ダム報道の再検討を求めた。多少長い引用になるが、六全協の意味を深く問う言葉であろう(九一頁)。

農村工作の何たるかを知らず、六全協前の党活動の意味をはかりかねている新しい同志に、過去の活動の姿を教え、その活動の上に役立たせてゆく絶好の教材ともなったであろう。そして工作隊に参加した同志達には、自分達の全力を傾けた努力はたとえ誤まっていたにもせよ党によってこのように汲みとられ、多くの新しい同志達にうけつがれることによって、日本の革命運動の前進のために一つの捨て石となったのだということに、納得のゆく確信を与えたであろう。六全協は党にとって画期的な転換であった。こうした大転換には混乱と意見の対立、そして一時的停滞はさけがたいものである。（中略）だが、混乱をおそれるあまり、慎重主義と保守主義にはしることは混乱をさけるどころか、混乱を助長する。混乱をできるだけ避け意見の一致と真の団結に達する道は、誤まりの根源の奥底をすっかり理解し、全党が転換の意味を深く理解して出発すること以外にない。六全協直後われわれに必要であったのは、全党的に「失敗から学ぶ」体制を組織的に組むことであった。六全協後の党内の混乱や動揺は、決して批判がゆきすぎたからでもなく、民主がゆきすぎたからでもない。批判が正しく指導されず、最も実践的な課題に徹底的に集中されなかったからである。

「党の思想方法とその変革」は六全協後二年目に執筆された。この間に全国で六全協決議をめぐる討論がおこなわれ、戦後共産党活動を総括する動きがあったことは前述した通りである。そうした中で「日本共産党よ　死者の数を調査せよ　そして共同墓地に手あつく葬れ」から始まる詩（『東京大学新聞』一九五六年一〇月八日付「風声波声」）も生まれた。「党の思想方法とその変革」のつぎの一節もまた送葬の響きを持つだろう（九九頁）。

戦後十年余の党の歴史の中で党活動に従事した数十万の党員のうち、一体どれだけが今日の党内にとどまっているか。それらの人びとこそ、戦後十年の労働者の闘いの経験を自らの体と頭脳を通して党に集約しているはずの人びとであった。もしこれらの人びとが、自らの経験、成功や失敗から学ぶことによって鍛えられ、十年の風雪に堪えて残っていたら、それらの人びとの圧倒的な量の経験と判断力、行動力は党の強大な実力を形成したであろう。

はたしてそれは戦後史に限られるものか。そうではないと論者たちは述べる（一〇〇―一〇一頁）。戦後共産党は戦前共産党の悪しき伝統を引き継ぎ、さらに増幅した。個々の党員における戦前活動と戦後活動の個人的系譜という以上に、共産党総体の組織的系譜として重い問題であった。ある意味で今日まで続く長い系譜なのかもしれない。

党は戦前の党の敗北をもっぱら敵の苛酷な弾圧に帰することによって、自らの誤まりや弱点に眼をつぶった。党は「思想を守りぬく党」の体制を戦後の情勢の中にもちこしたのである。党の非転向にたいする名声にあおられてその体制はむしろ強化された。思想を守りぬくこと、非転向であること、どのような条件にあっても動揺しないこと、そのことだけが最高至上の美徳とされた。敵、分派、日和見、脱落分子という言葉は最も決定的なひびきをもつにいたった。そして、それらの言葉は、乱用されることによって党の思想をくもらせ、思考の柔軟性を破壊した。苦しみに堪えぬき黙々と「文句を言わずに」活動するというタイプがたたえられ、批判や疑問は最も危険な傾向とされた。こうした結果育てられたものは、党にたいする物神崇拝、党の自己目的化である。

本書のまとめ

以上、本書は五〇年問題から六全協への過程を中心に再検討してきた。結論を以下の九点にまとめてみよう。

①日本共産党は一九五〇年一月のコミンフォルム批判によって直接的に分裂の引き鉄がひかれたが、分裂の素地はそれ以前から見られていた。

②「五〇年分裂」は一九五〇年六月から一九五一年一〇月頃まで正味一年数カ月であり、五一年一〇月の五全協によって日本共産党は非和解状態を収束する。

③以後、日本共産党は全党的にスターリン・毛沢東型の武装暴力革命戦略の下、戦術的には公然（合法）・非公然（非合法）の複合革命論を採用する。

④一九五四年後半から主流派・反主流派は六全協に向けて共同準備を開始する。

⑤一九五五年七月の六全協開催は、選挙戦における敗退が続き、党勢が衰退したため、公然たる〈統一〉、新生共産党をアピールするために必要とされた。

⑥六全協における主流派・反主流派の合意点は、極左冒険戦術は否定するが、スターリンの厳命のもと、暴力革命

戦略は堅持するということであった。スターリン批判後急速にこの合意は変容するが、最終決着は一九六一年の第八回党大会まで持ち越される。

⑦「五〇年問題」から「六全協」までの党〈分裂〉の責任は、主流派・反主流派をとわず、全党が負わなければならなかった。

⑧しかし、全党的責任を表明しては政治的撤退、ひいては解体につながる恐れがあったので、当該期を極左暴力主義支配の時代と定式化し、その責任を主流派に負わせた。

⑨その恣意的作為的な歴史操作による一九五〇年代の日本共産党史像は、一九六〇年代半ばに偽りの党史として提示され定着する。

俯瞰すれば、一九五一年八月の二〇中委から一〇月の五全協にかけて、分裂状況は解消され、共産党は〈統一〉した。では、なぜその事実は公然化されなかったのか、なぜあらためて六全協が必要だったのか。それは分裂期に見られた対立・敵対状況が引きずっていた共産党の負のイメージを完全に払拭して、仮性の〈妥協〉ではなく、真性の〈統一〉を成し遂げた共産党像を打出す必要があったからである。その跳躍のためには長い時間と多くの仕掛けが必要だった。限界を迎えた暴力革命路線を否認するために、跳躍方向を平和革命路線に大きく切り替える必要があったが、それにはモスクワと北京の同意と支持（指示）という〈外圧〉が不可欠であったばかりではない。外形的な党内対立・矛盾・闘争が党の自主性・自律性という〈内圧〉によってダイナミックに解決されるというハッピーエンド・ストーリー＝成功物語、レジリエンス・ストーリー＝復活物語が求められたからである。六全協の本格的な幕開けはそうした必要な助走期間を経て、遅くとも一九五四年後半に始まったのである。

今後への展望

六全協後にめざされた新しい綱領（党章）は第七回大会で採択されず、一九六一年の第八回大会に持ち越された。今日の日本共産党の綱領路線の基本はここから始まるが、六全協直後まで見られた党史理解、すなわち党分裂の責任を全党が負うという認識は消えてゆく。それを明示しているのが、序章でもふれた一九六六年の第一〇回大会における「中央委員会の報告」の一節である。「戦後の最初の五年間には占領下の平和革命論にもとづく右翼日和見主義の誤りが党と人民の闘争の正しい発展をさまたげたが、つぎの五年間には、党は、分裂した党の一方の部分によって採用された極左冒険主義の方針によって、きわめて重大な打撃をこうむった」。

これが一九五〇年代の〈党分裂〉の責任を「分裂した党の一方の部分」に負わせる認識へと成長する。これにより、主流派＝所感派と反主流派＝国際派をはじめ、日本共産党全党が責任を負わなければならなかった全面的総合的な〈党分裂〉史は、主流派＝所感派が引き起こした片務的局部的な〈党分裂〉史に変質・転換・矮小されることになった。

それは、「一九五〇年の混乱と不統一の内容は複雑でありますが、とくに六・六追放後の党の事実上の分裂状態を考えてみても、ただ一方が一〇〇％正しくて片方が一〇〇％悪いときめて、片づけるのでは歴史的事実にも反し、真に統一を回復する方向も出てこないのです」（宮本顕治「第六回全国協議会の基本的意義」）と宣言された六全協の精神にも大きく反する非歴史的で反革命的な〈党史〉像の捏造にほかならなかった。

一九六〇年代半ばに逆転的に定置された「一方が一〇〇％正しくて片方が一〇〇％悪い」という歴史認識によって、日本共産党は自省する契機を手離し、党史の単純化・単一化を通して、革命運動像を誤認してしまった。そうした頑なな思考が、日本共産党内のみならず、党外にも深刻な影響を及ぼし、負債を残したことについては、次作のテーマとしよう。

さて、最終結論を述べるときが来た。日本共産党の主流派と反主流派は、どちらかが正しくて、どちらかが間違っていたのだろうか。否、そうではない。そうした問題の立て方自体が、根底的に間違っていたのだ。最も重要なことは責任の所在、割合如何ではなく、党として全一的な責任を果たしたかどうかという点である。〈われわれの『共同責任』〉を否定し、忘れ去ることは、歴史への背信にほかならない。

いま求められているのは〈正史〉でも〈聖史〉でも〈整史〉でも〈清史〉でもない。聴かれるべきは、また見つめられるべきは、試行錯誤しながらも、誠実に生きた人々の声であり、足跡であろう。

注記

序章

＊1　最新の研究として、高田雅史『戦後日本の文化運動と歴史叙述―地域のなかの国民的歴史学運動―』小さ子社、二〇二二年、参照。
＊2　篠田徹「特集にあたって」『大原社会問題研究所雑誌』七〇七・七〇八「特集　労働者文化運動論―1950年代の日本」二〇一七年、一頁。
＊3　「座談会　一九五五年体制が創り出したもの／隠したもの」『社会文学』三三「特集　一九五〇年代文学の可能性を探る」二〇一一年、二頁。
＊4　「第十回党大会にたいする中央委員会の報告」『前衛』一九六六年一二月臨時増刊号「日本共産党第十回大会特集　1報告および決定」四七頁。
＊5　「〈座談会〉戦後革命論争の展開をたどる」『運動史研究』一四、一九八四年、によれば、同書は上田の単著でも弟建二郎（不破哲三）との共著でもなく、小野義彦らとの集団著作であった。一九六四年に絶版となり、『前衛』一九八三年八月号で上田と不破は自由主義・分散主義・分派主義であったことを自己批判している。
＊6　この点に関連して、最後まで野坂を庇い続けた宮本顕治の責任も指摘されている。小林峻一・加藤昭『闇の男　野坂参三の百年』文藝春秋、一九九三年、参照。
＊7　『キリスト教社会問題研究』五五、二〇〇六年。「民主主義・平和主義・社会主義―日本共産主義運動史研究の最近の一〇年―」『史林』八九―一、二〇〇六年、も参照。
＊8　デジタル版『現代の理論』五・二〇一五夏号。
＊9　デジタル版『現代の理論』八・二〇一六春号。
＊10　加藤哲郎「20世紀社会主義・革命運動史を21世紀にどう描くか―河西英通著『「社共合同」の時代』に寄せて」『大原社会問題研究所雑誌』七三七、二〇二〇年。
＊11　黒川伊織・拙著書評『歴史評論』八四三、二〇二〇年。
＊12　福家崇洋・拙著書評『歴史学研究』九九九、二〇二〇年。
＊13　杉本昭典『時代に抗する―ある「活動者」の戦後期―』航思社、二〇一四年、解題。前田裕晤監修『杉本昭典と尼崎の政治・労

働運動』鹿砦社、二〇一五年、も参照。

＊14 『宇都宮大学国際学部研究論集』四七―五四、二〇一八―二〇二二年。

＊15 前掲黒川『戦争・革命の東アジアと日本のコミュニスト』二九五頁。

＊16 松井隆志の前掲黒川『戦争・革命の東アジアと日本のコミュニスト』書評『図書新聞』二〇二一年二月一三日付。

＊17 高橋伸夫「武装闘争路線から平和共存路線へ―中国共産党の国際情勢認識、一九五〇年～一九五五年―」『法学研究』六四―八、一九九一年。

＊18 前掲松村「強制と自主独立の間(1)～(8)」参照。

＊19 『戦後日本共産党関係資料』未収分の水野津太資料は慶應義塾大学、同志社大学、沖縄県名護市中央図書館、在日韓人歴史資料館に分散所蔵されている。一次資料を含む慶應義塾大学所蔵分にアクセスを試み調査可能の手前まで進んだが、時間的問題で今回は閲覧に至らなかった。そのほか、法政大学大原社会問題研究所所蔵「春日庄次郎資料」には地方機関紙誌が収められている。『戦後日本共産党関係資料』解題・解説、鄭栄桓「在日朝鮮人史から考える日本占領」『歴史評論』八六八、二〇二二年、長島祐基「日本共産党50年分裂に関する研究と同時代資料の考察―関西と中国地方の機関誌を中心として―」『立命館アジア・日本研究学術年報』四、二〇二三年、参照。

第一章

＊1 北海道編『新北海道史』北海道、第六巻・通説五、一九七七年、一一三二―一一三九頁。

＊2 『徳田球一全集』第六巻、五月書房、一九八六年、「年譜」によれば、一九四五年一二月一三日から道内各地を遊説し、同二八日に帰京している。

＊3 西村武夫『幣原内閣を揺ぶつた人民裁判の真相』私家版、一九四六年、労農記者懇話会編『労働運動見たまま　第一集』時事通信社、一九四七年、前掲『炭鉱に生きる』、参照。

＊4 森山軍治郎『民衆精神史の群像―北の底辺から―』北海道大学図書刊行会、一九七四年、三四八頁。

＊5）下斗米伸夫『日本冷戦史―帝国の崩壊から55年体制へ―』岩波書店、二〇一一年、二二六頁。夏堀正元「誘拐者」『罠』光文社、一九六〇年、四九―五〇頁、参照。

＊6 山崎春成「「戦後」のはじまり―強大な新しい壁にむかっての闘いのはじまり」『現代の理論』一九七〇年八月号、参照。

＊7　前掲黒川『戦争・革命の東アジアと日本のコミュニスト』二〇〇頁「表1　プランゲ文庫所蔵　日本共産党機関紙・細胞新聞地域別分布」によれば、機関紙は東京の三一五に次ぐ七六、細胞機関紙も東京の二八四に次ぐ五七を数える。

＊8　国労の職場放棄闘争に関しては、佐野稔「国鉄職場放棄闘争にかんする覚書―新得闘争（一九四八年）を中心として―」『労働史研究』創刊号、一九八四年。

＊9　野坂参三「北海道から帰つて―一九四八・八・一六―」野坂『戦略・戦術の諸問題』永津書房、一九四九年、二〇三頁。

＊10　渡部富哉監修・伊藤律書簡集刊行委員会編『生還者の証言　伊藤律書簡集』五月書房、一九九九年、一七八頁。この時の北海道行きについて、伊藤は『アカハタ』一九四八年八月一一―一三日付に「北の旅から」を発表している。

＊11　山辺健太郎は職場放棄闘争の発案指導者を増田格之助としている。山辺「戦後日本の共産主義運動」『山辺健太郎―回想と遺文―』みすず書房、一九八〇年、二〇七―二〇八頁（初出は『中央公論』一九六三年一二月号）。

＊12　加生富美子「燃えひろがる火」帯刀貞代・櫛田フキ監修『現代女性十二講』ナウカ社、一九五〇年、一一一頁。全逓の職場放棄闘争については、全逓信労働組合全逓史編纂委員会編『全逓労働運動史』第一〇巻、全逓信労働組合、一九七五年、第三章、参照。

＊13　和田英夫「狂信と無関心―現代政治の当面するもの―」『技術と社会』二―四、一九四八年、一七頁。

＊14　井上清『現代日本の歴史　下』青木書店、一九五三年、三七七頁。

＊15　鈴木市蔵『占領下の労働運動　国鉄労働者の栄光と挫折』占領史研究会、一九八三年、二二一―二二三頁。

＊16　前掲佐野「国鉄職場放棄闘争にかんする覚書」一〇六頁。

＊17　「わが地方の日本共産党史　北海道」『前衛』一九八四年七月号、一〇五頁。

＊18　前掲小山『戦後日本共産党史』七一・七三頁。

＊19　渡部富弥「潜行前後―その夜のこと―」『徳田球一全集』第五巻、月報2、五月書房、一九八六年。

＊20　当日前後の経緯については、井上學「1945年10月10日「政治犯釈放」」『三田学会雑誌』一〇五―四、二〇一三年、参照。徳田らはその後大阪や京都で開催された人民大会に出席する。徳田や志賀が「マッカーサー元帥万歳」と叫んだとされるのは、一〇月一九日大阪市東区大川町の進駐軍司令部（住友本社ビル）前での出来事である。

＊21　亀山幸三『戦後日本共産党の二重帳簿』現代評論社、一九七八年、二三頁。この激論については、神山茂夫「一共産主義者の半世紀（上）―戦前、戦後の闘いのなかから―」『現代の理論』一九七一年六月号、一一三頁、も証言している。

＊22　前掲亀山『戦後日本共産党の二重帳簿』二四頁。

＊23　前掲不破『日本共産党にたいする干渉と内通の記録　下』二六四―二九八頁。

＊24　和文「研究調書第十五号　岡野（野坂）帰国後の日本共産党　民国三十五年二月七日」（米国戦略爆撃調査団文書（RG243）Report on the Chinese Communist Party After Okano's (Nozaka) Return to Japan：国立国会図書館デジタルコレクション）。

＊25　井本威夫訳『ニッポン日記』下巻、筑摩書房、一九五一年。以下の引用部分は「第三章　朝鮮」二〇二―二〇四頁。一九六三年の筑摩叢書版では削除されている。

＊26　ネピアについては、竹前栄治『GHQの人びと―経歴と政策―』明石書店、二〇〇二年、第四章「公職追放の舞台裏」、参照。

＊27　府中派・蔵前派の呼称は巷間に流布していた。一方、野坂は内通先のソ連共産党宛に徳田・志賀批判を明かにしていた。前掲不破『日本共産党にたいする干渉と内通の記録　下』二九六頁。

＊28　前掲杉本『時代に抗する』三九・四二・五〇―五一頁。原全吾「関西地方の党再建について―大阪地方委員会を中心に」『現代の理論』一九七〇年八月号によれば、一九四七年八月の「大阪大会事件」のことである。大阪では志田重男グループと西川彦義グループが対立し、四七年八月の第四回府党会議に西川派は党組織の民主化を提案するが、徳田も出席して西川らの「反党主義」を攻撃した。大多数の代議員ははじめ憤激していたものの、徳田の大演説で大勢は逆転し、提案は「完敗」に終わった。原「戦後の山六」山六会編『濁流を悠々と―山田六左衛門とその時代―』山六会、一九八一年、も参照。

＊29　一九五五年九月下旬「関西地方活動家会議」前掲『戦後日本共産党関係資料』（コマ番号8-0410―8-0486）。以下、煩雑さを避けるために、同『資料』からの引用は先頭のコマ番号（この場合は8-0410）のみ表記する。

＊30　一九五六年五月「第一回西部地区党会議一般報告草案」（8-0159）。

＊31　河西宏佑『電産の興亡（一九四六年～一九五六年）―電産型賃金と産業別組合―』早稲田大学出版部、二〇〇七年、一九四頁。

＊32　一九五六年「党活動の総括と当面の任務　第一回茨城県東部地区党協議会議案」（7-0733）。

＊33　阪神地区委員会「一九五六・三・一九　阪神地区党協議会一般報告草案」（7-1871）。

＊34　「わが地方の日本共産党史　三重県」『前衛』一九八五年三月号、二一九頁。

＊35　一九四九年後半の党内対立については、前掲下斗米『日本冷戦史』第五章一に詳しい。GHQは徳田＝過激派、伊藤＝中立派、野坂＝穏健派に三区分していた（拙著『「社共合同」の時代』四三五頁）。

＊36　日本共産党宣伝教育部編『日本共産党決定報告集』人民科学社、一九四八年、三四頁。

＊37　椎野論文批判として、関西地方委員会資本主義研究会「日本共産党の歩むべからざる道―同志椎野『日本共産党の歩んだ道』の

批判―」『前衛』一九五〇年第四七号がある（のち削除）。『前衛』一九五一年第六一号椎野「党の理論的武装のために―私の自己批判」は、「日本共産党の歩んだ道」が「平和革命論の残りかすを守る役割を果した」と総括している（四頁）。

＊38　前議長の宮本顕治は一九五〇年一月二三日付で九州地方委員会議長に派遣。当初、椎野は議長代理だった。前掲渡部『生還者の証言』で伊藤律は、宮本は自分で統制委員会議長を下りたことを認めていると発言している（二二〇頁）。

＊39　椎野「日本共産党の歩んだ道」は、神山の平和革命論の典拠として『アカハタ』一九四七年の三月一五日付論説をあげているが、三月一五日は執筆日付で、正しくは後出の三月二七日付論説である。後掲野坂「私の自己批判」も、平和革命論は「一部の同志によってさらに行き過ぎが行われ」たと述べている。神山らを指していただろう。

＊40　創立二五周年の頃だから、前出の徳田論説と関係するが、神山の転回を示す文書は不明である。ただし、神山「第十八回拡大中央委員会総会―議事メモ」には、「私の態度　一九四七年七月前と一九四七年七月後では明確に異なっている」と見える。神山茂夫編『日本共産党戦後重要資料集』第一巻、三一書房、一九七一年、三八〇頁。

＊41　徳田球一『内外情勢と日本共産党の任務―書記長報告集Ⅰ（1945-1948）―』真理社、一九四九年、一一一頁。

＊42　角圭子は当時共産党都委員会勤務の窪田精が丸山邦男（真男の末弟）と計画した同人誌『処女地』のメンバー。窪田「文学運動のなかで―戦後民主主義文学私記①―」『民主文学』一九七五年三月号、一〇一頁。戸坂嵐子は獄死した哲学者戸坂潤の長女。

＊43　戦時下の「新しい人間」像については、原正敏・依田有弘「治安維持法下の技術運動(1)-(3)」『千葉大学教育学部研究紀要　Ⅲ：自然科学編』四四―四六、一九九六―一九九八年、佐々木享「原正敏先生を偲んで」『産業教育学研究』四一―一、二〇一一年、参照。

＊44　島田豊の青春については、島田豊「ある軍学生の脱皮の歴史…脱皮しない蛇は死んでゆく…」『世界評論』一九四九年五月号、参照。

＊45　コミンフォルムについては、日刊労働通信社編『コミンフォルム重要文献集』日刊労働通信社、一九五三年、A・グェルラ（坂井信義訳）『コミンフォルム時代』大月書店、一九八一年、岡本和彦「コミンフォルムとユーゴ・ソ連論争―コミンフォルム会議議事録の公開を受けて、一九四七年のコミンフォルム設立会議を中に―」『一橋論叢』一一七、一九九七年、同「コミンフォルム史料の概要」『関東学院大学経済学部教養学会「自然人間社会」』三二、二〇〇六年、参照。

＊46　ソ連側の野坂工作は一九四五年八月の敗戦直前に起案され、一〇月に野坂はモスクワを訪問する。前掲不破『日本共産党にたいする干渉と内通の記録　下』二六八頁。

＊47　前掲黒川『戦争・革命の東アジアと日本のコミュニスト』二〇八―二〇九頁。

＊48 『アカハタ』一九四八年八月一一—一八日付にコミンフォルムのユーゴ問題決議に関する劉少奇「国際主義と民族主義」が全一三回連載されている。
＊49 犬丸義一「日本におけるスターリン的偏向とその克服過程—「50年問題」を中心に」『現代と思想』三一、一九七八年、七六—七八頁。
＊50 福家崇洋「京都民主戦線についての一試論」『人文学報』一〇四、二〇一三年、一六九頁。同論文は改稿の上、「戦後京都と民主戦線『民主化』をめぐる相克」庄司俊作編著『戦後日本の開発と民主主義—地域にみる相克』昭和堂、二〇一七年、に所収。
＊51 松村史紀「対日政策をめぐる中ソの連携と分業（1949—50年）」『歴史学研究』九二〇、二〇一四年、同「未熟な中ソ分業体制（一九四九—一九五四年）—世界労連アジア連絡局を手がかりに—」『アジア研究』六一—一、二〇一五年、同「強制と自主独立の間(1)」『宇都宮大学国際学部研究論集』四七、二〇一八年。
＊52 一九五三年から五四年にふたたび極東コミンフォルム論が起るが、アジア全体をカバーする機関ではなく、コミンフォルムの「出先機関」であろうと推測されている。好白乾「極東コミンフォルムの実体」『ソ連研究』一九五四年六月号。
＊53 紀勇振「戦後内戦期、中国共産党の北満根拠地における宣伝戦略の展開—『東北日報』の米ソに関する報道を中心に—」『アジア社会文化研究』二一、二〇二〇年。
＊54 前掲拙著『「社共合同」の時代』第一三章「コミンフォルムと党分裂」参照。

第二章

＊1 『朝日新聞』一九四九年一月二九日付東京版朝刊「政界新街道③本社記者座談会　えりを正す共産党」によれば、徳田は当選者数三八、伊藤は三七と予想し、得票数について伊藤は二〇〇万から二五〇万票と読んでいたという。ほぼ予測通りの結果だった。
＊2 選挙前に準備されていた日本共産党宣伝教育部編『共産党が政権を握つたら』が一九四九年一月に日本労農通信社から出版される。占領下の共産党政権を当面、民主民族戦線連合政権ととらえ、暴力革命説ではなく平和革命論を主張している。これに対する直接反論として、同年七月に協友社編『共産党に政権を渡したら』協友社が出ている。
＊3 保坂浩明については、『保坂浩明　自伝と追想』保坂典代、一九八五年、保坂典代編『保坂浩明自伝と追想に寄せられた感想書簡集』保坂典代、一九八六年、参照。
＊4 この批判会については、野間宏「近代主義批判以後」『前衛』一九五七年三月号（臨時増刊）「文化問題と日本共産党」四五頁、もふれている。

＊5　宮本・青山論争は、蔵原惟人「敗戦後における党の文化政策をめぐるたたかい」『前衛』一九六七年八月号、霜多正次「文学遺産の清算主義的批判―一九五〇年代前半のプロレタリア文学批判―」『民主文学』一九六八年四月号、無署名「戦後の文化政策をめぐる党指導上の問題について―文化分野での五〇年問題の総括―」『前衛』一九七四年二月号、参照。
＊6　前掲日本共産党教育宣伝部編『日本共産党決定報告集』。
＊7　しかし、分裂期の一九五一年四月の統一選挙では、主流派・反主流派両派が正統性を求めて団規令による党員登録に応じる事態が生じたという。前掲黒川『戦争・革命の東アジアと日本のコミュニスト』二三六頁。同令は一九五二年四月のサンフランシスコ講和条約発効後、七月制定の破壊活動防止法に引き継がれる。
＊8　たとえば、『北海新報』一九四九年五月一三日付「九月までに内閣打倒　徳田書記長熱弁をふるう」。
＊9　徳田は五月二〇日の炭労（日本炭鉱労働組合）第二回定期大会でも、九月吉田内閣打倒を述べている。『アカハタ』一九四九年五月二二日付「九月迄に内閣打倒　徳田書記長政治斗争を強調」。
＊10　佐藤一「一九四九年の闘争と下山事件」『労働運動研究』一九八〇年七月号、五四頁。
＊11　党所属代議士も選挙区の国会報告で、九月倒閣説を披露している。『北海新報』一九四九年六月一八日付「第五国会をめぐり　柄沢〔とし子〕代議士と一問一答　吉田内閣潰滅近し」。
＊12　のち中央指導部議長となる小松雄一郎は一五拡中委について、「これまでの拡大中央委員会でさえ、オルグ会議かなにかのように、戦術上の武勇談や苦心談が多かった。こんどはどの発言も、吉田内閣の打倒を強調し、その政治的性格がすっかりかわってきた」と述べている。「新しい情勢と党の任務」『新しい世界』一九四九年八月号、二頁。一方、前掲亀山『戦後日本共産党の二重帳簿』も、九月革命説は「徳田得意の大ボラ」「徳田一流の景気のいいアジテーション」で「中央委員会はもちろん書記局でも、まともな政権論議などはいっさいなかった」と回顧している（八九頁）。
＊13　『朝日新聞』一九四九年二月二四日付「ソ連もし侵略せば東欧と同態度で」。『アカハタ』一九五〇年三月五―七日付「フランス人民は、ソ同盟に敵対して戦わないだろう」によれば、トレーズは一九四九年一二月の中央委員会総会でも同じ発言をしている。
＊14　『毎日新聞』一九五〇年一月一〇日付社説「日本共産党とコミンフォルム」も志賀論文に言及している。袴田里見『私の戦後史』朝日新聞社、一九七八年は、批判直前「かれ〔志賀〕は、しばしば在日ソ連代表部に出入りしていて、「いまに来るよ、来るよ」と、おれは知ってるんだといわんばかりにふれて歩いていた」と記している（六六頁）。
＊15　前掲下斗米『アジア冷戦史』一〇・五八―五九頁、加藤哲郎「日本共産党とコミンフォルム批判」和田春樹ほか編『東アジア現

代通史』7・アジアの時代 1945—1960年、岩波書店、二〇一一年、一二〇—一二一頁。

＊16 下斗米伸夫「ソ連、ロシアからみた北朝鮮」『日本記者クラブ会報』記録版、一二〇、二〇〇三年、同「スターリン批判と金日成体制—ソ連大使館資料を中心に—」『法学志林』一〇三—一、二〇〇五年、参照。前掲『日本共産党の七十年』党史年表（以下、年表）によれば、志賀義雄からソ連共産党への六〇年九月三日付内通書簡の宛先はコヴィジェンコだったという。

＊17 『朝日新聞』一九五〇年一月一五日付東京版夕刊「野坂問題に深い関心」によれば、ユーゴ党も日本の事態を注視した。『アカハタ』三月二六日付「チトー一派アジアへ」はユーゴ党を批判している。「チトー一味の反共中央部の主要活動は日本、インド、ヴエトナム、マライその他の諸国の共産党にスパイを送りこむことにある。またこの中央部は反共、反ソ宣伝を行い、裏切者や動揺分子を募集し、民族主義を武器として、共産党および労働階級のもつ強固なプロレタリア国際主義の伝統をうちやぶることが目的である」。

＊18 早くは前掲上田『戦後革命論争史』が、「日本共産党の運動を決定的に転換させたという大きな積極的意義」「野坂理論のわくのなかで低迷していた日本の理論戦線を、一瞬にして、そのわくをつき破らせた歴史的意義」「日本マルクス主義の水準を飛躍的に高めるうえにきわめて大きな役割」を指摘していた（上巻一六三—一六四頁）。

＊19 『真相』一九五〇年三月号「覆面座談会 苦悶する日本共産党「野坂事件」の真相」には興味深いやりとりがある。「野坂に対する国際的な期待は非常に大きかった。野坂が日本に帰れば、日本は大丈夫という気分が、たしかにあつたろう」「そういう意味において野坂を信用していたが、終戦後四年間、ずつと見ていると、調子がちがうんだ。そして今や一九五〇年々頭にあたつて、決定的に批判すべき時期に来たということになろう」。

＊20 前掲下斗米『日本冷戦史』一九四—一九五頁。

＊21 北海道地方委員の水落恒彦は一九五〇年正月に党中央の呼出で東京に向う途中、青森でコミンフォルム批判の報に接する。党本部で伊藤律から、「コミンフォルムなんてもともと欧州共産党・労働党の情報で物いうものでない筈だ。しかも日本では議会の活動抜きで党勢拡大も考えられない」と言われ、「いやあ、いいこと言うなって聴いたよ」と述べている。今西一・手島繁一・手島慶子「樺太・共産党・アイヌ—水落恒彦氏に聞く(1)—」『小樽商科大学・人文研究』一二四、二〇一二年、三八頁。Nozaka Incident（文書名：GHQ/SCAP Records, Government Section＝連合国最高司令官総司令部民政局文書）（課係名等：Central Files Branch）（シリーズ名：Decimal File, 1945-52）（ボックス番号：2275EE; フォルダ番号：39、国立国会図書館デジタルコレクション）の一九五〇年三月一四日付 The Problem of the “Criticism of NOSAKA”and the trend of Local Members of the Communist Party（「野坂批判」問題と共産党地方委員の

傾向）（一二コマ目）によれば、大分県委員会と東北地方委員会がコミンフォルム批判を支持した。党中央は急遽政治局員の志田重男を東北地方委員会に派遣し、一八拡中委決定を説明している。

＊22　「コミンフォルムの〝日本の情勢について〟の各級機関の討議について」（4-0980）。

＊23　同論説をはじめ、中国共産党の日本問題論説集として、北京人民日報社論『日本人民解放の道―中共機関紙に発表された日本問題論文集―』民主新聞社（中国瀋陽市）、一九五〇年（7-2712）、がある。民主新聞社は戦後、在中日本人向けに『民主新聞』『学習の友』『前進』などを発行していた。国谷哲資「回想記　激動中国に青春を生きる―留用と学校に学んだ人生観―」『拓蹊』二、二〇一五年、飯塚靖「戦後中国長期残留者の軌跡と記憶」（公益財団法人JFE21世紀財団2018年度「アジア歴史研究助成」成果）参照。

＊24　後年中国共産党は一連の干渉を自己批判する。一九五九年に宮本顕治がソ連共産党第二一回大会参加後、訪中して毛沢東に会見した際、毛は「五〇年問題にさいして中国共産党がスターリンの日本共産党の内部問題介入に同調したのは正しくなかった」と述べたという。宮本顕治『党史論』上、新日本出版社、一九九三年、一六九―一七〇頁。また前掲下斗米『アジア冷戦史』によれば、一九五六年一〇月にソ連共産党幹部会に出席した劉少奇は、「日本の情勢について」が毛に送られず、具体的内容を知らなかったことが、日本共産党の分裂を招いたと述べたという（五九頁）。なお、前掲下斗米『日本冷戦史』は、毛沢東の日本共産党批判は一九四九年二月には明らかだったとする（二六四頁）。

＊25　同様の観測を宋徳和（中央通信社東京支局長）が、クレムリンの狙いは毛沢東の独立不羈な態度であり、「野坂はコミンフォルムの第二攻撃目標に過ぎなかつたのではないか」「野坂を日本共産党より除名させるといふ強硬手段によつて、モスクワにゐる毛沢東が、国際共産主義の源から発せられる指令に対して、自国尊重的な且優柔不断な態度をとることを警告したものであつた」と述べている。宋徳和「現代日本の政治化―戦後政治家のスケッチ―」『文藝春秋』一九五〇年三月号、四六―四七頁。

＊26　竹内好は一九五〇年四月から五一年六月まで『展望』『朝日評論』『改造』に「日本共産党論」を連載（原題は異なる）して日本共産党を批判しているが、それより先、『展望』一九五〇年三月号の「ゴマカシとタワゴト」で、「アメリカとソ連の対立という高次の世界の疾患を、低次の世界にいる日本共産党あたりが、甘く見ないがいい」と述べている（『竹内好全集』第六巻、筑摩書房、一九八〇年、二〇四頁）。黒川みどり・山田智『評伝　竹内好―その思想と生涯―』有志舎、二〇二〇年、一二八―一三一頁。

＊27　犬丸義一は、第六回大会は「戦後の共産党にとって初めての大衆的な指導部の選出だったといえる。この体制が正常に機能していれば、「五〇年問題」に対する対応もかなり違ったものになっていたように思われる」と指摘している。犬丸「日本共産党第六回大会の歴史的意義」五十嵐仁編『「戦後革新勢力」の奔流―占領後期政治・社会運動史論1948-1950』大月書店、二〇一一年、七〇頁。

＊28　『しんぶん赤旗』二〇一六年四月五日付「座談会　『スターリン秘史　巨悪の成立と展開』第6巻を語る（下）」で、不破哲三は「あの時期に資本主義国の共産党でスターリンから武装闘争を押しつけられたのは日本共産党だけです」と述べているが、少なくとも表面的には南アジアの共産党は武装闘争路線を受容した。武装闘争路線の自発的受容の問題については、谷川栄彦「コミンフォルムと東南アジア―カルカッタ会議をめぐって―」九州大学法政学会『法政研究』四一―四、一九七五年、参照。

＊29　『タス』一九五〇年三月一一日付「コミンフォルム機関紙論文に関するインド共産党の声明」（声明は三月二日付）前掲『コミンフォルム重要文献集』三一九―三二〇頁、『パキスタン・タイムス』一九五〇年四月一二日付「コミンフォルム機関紙論文に関するパキスタン共産党の声明」同前三二一頁。

＊30　前掲岡本「コミンフォルムとユーゴ・ソ連論争」参照。

＊31　後年一九五二年、『ルデー・プラーヴォ』編集長アンドレ・シモネは「スラーンスキー事件」（元チェコスロバキア共産党書記長スラーンスキーがチトー主義者として逮捕された事件）に連座して絞首刑に処せられている。ウラディミール・デディエル（平井吉夫訳）『クレムリンの敗北―いかにユーゴがソ連に抵抗したか―』河出書房新社、一九八一年、二二一頁。

＊32　一九五六年二月のソ連共産党第二〇回大会後、トリアッティはスターリン批判に関する所見を明らかにしているが（『ヌオーヴィ・アルゴメンティ』誌による質問への回答」『〔新版〕トリアッティ選集』第2巻、合同出版社、一九八〇年）、同年六月のイタリア共産党中央委員会総会においてスターリン提案を拒絶した理由をつぎのように述べている。「世論のまえには共産主義インタナショナルの組織への復帰を意味するにちがいないのであるから、すでに国際情勢がきわめて重大な様相をおびている瞬間には、国際情勢の発展に重大な否定的影響をおよぼさずにはおかぬ（中略）。第二に、国際共産主義運動の組織にかんしてこのような方針をとることは正しくない（中略）。最後に、個人的なことがらで反対の理由があった。はげしい討論がおこなわれたが、事態はよく解決された。というのは、スターリン同志がその提案をひきさげたからである」（「情勢の根本的変化と社会主義へのイタリアの道（上）」『世界政治資料』一九五六年八月一〇日付第二号、三一―三二頁。トリアッティのスターリン批判をめぐる「われわれの『共同責任』」は後者論文末尾で記されている。

＊33　出席者は中央委員二〇、中央委員候補九、国会議員四〇、地方委員会議長九、都道府県委員長四三、統制委員一七（宮本と椎野は欠席）および、鈴木市蔵・津々良渉・鈴木東民・大塚英五郎・古在由重・赤岩勝美・小原嘉・松山文雄・福本和夫・西里竜生ほか一七名の計一五二名。コミンフォルム論評の賛否は、出席者（有効投票一三一票）中、賛成五九、反対七二。前掲拙著『「社共合同」の時代』五一八頁、参照。

＊34　野田弥三郎『共産主義者の責任』新興出版社、一九六六年（のち『野田弥三郎著作集』第二巻、小川町企画出版部、一九八八年）、二七七頁。

＊35　『党大会第四・五・六、全国協議会、全国オルグ会議、全国宣伝者会議―年譜及議事内容』（1-0505）によれば、一九四八年四月に中央委員会は開催されていない。なお、『アカハタ』の表記は混乱しているので、開催回数は『年譜及議事内容』・年表に従った。

＊36　松本健二『戦後日本革命の内幕』亜紀書房、一九七三年、一七四頁。

＊37　徳田論文は「一、第十八回拡大中央委員会後の二つの偏向について」「二、第十八回拡大中央委員会までの党の発展について」「三、闘いは全人民の信頼のもとに」「四、新しい発展における闘争形態についての二、三の注意」からなるが、このうち「特に緊急必要とされた三と四が『アカハタ』一九五〇年二月九日付に先行掲載された。

＊38　前掲『コミンフォルム重要文献集』五二―七一頁。

第三章

＊1　ただし、政治局と統制委員会の合同会議で、多数の意見により原文の約三分の一に削除された。削除部分「二つの偏向の克服と党の統一強化のために」は※1に収録。

＊2　論評訳は、※1では「外国帝国主義権力の不可分の支配のもとで」、『アカハタ』五〇年一月一三日付では「外国帝国主義権力の完全な支配下にある」、前掲『コミンフォルム重要文献集』では「完全に外国帝国主義勢力の支配下にある」。

＊3　「地域闘争はすべて議会主義であり、ダラクであるという断定」という表現を、蔵原惟人は「テーゼ草案に関する意見書」（※1）で「極端な誇張した例」の引用で不適切だと批判したが、徳田は「『来るべき革命における日本共産党の基本的な任務について』の批判を出版するにあたって」（※1）において、「非常に大切な問題で「誇張」どころのさわぎではない。分派主義の特性」であると反論した。

＊4　「一九五〇年盛夏の夜」、徳田は志田重男・椎野悦郎・伊藤律を集めて中国密航前最後の政治局会議を開き、国内指導を三人に任せたという。椎野悦郎「潜行前後―徳田主持、最後の政治局会議」『徳田球一全集』第三巻、月報4、五月書房、一九八六年。

＊5　春日は一九五一年九月の党復帰時に提出し、六全協後あらためて配布している。

＊6　綱領起草委員会メンバー渡部義通によれば、この後、新綱領草案作成を野坂から命ぜられ、渡部を責任者に山田勝次郎・鈴木市蔵・堀江邑一らが担当したという。これが五一年綱領へとつながる。渡部義通述・ヒアリング・グループ編『思想と学問の自伝』

河出書房新社、一九七四年、三六二―三六七頁。

＊7　反主流派は一九五〇年八月一日付関西地方委員会「関西におけるチトー的分派活動の全貌」（※2）で、全代会はコミンフォルム批判の「積極的意義、すなわち反帝国主義民族解放闘争を抹消し、反ファッショ闘争一般にすり換えようとした」と批判し、同六日付筑豊地区委員会活動者会議「日本共産党臨時中央指導部・同九州地方委員会・同福岡県委員会に対する意見書」（※2）も、臨中は「反帝闘争をサボるが如き日常的経済闘争による串刺し戦術の指導に没頭し」ていると非難した。「串刺し」とは吉田政府打倒→反米帝闘争の戦略を指す。なお、「チトー」は反主流派による主流派批判の常套句であったが、主流派も使用している。反主流派内部の朝鮮人党員を警戒するあまり、「祖国の防衛を最もよく闘う方法は、日本の人民大衆と密接に結合し、共に革命的方向へ発展することである。プロレタリア国際主義は自分の現在立つている地点＝日本において如何に実践するかという立場がぬけると、チトー的ブルジョア民族主義に、おちいる」と述べ（一九五〇年九月三日付臨時中央指導部「在日朝鮮人運動について」4-0988）、日本革命の従属部分として朝鮮革命を位置づけている。四全協後、一九五一年三月一五日付関東地方委員会『党報』第七号（7-1111）「当面の少数民族の対策案」にも、「少数民族は日本革命の同盟軍であり、主力部隊との同盟関係を一層密にするよう指導すること。（中略）そのために少数民族に向っては、日本の革命を成し遂げなければ自身の問題は解決しないことを執ように宣伝啓もうすること」と見え、朝鮮革命は民族主義的偏向と批判された（前掲黒川『戦争・革命の東アジアと日本のコミュニスト』二三九―二四〇頁）。

＊8　国際主義者団関係資料は、野田弥三郎『共産主義者の責任』新興出版社、一九六六年（のち『野田弥三郎著作集』第二巻、小川町企画出版部、一九八八年）所収。

＊9　統一協議会に関しては、福本和夫『福本和夫自伝Ⅱ　革命運動裸像―非合法時代の思い出』こぶし書房、二〇〇四年、参照。

＊10　神山派関係資料は、前掲神山編『日本共産党戦後重要資料集』第一巻、第Ⅲ部四、所収。

＊11　前掲亀山『戦後日本共産党の二重帳簿』には、彼が部長をしていた「中央財政部」有志の「全国の同志に党の革命的統一を訴える」が掲載されている。一〇一―一〇五頁。

＊12　野田弥三郎「満洲に於ける燃料管見（一）」『石炭時報』一四―五、一九三九年、三九八―三九九頁。

＊13　山本勝之助『日共批判の基礎知識　共産主義対策』組合書店、一九五〇年、一二〇頁。

＊14　増田格之助「思想的解剖台に乗る勇気を」前掲野田『共産主義者の責任』五四三頁。

＊15　出隆「わが老年に悔なし―野田さんとの交わり―」野田『共産主義者の責任』新興出版社、一九六六年。出自身も入党に際して野田が関与していたと述べている。『世界評論』一九四九年三月号「対談　真理探究への道」（宮本顕治との対談）五頁。

＊16　『日本共産党綱領問題文献集』青木書店、一九五七年、前掲野田『共産主義者の責任』新興出版社、一九六六年、所収。
＊17　前掲野田『共産主義者の責任』二七頁。
＊18　前掲野田『共産主義者の責任』二八頁。
＊19　共著の形をとるのは一九五八年の『新・哲学教程─マルクス主義の理論的基礎について─』（青木全書）からである。
＊20　「民族主義者の新しい策謀について」（※3）・「民族主義者の新しい欺瞞について─その民主民族戦線へのアッピールの批判─」（※3）。国際主義者団の主張としては、「国際主義と民族主義について」（2-0280）、「当面の闘争における日本共産党の基本的任務について」（2-0288）もある。
＊21　前掲野田『共産主義者の責任』三五─四四頁。
＊22　前掲野田『共産主義者の責任』二九頁。
＊23　前掲野田『共産主義者の責任』四八─六〇頁。
＊24　前掲野田『共産主義者の責任』六一─六八頁。
＊25　前掲野田『共産主義者の責任』五四六─五四八頁。
＊26　前掲野田『共産主義者の責任』三〇─三一頁。九・三社説後に退団した書記員の「自己批判書（上）」が都委員会宣伝部『活動通信』一九五〇年一一月七日付第四二号（9D-0508）に掲載されている。
＊27　『赤い星』第三号、前掲野田『共産主義者の責任』二四八─二五五頁。
＊28　『赤い星』第三号、前掲野田『共産主義者の責任』二四八─二五五頁。
＊29　前掲野田『共産主義者の責任』三三頁。
＊30　前掲野田『共産主義者の責任』三一・一三三頁。
＊31　臨中と中国地方委員会のこの応酬は有名で、西野辰吉「堕天使─わたしの伊藤律─」『現代の眼』一九八一年九月号、もとりあげている。
＊32　その記録は日本共産党全国統一委員会『統一情報』第二号（2-0160）に掲載。
＊33　『党活動指針』一九五〇年九月二〇日付椎野「全党をあげて分派策動を粉砕せよ」（※2）、同年一〇月一〇日付同「十月十日五周年にさいし全党の同志諸君に訴える」（※2）。
＊34　JCP Organization（文書名：GHQ/SCAP Records, Government Section＝連合国最高司令官司令部民政局文書）（課係名等：Central Files

Branch)（シリーズ名：Miscellaneous Japanese Organization,1945-1951）（ボックス番号：2133：フォルダ番号：18、国立国会図書館デジタルコレクション）一〇七・一一〇コマ目。

第四章

＊1　一九五二年六月に平和擁護日本委員会の呼びかけた「富士山麓米軍演習地をめぐる農村事情調査団」は、両派の統一行動であった。団長社会党代議士足立梅市、副団長共産党代議士深沢義守、団員日農本部代表大沢久明・平和委員会徳永直・新日本文学会窪田精・同西野辰吉、『人民文学』社山岸外史・同柴崎公三郎、『文学芸術』社司代隆三。窪田精「文学運動のなかで—戦後民主主義文学私記⑯—」『民主文学』一九七六年八月号、一四〇—一四四頁。「調査団」結成と同時期、『前衛』一九五二年第六八号掲載の「当面の文化斗争と文化戦線統一のためのわが党の任務」は、人民文学が「いままでのゆきがかりに感情的にこだわらず」、新日本文学と提携することを要請している。

＊2　田所泉『「新日本文学」の運動・歴史と現在』新日本文学会出版部、一九七八年、道場親信・鳥羽耕史「文学雑誌『人民文学』の時代」『和光大学現代人間学部紀要』三、二〇一〇年、鳥羽耕史「『人民文学』論—「党派的」な「文芸雑誌」の意義—」復刻版『人民文学』不二出版、二〇一一年、参照。

＊3　林正樹「いくつかの感想と意見」『前衛』一九五七年三月臨時増刊号「文化問題と日本共産党」九六—九七頁。

＊4　学生運動については、わだつみ会編『日本の息子たち』三笠書房、一九五二年、参照。

＊5　九州大学さようなら六本松誌編集委員会編『青春群像　さようなら六本松：一九二一福高—九大二〇〇九—』花書院、二〇〇九年、一七六・一八〇頁。

＊6　いずれも三一書房編集部編『資料戦後学生運動2　1950〜1952』三一書房、一九六九年、①は九—七九頁、②は二二一—四二頁。

＊7　前掲安東『戦後日本共産党私記』九七頁。

＊8　当時東大細胞の指導部だった力石定一は、四八年五—九月にかけた教育復興闘争・全国ストライキ・全学連結成を成功裏に行なうために、党政治局の中心に味方が必要であり、それは宮本顕治だったと証言している。今西一「第三高等学校から東京大学へ—力石定一氏に聞く—」『小樽商科大学　人文研究』一一九、二〇一〇年、二四頁。

＊9　東大細胞はほとんど国際派だった。『文藝春秋』一九五〇年七月号の萩本雄三「東大学生細胞」は、コミンフォルムが「どれほど大きな援助を与えたか」と記し、後年岡田裕之は、「山村革命論、農村革命論、地域人民闘争など〔二段階革命論〕を主唱したのは

徳田、野坂、伊藤律などの共産党指導部でしたから、コミンフォルムの野坂批判は、東大学生運動、全学連学生運動にとって、彼らを批判し我々を支持した〝天の声〟に聞こえました」と述べている。今西一「占領下東大の学生運動と「わだつみ会」（Ⅱ）―岡田裕之氏に聞く―」『小樽商科大学　商学討究』六〇―四、二〇一〇年、六頁。

＊10 ウォーレスについては、安藤次男「異端の副大統領ヘンリー・A・ウォーレス―ポスト冷戦時代の視点から―」『立命館国際研究』一九―三、二〇〇七年、参照。

＊11 『民主文学』一九九七年一二月号掲載の川崎はま子「喜和子」は、敗戦直後の共産党の行商隊、「赤い行商隊」の様子を描いている。

＊12 中本たか子『広島へ…そしてヒロシマへ―私の戦後平和運動史―』白石書店、一九八六年、一二一頁。

＊13 婦人戦線の中心であった一九四六年創立の婦人民主クラブも分裂し、委員長櫛田フキをはじめ厚木たか・佐多稲子ら中央委員は国際派に属した。全国的には国際派の支部は西日本に多かった（一九五一年五月五日付「〇中通達　婦人民主クラブ臨時大会を斗いぬけ」4-1078）。党による婦人団体攻撃についての自己批判は、『アカハタ』一九五六年二月一三日付主張「六全協の決議と婦人問題」参照。

＊14 女性党員の活動が「生活問題」に直結され、「婦人党員は役に立たない」という「婦人の蔑視の思想」が根強く残っていたことも後年指摘されている。「婦人運動の総括と問題点　一九五八・九・二一　日本共産党東京都委員会」(8-0579)。

＊15 『平和のこえ』一九五一年一月一七・一九日付（GHQ/SCAP Records (RG331) Box no.2654 Folder title/number: (5) Communist Organs：国立国会図書館デジタルコレクション）に大澤幹夫（絵佐藤忠良）「たたかう行商隊⑵⑶」が掲載されている（三〇・三八コマ目）。

＊16 坪井豊吉『在日同胞の動き　在日韓国人（朝鮮）関係資料』自由生活社、一九七七年、三七―三八頁。

＊17 ハンクン・ツラリムは第四回党大会に参加した朝鮮共産党代表（団長）の姜文錫のペンネームである。「PRIME研究会「韓国における朝鮮近現代史研究の現状と課題：社会主義運動研究を中心に」の記録」『プライム』四〇、二〇一七年、一二四頁。

＊18 朴慶植編『朝鮮問題資料叢書　第十五巻』アジア問題研究所、一九九一年、一〇九頁。

＊19 前掲坪井『在日同胞の動き』五七―六〇頁。

＊20 前掲朴編『朝鮮問題資料叢書　第十五巻』一九―七六頁。

＊21 前掲朴編『朝鮮問題資料叢書　第十五巻』七七―一〇七頁。

＊22 前掲坪井『在日同胞の動き』四三―四四頁。

＊23 『在日朝鮮人団体重要資料集　一九四八年―一九五二年』現代日本・朝鮮関係史資料第2輯、湖北社、一九七五年、四九―五〇頁、

前掲朴編『朝鮮問題資料叢書　第十五巻』一一八頁。

＊24　前掲坪井『在日同胞の動き』三〇六―三一〇頁。

＊25　前掲坪井『在日同胞の動き』二九八―二九九頁。最新の関連研究として、崔徳孝「朝鮮戦争と在日・在米朝鮮人追放問題」『歴史評論』八八〇、二〇二三年、参照。

＊26　法務研修所『在日北鮮系朝鮮人団体資料集』検察研究特別資料第六号、一九五二年、三七七頁。

＊27　前掲『在日北鮮系朝鮮人団体資料集』三七七―三九六頁。

＊28　前掲『在日北鮮系朝鮮人団体資料集』五五―六七頁。

＊29　前掲『在日北鮮系朝鮮人団体資料集』六七―六八頁。

＊30　前掲『在日朝鮮人団体重要資料集』六八―七〇頁。

＊31　前掲朴編『朝鮮問題資料叢書　第十五巻』一九五―二〇二頁。

＊32　前掲『在日朝鮮人団体重要資料集』二三四―二四四頁。

＊33　武装蜂起の魅力もあった。『新朝鮮』一九五二年七月一四日付「武器を持てば勇気が出るんや」(7-2267)、『平和と独立のために』一九五三年四月二日付「朝鮮人民軍建軍五週年をむかえ武装斗争強化を決議　生コマ山上に記念集会」、安部桂司『日共の武装闘争と在日朝鮮人』論創社、二〇一九年、参照。

＊34　一九五三年一一月の民戦第四回全体大会が共産党の方針である反米・反吉田・反再軍備の「三反斗争」に、反李承晩を加えて「四反斗争」として決議したことに対して、共産党は「民族的偏見」と決めつけて撤回を指示したという。内藤正中「日本海地域における在日朝鮮人の形成過程（Ⅲ）」島根大学『経済科学論集』一三、一九八七年、一七頁。

＊35　全文は『前衛』一九五四年一一月号掲載。外相声明を在日朝鮮人は感激をもって受け止めた。『アカハタ』一九五四年九月四日付「〝祖国が見守っている〟　南日外相声明　感激の在日朝鮮人」。ただし声明と同様の表現はすでに一九五二年段階で朝鮮労働党政治部員金天海のアピール「在日同胞に訴う」の中に「諸君は朝鮮民主主義人民共和国の人民である」と見える（『新朝鮮』一九五二年五月二〇日付全国版第一〇八号所載、前掲『在日朝鮮人団体重要資料集』二九―三一頁）。

＊36　前掲黒川『戦争・革命の東アジアと日本のコミュニスト』二六四―二六五頁。

＊37　前掲朴編『朝鮮問題資料叢書　第十五巻』三八八頁。

＊38　前掲朴編『朝鮮問題資料叢書　第十五巻』三八八頁。

＊39　前掲朴編『朝鮮問題資料叢書　第十五巻』三九一―三九八頁、日刊労働通信社編『最近における日共の基本的戦略戦術（三）』日刊労働通信社、一九五六年、六七七―六九三頁。運動内部の対立については、姜在彦「ある朝鮮人史学者の独白―わが朝鮮思想史への開眼―」『現代と思想』三八、一九七九年、一〇八―一〇九頁、参照。

＊40　歴史学研究会編『証言　戦後歴史学への道』青木書店、二〇一二年、参照。

＊41　歴史学研究会編『戦後歴史学と歴研のあゆみ　創立60周年記念』青木書店、一九九三年、「「歴研」座談会　第一回」における中村政則発言（六九頁）。

＊42　王増芳「1950年代の日本における「民族」の提起及びそれをめぐる論争―歴史学研究会を中心に―」明治大学『教養デザイン研究論集』一三、二〇一八年、参照。

＊43　一九五〇年三月時点で党科学技術部員。最新の研究として、磯前順一『石母田正―暗黒のなかで眼をみひらき―』ミネルヴァ書房、二〇二三年。

＊44　「歴史学における民族の問題」『歴史と民族の発見―歴史学の課題と方法―』東京大学出版会、一九五二年、所収。スターリン言語学の日本への影響は、大久保忠利「覚え書・スターリン言語観とソビエト言語心理学」『現代と思想』三九、一九八〇年、田中克彦『「スターリン言語学」精読』〔岩波現代文庫〕岩波書店、二〇〇〇年、第四章、参照。

＊45　前掲田中『「スターリン言語学」精読』二五六―二五七頁。石母田民族主義に対する批判として、森信成『史的唯物論の根本問題―戦後日本の思想対立―』青木書店、一九五八年、前篇第二・三章および補遺、参照。

＊46　歴史科学協議会編『歴史科学の思想と運動』大月書店、二〇一九年、所収。「党員歴史家の当面の任務」については、高田雅士「「党員歴史家の当面の任務」と国民的歴史学運動研究」『歴史評論』二〇二〇年一一月号、参照。

＊47　江口朴郎も同様の認識をしていた。「どこかで書いた記憶がありますが、大塚さんと羽仁さんを一種の共通点を持つものと考えた。」歴史学研究会編『歴研半世紀のあゆみ』青木書店、一九八二年、「座談会（三）」における江口発言（二一二頁）。

＊48　『西洋史学』五一、一九六一年、「編集後記」。大塚史学については、遠山茂樹『戦後の歴史学と歴史意識』岩波書店、一九六八年、I－3・I－4参照。遠山は「大塚の研究が画期的な業績をあげたのはなぜか、その論文が、歴史の研究者だけではなく、ひろく多くの知識人を歴史の前進的な方向で引きつけたのはなぜか」と述べている（六〇頁）。

＊49　「解説」前掲『歴史科学の思想と運動』五七九頁。

＊50　前掲『戦後歴史学と歴研のあゆみ』「「歴研」座談会　第一回」における太田秀通発言（六二頁）。

＊51　前掲『歴研半世紀のあゆみ』「〈対談〉再建期の歴研と歴史学を語る」における斎藤孝発言（二五〇頁）。
＊52　須田努『イコンの崩壊まで―「戦後歴史学」と運動史研究―』青木書店、二〇〇八年、二八頁。
＊53　前掲須田『イコンの崩壊まで』第一章「一九五〇年代「戦後歴史学」の特質」。
＊54　犬丸義一「戦後日本マルクス主義史学史論―1950～55年を中心に―」『長崎総合科学大学紀要』二五―一、一九八四年、一一四頁。
＊55　概して、主流派は全面講和署名運動を、国際派はベルリン・アピール署名運動をそれぞれ重視した。長島祐基「朝鮮戦争勃発前後の平和擁護運動における署名獲得方法の変化―ストックホルム・アピール署名運動からベルリン・アピール署名運動へ―」『プライム』四六、二〇二三年、参照。
＊56　水野明善「文化・文学戦線統一のために」『新日本文学』一九五一年七月号、八頁。水野は新日本文学会中央委員。
＊57　前掲犬丸「戦後日本マルクス主義史学史論」一二四頁。藤原彰も一九八七年に、「歴研は激しいやりとりはあったにせよ、ともかくも会としての統一を保ったのは、学者の会としての良識が存在していたからであろう」と述べている。前掲歴史学研究会編『証言　戦後歴史学への道』二八二頁。
＊58　北山茂夫の大会批評については、「最近の歴史学界における主潮」『萬葉の世紀』東京大学出版会、一九五三年、も参照。
＊59　一九五二年五月日不明、小此木真三郎宛北山茂夫書簡、北山茂夫『向南山書簡集（中）』みすず書房、一九八六年。北山は日本史研究会一九五二年度大会においても、「現在の歴史学は大衆の要望の前に全く無力」「吾々の歴史学はいまや破産しかゝっている」と発言している。『日本史研究』別冊「歴史の変革と愛国心―一九五二年度大会報告―」一九五三年九月号「日本史研究会に望む」における網野善彦・丸山静の書簡より。
＊60　一九五二年度大会については、『日本史研究』一九五三年二月号の丸山静「「民族」の問題の進め方について―石母田氏への質疑―」、同年一〇月号の石母田「弱さをいかに克服するか―丸山静氏への返事―」参照。
＊61　一九五三年五月二八日付藤原治宛北山茂夫書簡、一九五三年六月〔五月の誤りヵ〕三〇日消印小此木真三郎宛北山茂夫書簡、前掲北山『向南山書簡集（中）』六〇頁。
＊62　北山茂夫「歴研大会についてのいくつかの所感」松尾尊兊編『北山茂夫　伝記と追想』みすず書房、一九九一年、二六〇頁。初出は『歴史学研究会月報』35、一九五三年八月。五三年度大会に関する北山の論稿として、ほかに「最近の歴史学界における主潮」『思想』一九五三年八月号、「民族の心」『改造』同年一〇月号（のち「日本における英雄時代の問題に寄せて」と改題し、『続萬葉の世紀』東京大学出版会、一九七五年、所収）がある。

＊63　前掲遠山『戦後の歴史学と歴史意識』一一七―一一八頁。
＊64　『日本史研究』一九五二年一〇月号。
＊65　田中聡「立命館大学の夏期日本史公開講座の資料」『燎原』二五四、二〇二二年。

第五章

＊1　全国統一委員会結成前、一九五〇年七月一一日付で水戸市委員会・水戸市細胞代表者会議・茨城県委員会機関紙部は「声明書　党内に巣喰うチトー一派の策動を粉砕するために全党の同志諸君に訴える」（2-0011）を、七月一二日付で長崎県委員会常任委員会は「チトー主義者の破壊工作について声明する」（2-0012）を、日付不明で岩手県東部地区委員会は「日本共産党臨時中央指導部に対する意見書」（2-0020）を発表する。
＊2　二つの事件に関しては、以下の文献を参照。松川運動史編纂委員会編『松川運動全史―大衆的裁判闘争の十五年』労働旬報社、一九六五年、門田實『松川裁判の思い出』朝日新聞社、一九七二年、大塚一男『私記松川事件弁護団史』日本評論社、一九八九年、高田光子『松川事件・真実の証明―戦後五〇年松川運動の原点に学ぶ』八朔社、一九九七年、今井敬彌『私の松川事件』日本評論社、一九九九年、伊部正之『松川事件と平事件のナゾ』歴春ふくしま文庫71、歴史春秋社、二〇〇一年、伊部正之『松川裁判から、いま何を学ぶか　戦後最大の冤罪事件の全容』岩波書店、二〇〇九年、大塚一男『回想の松川弁護』日本評論社、二〇〇九年。
＊3　大森宗吉「「平事件」前後」『運動史研究』七、一九八一年、一七四頁。
＊4　『読売新聞』一九五〇年二月一九日付朝刊福島版は「本県の共産党員は現在届出ている者一千八百名となつているが、実際の正員は五千名を下るまい、さらにこの周辺に二万前後のシンパが想定される」と報じている。Communist Party Activity（文書名 :GHQ/SCAP Records, Civil Affairs Section ＝ 連合国最高司令官総司令部民事局文書）（課係名等 :Tohoku Civil Affairs Region）（シリーズ名 :Labor Unions, 1946-51）（ボックス番号 :2601；フォルダ番号 :27）：国立国会図書館デジタルコレクションは、一九五〇年九月中旬の福島県の党員数一三五九名・シンパ三四四二七名としている（二六コマ目）。東北六県では最多である。
＊5　石母田の東北後進地論については、拙稿「歴史的思考力の形成空間としての東アジア」加藤章編『越境する歴史教育』教育史料出版会、二〇〇四年、参照。
＊6　桑原信夫「地区委員長のあり方を考える―その任務と活動について―」『前衛』一九八四年二月号、一六六―一六七頁。
＊7　『前衛』一九七九年九月号「松川事件と裁判批判運動　松川事件裁判闘争検討会」八四頁。

＊8　第二審公判が始まった一九五七年、『アカハタ』四月一〇日付党活動「平事件・三つの問題点（上）東北地方常任委員会」は、第一審は「ほとんど被告団だけの努力にまかせられた原因は何といっても党が分裂し、裁判のほとんど全期間を通じて党の方針にも誤りがあったためである」と回顧している。

＊9　小沢三千雄編著『万骨のつめあと―秋田から松川事件まで―』暁民社、一九七四年、二七六―二七八頁。

＊10　『日本共産党党内闘争文献集』1950・後編、生活書店、一九五一年、二三〇―二三一頁。

＊11　前掲『日本共産党党内闘争文献集』「九・三北京人民日報論説とわれわれの態度　日本共産党第十回拡大福島県委員会」三〇三頁。

＊12　小沢三千雄「九年半のあゆみ」『前衛』一九五八年一二月臨時増刊号「松川の真実―最高裁口頭弁論特別号―」一九二頁。

＊13　『新日本文学』一九五一年一〇月号「松川事件第二審ちかづく」に転載。河出書房版『宮本百合子全集』（一九五一―五二年）には所収されていないが、新日本出版社版『宮本百合子全集』第一六巻（一九八〇年）には所収。引用は『新日本文学』より。

＊14　福島県党の主流派・反主流派の勢力に関して、前掲 Communist Party Activity 所収「昭和二十六年一月　石城地区治安状況　平地区警察署」中の「日共石城地区委員会の最近の動向」（一六五―一七六コマ目）は、石城地区委員会は一九五〇年八月に分裂し、主流派二六三名、国際派一六〇名、および無所属七八名の三分状態と伝える。同「昭和二十六年一月　参考表　平市警察署」によれば、平市在住の共産党員は二九名、シンパは約九〇名である（二四五コマ目）。「石城地区に於ける自由労働組合の動向」（一九五―二〇二コマ目）は、共産党の分裂は自由労組にも波及し、「五分五分の状況」と記す。

＊15　原審の特別弁護人で一九五三年除名、六二年取消。津川の所説は岡林辰雄弁護人弁論要旨（松川事件資料刊行会編『松川事件資料集』No.2、松川事件資料刊行会、一九五四年、同会編『松川事件資料集』No.4の下、勁草書房、一九五五年）にも反映されている。

＊16　弁護人風早八十二も上告審弁論において「異常環境における心理的異常反応」を指摘している。「六、自白の問題(2)虚偽自白の心理について」前掲『前衛』「松川の真実―最高裁口頭弁論特別号―」九六頁。大塚一男「松川裁判と自白―松川事件―」自由法曹団編『人権と公判斗争　自由法曹団45周年記念弁論集』労働旬報社、一九六六年、参照。

＊17　前掲不破『日本共産党にたいする干渉と内通の記録　上』八五頁所収の志賀義雄書簡画像により、志賀の書体と同定した。また、書簡中に「志賀」との表記があるが、これは当時よく使われたカムフラージュである（同前七二頁）。

＊18　「両翼の偏向の克服と党の統一のために」を掲載している統一委員会機関誌『統一情報』活版第二号・一九五〇年一〇月上旬号では、中湊勉「いわゆる国際派の国際主義を批判す」（2-0172）も志賀批判をしている。

＊19　遠藤忠夫（前宮城県委員長、一九五〇年除名）によれば、一九五〇年六月六日と思われる日、国際派中央委員・同候補が亀山幸

三宅に集合し、反主流派の組織結成を議論した。宮本は不参加だったが、参加した志賀は「統一委員会」の名称に固執したという。志保田行「プロレタリア・ヒューマニズムとは何か（上）」『労働運動研究』一九九八年九月号、二九頁。

＊20　長谷川浩・由井誓「対談　内側からみた日共'50年代武装闘争」『朝日ジャーナル』一九七六年一月三〇日号（のち、由井誓追悼集刊行会編『由井誓遺稿・回想』一九八七年、所収）において、由井はソ連型の武装蜂起、中国型の民族解放闘争、国外からの解放軍の来援の「三位一体」論が一時期日本革命を幻想させたと述べている。

＊21　前掲小山『戦後日本共産党史』一〇九頁。

＊22　前掲不破『日本共産党にたいする干渉と内通の記録　下』三二一―三二六頁。

＊23　「50年分裂から六全協まで―吉田四郎氏に聞く―」『運動史研究』八、一九八一年。

＊24　前掲小山『戦後日本共産党史』一一二頁。

＊25　前掲 JCP Organization（九三―一〇一コマ目）。

＊26　前掲亀山『戦後日本共産党の二重帳簿』一四四―一四五頁。後年、党分裂に関する「五〇年問題調査委員会」が開かれるが、その席上で杉本文雄は一九五一年七―八月頃の主流派・国際派の統一交渉に関連して、「徳田自己批判書を基礎にした椎野自己批判書を合法面代表、臨中議長の資格で発表した。この内容は、椎野執筆になるものだが、四全協政治局で討議され承認されたものであった」と述べている。同二四一頁。

＊27　椎野自己批判から一九五一年一〇月の五全協に至る経過については、前掲亀山『戦後日本共産党の二重帳簿』一五二―一五四頁、参照。

＊28　前掲「五〇年問題について」※3。

＊29　前掲杉本『時代に抗する』によれば、一九五一年八月一五日に東京池袋の小学校で全国統一会議の全国会議が予定され、その前夜にフラク会議がもたれた。この時点で統一会議内は東京・宮本派の「あくまで国際派」と関西・春日派の「統一志向派」=「大衆運動派」に分れ、杉本ら関西派は「そろそろ復帰しよう」路線だった。偶然モスクワ放送を通じてコミンフォルムの四全協支持のニュースが入り、「国際権威が臨中にお墨付きを与えよった」となり、統一会議は分裂することになった（六五―六六頁）。

＊30　春日は一九五一年九月一月に長文の自己批判書「何よりも正しい態度　全党的観点をつらぬくこと=本当に党と革命に忠実であるために=」(2-0575) を発表し、コミンフォルム八月一〇日論評を「何ら不当なものでも、苛酷なものでもなく、全く、適切妥当である」と認め、四全協決定に「何らの躊躇も留保もなく、全面的に服する」ことを表明して、復帰が承認される。春日は自己批

判書を六全協後にも配布するが、五六年二月の四中総で非組織的行為を批判され、回収することになる。
＊31　前掲『日本共産党の八十年』一二五頁。
＊32　『地区ニュース』一九五七年一二月九日付第二九号、北多摩地区委員会「五〇年問題について」(8-0487)。一方、前掲杉本『時代に抗する』は、一九五四年九月頃に国際派の西川彦義と都内の党員を回った時のことを振り返って、「五反田の旧い同志を訪ねると、二人は宮本顕治の自己批判書がどうのこうのと話しとった。あったんですな、宮本の自己批判書」と回想している（八八頁）。
＊33　前掲小山『戦後日本共産党史』は執筆者を宮本と推測。執筆時は一九五〇年一二月。
＊34　前掲犬丸「日本におけるスターリン的偏向とその克服過程」八七頁。
＊35　日本共産党宣伝教育部編『日本共産党決議決定集　六全協・付綱領』新日本出版社、一九五六年。原資料は「当面の要求（第二〇回中央委員会）」(4-1180)。
＊36　前掲渡部『思想と学問の自伝』三七一頁。
＊37　前掲小山『戦後日本共産党史』一四六頁。
＊38　一九五五年暮と思われる木村三郎「極左冒険主義の総括と教訓」(2-0322)。
＊39　一九五六年九月の第八回中央委員会総会は、新綱領の農民問題の再検討を指摘している。「農業綱領」に関する最近の研究として、玉真之介「農地改革の真実―その歴史的性格と旧地主報償問題―（その４）」『帝京経済学研究』五六―一、二〇二〇年、参照。
＊40　前掲小山『戦後日本共産党史』は「党は平和的移行の可能性のない占領下の時期に、野坂理論による「平和革命」の方式をとなえ、講和会議の新情勢で平和的移行の可能性がうまれた時期に、新綱領による非平和的手段を採用し、かくて戦後の一〇余年間一貫してまちがった革命方式をとってきた」と皮肉を込めて論じている（二〇七頁）。
＊41　宮本顕治の回顧によれば、第七回党大会で五〇年問題を総括する前に志賀・蔵原が訪ソした際、フルシチョフから総括反対と言われ、帰国途中に立ち寄った北京でも劉少奇らから総括に反対された、志賀はフルシチョフや劉少奇に追随しようとしたが、「予定通り」五〇年問題の総括を行ったという。『朝日ジャーナル』一九六七年七月三〇日号「日共自主独立路線の理論的、歴史的背景」九四頁。

第六章

＊1　初回の見出しは「わが県党の記」で、中央委員会幹部会員・京都府委員長の河田賢治が「古都に歴史的伝統をうけついで」を寄

稿している。一九六〇年代後半には『大阪民主新報』『兵庫民主新報』など地方党機関紙も府県党史を掲載している。

＊2　『解放をもとめて　日本共産党長野県党のあゆみ』、『三重県における日本共産党のあゆみ』、『日本共産党・新潟県70年のたたかい』、『京都府党一〇〇年のあゆみ』『時代をつないで　大阪の日本共産党物語』など。

＊3　『秋田魁新聞』一九五二年四月七日付秋田読売版「小坂の火焔瓶事件重視」、同五月一八日付「日共党員ら11名の犯行」、同一九日付「逃亡の四名追及」などの報道があったが、同二一日付「火焔ビン事件に疑惑の数々」や同二二日付「陳述記録を書きのこさず」は、小坂町警察署と小坂鉱山の間に治安問題をめぐる取引があり、それを隠蔽するために火炎ビン事件が引き起こされたのではないかと伝えている。

第七章

＊1　前掲小山『戦後日本共産党史』一〇九頁。

＊2　前掲朴編『朝鮮問題資料叢書　第十五巻』一八五―一九三頁。

＊3　『日本共産党の文献集（第三篇）』日刊労働通信社、一九五二年、三九〇頁。

＊4　佐木亘「一戦後党員の証言」『論争』一九五九年冬季号、一一四頁。佐木には『或る青春の記録―山村工作隊に参加した頃―』近代文学社、一九五九年（のち、『青春の記録2　孤独なる渇望＝模索と彷徨』三一書房、一九六七年、所収）がある。佐木が在学していた青山高校については、井上敏夫「メーデー事件の頃の都立青山高校」『カオスとロゴス』五、一九九六年六月、参照。

＊5　単行本となった家庭園芸研究会編『球根栽培法』東京・東書房、一九五一年は東京大学社会科学研究所図書室デジタル資料で閲覧可能。埴谷雄高編『戦後日本思想大系6　革命の思想』筑摩書房、一九六九年、に全文所収。

＊6　村田由『北海道労働運動ものがたり―私の歩んだ40年―』日本共産党北海道委員会教育宣伝部、一九六五年、によれば、一月二四日に「白鳥警部という人物はろくでなしで、ずいぶんひどいこともやっているからにくむものもあるだろう」と答えたことが、二三日の「声明を修正したかのように小さい記事でのった」と説明している（一一一頁）。

＊7　高田富与市長は弁護士、戦前は治安維持法違反者の弁護をつとめ、とくに北海道綴方教育連盟事件の弁護が有名。高田富与「白鳥事件　わが回想録（三）」全国市長会編『市政』一五―三、一九六六年、参照。

＊8　「見よ天誅遂に下る！」と「見よ天誅遂に降る！」の二種類のビラがある。この異同・前後に関しては、前掲渡部『白鳥事件　偽りの冤罪』第三章が詳述している。

＊9　「北大五・一六集会報告集」編集委員会編『蒼空に梢つらねて　イールズ闘争六〇周年・安保闘争五〇周年の年に北大の自由・自治の歴史を考える』柏艪舎、二〇一一年、参照。イールズ闘争に関しては、中野徹三「1950年前後の北大の学生運動―その位置と意義を再考する」『大原社会問題研究所雑誌』六五一、二〇一三年、梁田政方「中野徹三「北大のイールズ闘争」論に反論する」同六五八、二〇一三年、参照。

＊10　当時の北大学生運動については、堅田精司「1952年における北大学生運動資料」『北海道地方史研究』四五、一九六二年、参照。

＊11　一九五一年の五全協後、来札した中央軍事委員会の村上弘による軍事方針強要に対し、吉田は反論したという。前掲「五〇年分裂から六全協まで」。

＊12　前掲今西「白鳥事件と中国」所収、川口孝夫「遺稿　いまなぜ「白鳥事件」の真相を公表するか」二四四頁。

＊13　前掲追平『白鳥事件』一三五頁。

＊14　前掲渡部『白鳥事件　偽りの冤罪』一四〇頁。

＊15　前掲追平『白鳥事件』二〇一―二〇二頁。

＊16　前掲追平『白鳥事件』二〇二―二〇三頁。

＊17　『前衛』一九六一年九月臨時増刊「日本共産党第八回大会特集　I報告および決定」、一八六頁。

＊18　「重要段階をむかえる白鳥事件」『前衛』一九六一年一一月号、一六二頁。

＊19　白鳥事件北海道対策協議会（白対協）は一九六一年三月に結成され、六二年三月に白鳥事件中央対策協議会（中央白対協）が組織された。村上国治弁護団は一九六五年一〇月に再審請求申立書を札幌高裁に提出、六九年六月の再審請求棄却決定後、異議申立を行う。一九七一年七月に再審異議申立棄却決定後、最高裁に特別抗告申立書を提出する。特別抗告は一九七五年五月に棄却決定。

＊20　兼房次男「なぜ司法制度改革が必要か（上）―改革提言案の構成と背景―」『前衛』一九八二年一月号、一五九頁。

＊21　茂見義勝「その夜」警視庁警務部教養課編『自警』三九、一九五七年、益子実太郎「北海道マスコミ秘聞　原田情報と「追跡」」『北海情報』一九六二年一〇月号。白鳥事件は不正貸付を摘発されそうになった札幌信用金庫理事長によって実行されたというい わゆる「原田情報」については、前掲追平『白鳥事件』一四〇―一四三頁、参照。

＊22　松田解子「雪のなかの真実―白鳥事件現地調査から―」『新日本文学』一九六一年三月号、一六八頁。

＊23　松本清張「白鳥事件」『松本清張全集30　日本の黒い霧』文藝春秋、一九七二年（初出は一九六〇年）一一一頁、によれば、『北海道日日新聞』一九五二年七月一二日付は、片方の男性がもう片方の男性に話しかけていたという目撃者談を報じている。『北海道

日日新聞』は『北海日日新聞』の誤記か。

＊24　前掲渡部『白鳥事件　偽りの冤罪』二三七頁。

＊25　前掲今西「シンポジウム　歴史としての白鳥事件　白鳥事件とは何か」所収、大石進「白鳥事件私記」八六頁。

＊26　前掲『コミンフォルム重要文献集』四三九―四四九頁。

＊27　時期不明だが、梅本克巳（一九四七年暮入党、六〇年頃離党）も査問され、主体性論をめぐり哲学者党員会議が開かれている。出席した関戸嘉光はつぎのように回顧している。「中央から歴史学者伊豆公夫（赤木健介）と経済学者川崎巳三郎の両氏が査問委員として来た。会議はそんなに険悪な空気ではなかった。（中略）梅本氏は、落ちついて余裕をもって、自分の考えと行動を報告説明した。（中略）私は梅本氏を支持した」（「戦後日本思想史の一側面―自伝風に―」『長野大学紀要』一八―一、一九九六年、九七頁）。

＊28　この点をめぐり、六全協直後に神山茂夫は「日本革命の発展と勝利のために―日本共産党六全協決議に対する一被除名者の感想―」において、「極右と極左」の内的連関を指摘し、こう論じている。「極左冒険主義・セクト主義だけが党と大衆の結合を弱めたのではない。それと表裏一体の関係にある右翼的偏向、「後衛」主義、自然成長性への降伏なども同じ役割を演じた」。前掲神山編『戦後日本共産党戦後重要資料集』七〇七頁。

＊29　文中で触れられている高松炭鉱争議は、一九五二年の日炭高松労働組合賃上げストライキ「六三スト」のこと。執筆者は炭鉱オルグに入っている党員。

＊30　一九五三年四月の第三回参議院議員選挙に向けた三月三〇日付『中央選対連絡事項』第五号（2-0747）には「清算主義に対する批判」と題して、つぎのようなシンパからの厳しい内容の投書が掲載されている。「候補者曰く、「私達が思いあがつてみなさまのためにたゝかつていると思ひながら、実際にはさうではなかつた。これが前の選挙にゼロ敗した原因であると自己批判しまして……」▽思いあがつたとは何ですか、政策の取扱ひの態度のことですか。（中略）思いあがりさえなほせば、政策はそのまゝでよいのですね。▽うけ入れられない政策ではなかつたのですね。うけ入れ難い政策であつたのは……思いあがり……の為ではないのですね。▽皆さんのためにたゝかう―というのは―斗争の清算主義ではありませんか、自主的自発的に大衆がたゝかう政策はありませんか。　街頭演説をきいての感想を申上げます。根本的に考えなおして下さい。既成政党と同じですし、当選第一主義、合法主義へ転落していますたしかに」。

＊31　四全協後の史料「カンパニアに対する金物屋活動について」（4-1174）は、武装闘争について具体的指示を与えている。「①労働者階級を中心とする全人民の抵抗自衛斗争を土台とし、これをさらに一歩前進させるために必要な軍事的指導を強化し、労働者階

級が民族解放の指導者として、自分の手で、米帝とその手先に実力で立ち向うためには、組織された軍隊的訓練と、軍事的知識とが必要であることを実践的に理解させ、警察、予備隊等の暴力的抑圧機関の革命的部分を、人民の側に立たせ、さらに米軍に対する無力化工作にもあたらねばならないことを身を以て理解させるための宣伝、教育、工作を行う。②暴力的抑圧機関内部の良心的分子に対する工作を強め、特に革命的人民大衆との結合をはかる。③軍事知識の普及と軍事技術の大衆化を計り、大衆行動を援助する。そのためには無数に斗われている抵抗自衛斗争の経験を交流し、これと軍事技術との結合をはかると共に、武装蜂起、ゲリラ遊撃戦、レジスタンス等に関する諸文献を大衆の中に宏め、これらに関する組織的討論と研究の中から大衆の創意を導き出す」。

＊32 『軍事ノート』一九五二年七月一四日付（4-1558）には「独立遊撃隊を組織せよ」、同年七月二八日付（4-1559）には「日本ではパルチザンを無視してはならない」「独立遊撃隊について」、同八月一一日付（4-1560）には「選挙闘争の中で軍事的行動の技術を学べ」「学生の夏期工作隊を、独立遊撃隊え発展させよ」「軍事月間報告について」などが掲載されている。このほかスパイ闘争を担当した「人防会議」がある。一九五一年六月一七日付「〇中通達　地方人事防衛係設置について」（4-1032）、一九五二年三月二九日付「C県人防会議の経験」（2-0690）、同年月日不明「防衛活動の基本方針―全国人防代表者会議の終結―」（2-0685）、参照。一九五六年七月以降と思われる「組織部の確立の必要とその任務―党組織の強化と整備のために―」（8-0656）は、いまだ人防会議を存続させている地域があり、「検察的摘発的性格」が濃厚だと指摘している。

＊33 祖国防衛委員会・祖国防衛隊は、メーデー事件をはじめとする府県警察・自衛隊・米軍への軍事活動を「Y工作」と称している。前掲坪井『在日同胞の動き』三九七頁。

＊34 前掲大石「白鳥事件私記」三四頁。早稲田大学の中核自衛隊（民族解放早稲田突撃隊）・独立遊撃隊・山村工作隊の実態については、由井誓「〝『五一年綱領』と極左冒険主義〟のひとこま」前掲『運動史研究』四、参照。

＊35 土田国保「東京都下における所謂山村工作隊の概況」警察大学校編『警察学論集』五―一〇、立花書房、一九五二年、東京三多摩地区山村工作細胞全体会議「山村工作四ヵ年の経験から」『前衛』一九五五年一〇月号、参照。

＊36 増山太助『戦後期左翼人士群像』つげ書房新社、二〇〇〇年、「小松豊吉と相賀珊吉」、参照。八王子の伊藤律宅は奥多摩の山村工作隊への入口の役割を果していたという。伊藤淳『父・伊藤律　ある家族の「戦後」』講談社、二〇一六年、二〇六―二〇七頁。

＊37 早川保「学生の農村調査は画期的な意義」『党創立三〇執念記念論文集№1』一九五二年（7-0908）。

＊38 加藤文三「国民的歴史学について―研究会の歴史から―」歴史科学協議会編『歴史科学大系第33巻　民科歴史部会資料集』校倉書房、一九九九年（初出は『歴史評論』四四、一九五三年）、前掲高田『戦後日本の文化運動と歴史叙述』参照。

＊39　土本典昭「「小河内山村工作隊」の記」『早稲田・1950年・史料と証言』三、一九九八年、参照。小河内に派遣されたのは早大生が多く、一〇〇〇人ほどいたという。「吉田嘉清氏インタビュー」『立命館言語文化研究』二〇―三、二〇〇九年、一三三頁。

＊40　分裂期の党内を描いた小林勝『断層地帯』にも岩崎事件を暗示する箇所がある。『小林勝作品集』第2巻、白川書院、一九七五年、四〇五頁。

＊41　増山太助「「五〇年問題」覚書（下の一）」『運動史研究』六、一九八九年、によれば、岩崎は志願して小河内軍事ダム反対闘争の特別対策部責任者となり、三多摩地区委所属・都委員会オルグとして現地に入った。小河内山村工作隊・岩崎については、津金佑近「あさやけのうた」『早稲田・1950年・史料と証言』一、一九九七年、『真相』一九五六年一一月号「岩崎貞夫君の思い出　ある共産党員の死から」参照。「新綱領実践の先駆者」岩崎の惨死は共産党にとって大きなショックだったはずだが、一年余りでその記憶は遠ざかる。小河内細胞機関紙『小河内』（一九五四年一二月三一日付第二一号「みんなの力で鳩山内閣を倒そう」9M-0212）は、村内の道路開設工事反対運動を「アメリカと国内の保守反動を権力の座から叩きだす力」と評価し、「われわれ工作隊は、そのため、最大限の努力を村の中ではらいたい」と宣言している。岩崎の影は見えない。小河内山村工作隊が旧国際派の早稲田大学生に対する過度のペナルティであったこと、そこに若き日の網野善彦の指導が見え隠れしている点について、内田力「一九五〇年代の網野善彦にとっての政治と歴史―国際共産主義運動からの出発―」『日本研究』五八、二〇一八年、参照。

第八章

＊1　井上敏夫「公安調査庁と五〇年代日本共産党の軍事方針」『朝鮮戦争下　公安関係資料―光永源槌資料』解説・解題・収集資料目録、不二出版、二〇一一年、五〇頁。

＊2　日刊労働通信社編『最近における日共の基本的戦略戦術（二）』日刊労働通信社、一九五四年、二八三―二八七頁。

＊3　前掲『最近における日共の基本的戦略戦術（二）』二九三―二九五頁。

＊4　『アカハタ』一九五四年三月一日付から八日付まで連載された党生活「山吹村細胞活動の記録（1〜5）」は、「一・一決定」を受けて、長野県山吹村民と細胞のズレがいかにすり合わされたかを報告している。

＊5　春日正一「スターリン逝去一周年にさいして」『前衛』一九五四年五月号、一三頁。

＊6　古田論文のすぐ後に春日「「民族自決権」にかんする同志古田の注意にこたえて」が掲載されており、「労働者出身幹部の理論的弱さを補強するという立場からなされたこの批判に私は感謝する」と見える。

＊7　ただし、神山派は一九五四年九月に除名される。前掲小山『戦後日本共産党史』は「スターリン的恐怖支配の日本版」と述べている（一七〇頁）。五八年三月に復党。
＊8　前掲小山『戦後日本共産党史』一七五頁。
＊9　神山茂夫編著『われらは弾劾する―真実と真理のあかしのために―』創造社、一九五五年、「序」五頁。
＊10　前掲杉本『時代に抗する』八四―八七頁。
＊11　「一都協報告草案」（7-1039）。
＊12　『アカハタ』一九五四年二月一三日付「同志野呂栄太郎の偉業」、同二八日付「うけつぐ闘志」。他の世話人は、羽仁五郎・小椋広勝・塩沢富美子・平野義太郎・守屋典郎・風早八十二・山田勝次郎・服部之総・松山文雄・豊田四郎・矢部友衛・小林良正・山本正美・佐藤さち子・野坂リヨウ。
＊13　『アカハタ』一九五四年四月一六日付「きょう記念集会　しのぶ反ファッショ犠牲者」。当日の様子は同一九日付「なき指導者しのび　4・16犠牲者追悼大会」参照。
＊14　『新日本文学』一九五四年五月号、一〇六頁。
＊15　点検のシーンは、小宮精一「総点検運動と全学議長境栄八郎氏の追放」『早稲田一九五〇年・史料と証言』四、一九九九年、参照。
＊16　日時不明だが、北京機関で安斎庫治が「宮本擁立」に動いていたという。前掲増山『戦後期左翼人士群像』二〇四頁。前掲松村「強制と自主独立の間⑷」参照。
＊17　前掲杉本『時代に抗する』八七頁。藤井冠次『伊藤律と北京・徳田機関』三一書房、一九八〇年、は志田が六全協決議原案と分派統一に全神経を集中していた時期を「六全協の一年前」としている。なお、『戦後における日本共産党史の研究』（『法務研究報告書』四九―三、一九六四年）も、六全協の決議大綱はおそくとも一九五四年六月頃までには決定されていたと記している（九九頁）。なお、同書は「六全協原文」が一九六二年に党内に配布されたとのべているが、根拠は示されていない。
＊18　宮本「自然のことなど―仙台の友へ―」『宮本顕治　天皇制批判について　戦後初期論集1』新日本出版社、一九八七年、三〇〇頁。
＊19　遊説した三陸地域をカバーする岩手県東部地区委員会は国際派であったが、東北地方委員会によって一九五三年三月に解散している（「日本共産党第十三回岩手県党会議議事録（抜萃）」7-0578）。「党主催」とは中央指導部主催を意味していただろう。
＊20　六全協後作成の東大細胞「総点検運動について」（8-0641）にも、総点検運動は「五四年中、党内に荒れくるい、六全協までつゞくのである」と見える。

＊21　『アカハタ』一九五四年一二月一三日付「国民の団結をうったう」。予告記事の同七日付「共産党の政策発表演説会」では岩間・鈴木勝男・松本・風早の四名であり、宮本の名前はない。『アカハタ』一九五四年一二月一六日付「東京都党員決起大会」。なお『半世紀譜』は一二月一一日の決起大会について記す一方、一九五五年一月二一日の項で「電話によって立候補を受諾」といささか矛盾する記述をしている。

＊22　宮本出馬には党内に反発があった。都中部地区委員会指導部「日本共産党東京都中部地区党協議会開催に当って―一九四九〜五五年党活動の総括―」(7-0997) は、「選挙斗争の時宮本同志に対して「五年間党をはなれていたのだから細胞と大衆の苦しみがわかるか」ということで「宮本同志をきたえてやる」というゴーマンな態度で臨んだ。地区指導のゴーマンな態度は自分自らが困難な部署を受けて国民のために活動して行くというのではなしに、色々な理屈をつけて分裂してきた諸同志に対して一番困難な部署を与えてきた。この考えには「俺たちこそが党に残ってきたんだ。あいつらはもどってくるのだ」ということがその根底にあった」と記している。

＊23　宮本の早大生向けの一九五五年新年挨拶も「日本共産党中央指導部」の名前で出している。『早稲田一九五〇年・史料と証言』別冊・資料編、二〇〇〇年、五〇頁。

＊24　同様の視点は一九五一年九月の春日庄次郎『私の自己批判』(2-0575) にも「臨中指〔ママ〕のもとに一致団結し、その統一のなかで依然として原則的な党内斗争によつてすべてを解決してゆくべきであつた」と見える。

＊25　「党の統一促進のためにわれわれは進んで原則に返る!―全国統一委員会の解消に際して―」※2。中国地方委員会党報『革命戦士』一九五〇年一〇月三〇日付第二四号「組織原則を守り党統一を闘い抜け!」(2-0065) も、臨中刷新を訴えている。

＊26　宮本顕治『党史論』上、新日本出版社、一九九三年、一六七頁。初出は「私の五十年史―覚え書き―」『週刊新潮』一九七五年一月二日号。『半世紀譜』・年表によれば、「顔を知った使いの者」は統制委員の岩本巌(志田重男の義弟)。

＊27　前掲亀山『戦後日本共産党の二重帳簿』は、一九五一年秋から一九五四年にかけて宮本は文芸評論に専念して政治活動をしていないとするが(二二二頁)、誤りである。

＊28　『アカハタ』一九五七年六月七日付学芸欄「事実からの出発　文学運動論の視点について」で、宮本は一九五五年一月「当時、私は代々木にあった中央指導部の一人となっていたが、これは、当時はまだ指導上の権限をほとんどもたない機関であった」と記している。地下指導部と中央指導部の上下関係、支配従属関係は明らかだが、中央指導部を「権限をほとんどもたない機関」とする点は、自己防御的弁解であろう。

＊29　「関西地方活動家会議」（8-0410）。
＊30　同前「関西地方活動家会議」。
＊31　前掲上田『戦後革命論争史』下巻、一〇五頁。
＊32　犬丸義一「私の戦後と歴史学」『年報・日本現代史』八、二〇〇二年、二六一―二六三頁。犬丸はこうも述べる。「54年12月に河田賢治さんが副校長に着任、講堂で武装闘争路線からの絶縁を宣言しました。」「〈証言〉歴史家、犬丸義一会員に聞く―中国密航から文化大革命まで―」『アジア・アフリカ研究』五〇―二、二〇一〇年、一九―二〇頁。
＊33　『朝日新聞』一九五八年四月一四日付「上海から伊東へ」。警視庁公安一課発表によれば、日本共産党「人民艦隊」の第一回中国行きは一九五五年四月、白鳥事件の容疑者二名を乗せて焼津港を出発し、上海で二名を降ろした後、紺野与次郎と西沢隆二を乗せて同年五月、焼津港に入ったとされる（『読売新聞』同月一三・一四日付にも同様記事あり）。なお、人民艦隊関連の報道は『朝日新聞』『毎日新聞』『読売新聞』各紙の一九五八年三月二二日付夕刊「日共の〝人民艦隊〟手入れ」が早く、同日共産党は抗議声明を出している。「人民艦隊」については、小沢茂「架空の事件をねつ造した権力陰謀の典型―人民艦隊事件―」前掲『人権と公判斗争』が詳しいが、西沢らの渡航についてはふれていない。
＊34　国谷哲資「回想記　北京追憶―若者が体験した戦後日中関係秘史―」『アジア社会文化研究』二〇、二〇一九年、五一頁。飯塚靖「回想記解題」同前も参照。
＊35　前掲袴田『私の戦後史』一二五頁によれば、袴田が北京機関総細胞責任者時の書記は安斎庫治。
＊36　年表では資金要請に「紺野与次郎、河田賢治、袴田里見、西沢隆二」が署名したとあるが、紺野・河田・西沢はすでに北京を離れていた可能性がある。実質的にはモスクワ生活が長かった袴田が主導したのではなかろうか。
＊37　この間に志田と宮本の北京召喚の動きがあったという。前掲袴田『私の戦後史』一二七―一二八頁。

第九章

＊1　渡部徹は、一九五五年五月の在日朝鮮統一民主戦線大会で韓徳銖が演説するのを見て、情勢の急変を察知したという。渡部徹「日本共産党について」『現代の理論』一九六六年一一月号、五四頁。
＊2　前掲『最近における日共の基本的戦略戦術（三）』二八一―二八二頁。
＊3　前掲『最近における日共の基本的戦略戦術（三）』一〇一―一〇二頁。

＊4　しかし、共産党の軍事イメージは残った。一九五五年暮、山形県内で「日本共産党軍事委員会」による非合法活動協力金の拠出脅迫事件がおきる。逮捕された犯人はニセ党員であった。いまだ共産党＝軍事組織のイメージは強く、それに便乗した金銭詐取事件だった。『庄内新聞』一九五五年一二月一三日付「共産党のニセ指令」。

＊5　日本共産党中央委員会宣伝教育部編『日本共産党綱領集』新日本出版社、一九五七年、二六〇―二九七頁。

＊6　日本出版センター編『日本共産党史《私の証言》』日本出版センター、一九七〇年、九頁。

＊7　政治問題研究会編『日本共産党綱領問題文献集』下、青木書店、一九五七年、二八―三一頁。

＊8　「全国協議会の歴史的任務　宮本議長の冒頭発言」『前衛』日本共産党第1回全国協議会特集、一九八四年七月臨時増刊号、八頁。

＊9　亀山も、春日正一から「六全協をやるから出席してくれ」と言われたものの、「「六全協」という言葉が何のことやらわからなかった。その内容もまったく見当もつかない。しかし、〔春日が〕中央指導部の議長ということなので、ともかく出席を承諾した」と述べている。前掲亀山『戦後日本共産党の二重帳簿』一九六頁。

＊10　『アカハタ』一九五五年一〇月一〇日付「各地方党活動家会議終る」。関東は党中央との対立があって延期される。一九五五年一〇月二日付関東地方常任委員会「関東地方党協議会を延期したことについてのお知らせ」(8-0001)。

＊11　大沢久明については、拙著『「社共合同」の時代』参照。

＊12　「中国地方における党活動の総括と当面の任務―第五回中国地方党会議の報告草案（一九五五・一一・一二）―」労働運動研究所編『内藤知周著作集』亜紀書房、一九七七年、一二四―一六〇頁。草案を執筆した内藤知周は国際派・全国統一委員会（のち全国統一会議）の中心人物であったが、「分裂期」の動きは微妙である。一九五一年八月、統一会議解散・中国地方委員会無条件統一、九月党復帰、一〇月自己批判書提出、一九五二年七月党中央の指令により地下活動、八月中央労対オルグ（造船担当）、一〇月中央労対書記、一二月政策委員会書記、一九五三年三月中央選挙指導部書記、五月関東ビューロー書記、一九五五年一月関東地方委員会組織部長（「内藤知周年譜」『内藤知周著作集』）。全国統一委員会（全国統一会議）派の指導者としては早期に主流派中央に入っていたことは、宮本の中央復帰の動きを連想させる。

＊13　前掲杉本『時代に抗する』一三三頁では、二二日の開催となっている。

＊14　分裂期、西川は全国統一委員会全国委員、のち労働者解放同盟結成。六全協批判は、「日本共産党六全協決議に対するわが同盟の見解と態度について」『解放戦士』第一一号（『彦さんの本領―西川彦義の回想と遺稿―』西川彦義遺稿集刊行会、一九八二年、所収）参照。

＊15　宮本流の政治判断は志賀にもあった。一九五六年五月二〇日の長野県北信地区党員集会でこう論じている。「吾々は何時までも過去の誤りを百％明らかにしなければ前進出来ないと云うことではない、後向きの自己批判だけではいけない（中略）過去をホジクル批判ではなく、建設のための前向きの批判、自己批判でなくてはならない」（「細胞代表者会議の報告　付五月二〇日の党員集会での志賀同志の報告」7-1265）。

＊16　「志田同志の「党団結のさしあたっての問題」について」小島亮編『ただ限りなく発見者　大池文雄著作集』風媒社、二〇一六年、二七―三五頁。

第一〇章

＊1　歴史認識の形骸化は党史に限らない。小林勝『断層地帯』は、一九五二年暮の話として、チトー批判がすでに忘却されていたことを描いている。三六七―三六八頁。

＊2　同様の意見として、『アカハタ』一九五五年一二月一三日付党活動「戦後十年の党史を」。

＊3　前掲黒川『戦争・革命の東アジアと日本のコミュニスト』二七一頁。

＊4　志田は一九五六年七月に「六全協決議の精神とは明らかに反する」「重大な欠陥が存在」すると論じている。「日本における人民民主主義革命の独自の道（草案）」志田重男遺稿集出版編集委員会編『志田重男遺稿集　第1集』若草社、一九七五年、一七頁。

＊5　東京都委員会「第一回東京都協議会議事録」（7-0961）。

＊6　拙著『「社共合同」の時代』第一四章第2―4節は、スターリン批判をめぐる大沢久明と米原昶（中央委員候補）の対立をとりあげた。米原は六全協における個人（徳田）崇拝批判がスターリン批判に先んじるものであったと自負したが、そのことがスターリン批判の陥穽であったことを梅本克己はつぎのように述べている。「スターリン批判の直前に六全協というものがあり、この六全協での自己批判がスターリン批判の代替物というか、緩衝壁になってしまった（中略）一種の偽似免疫で、自分たちはすでにスターリン主義批判の皮切りをやったのだ、という錯覚さえあった」。丸山真男・佐藤昇・梅本克己『戦後日本の革新思想』現代の理論社、一九八三年、六二頁。

＊7　多くの一般紙が単なるゼスチャーと報じている中で、『読売新聞』一九五六年四月一九日付社説「コミンフォルム解散と新平和攻勢」が「平和的手段を通じての変革の可能性」「新平和攻勢」と指摘しているのが注目される。

＊8　前掲『日本共産党の八十年史』第四章・第五章。

＊9　前掲渡部『思想と学問の自伝』三九五―四〇一頁、渡部義任編『忘憂清楽　渡部義通』私家版、一九八五年、「渡部義通年譜」。

＊10　前掲渡部『思想と学問の自伝』四〇〇頁。前掲渡部『忘憂清楽』所収の水野津多「くれないの色さまざまの寒椿」は『日本革命運動史』編集の内幕を記している。

＊11　松本健二『戦後日本革命の内幕』亜紀書房、一九七三年は、「この朝、中央メーデー会場で、数人が壇上にかけあがり、人民広場に行こうと叫んで、壇上が混乱しているなかでメーデー行進が始まった」と記し、「この日、「広場へ行こう」と大衆によびかけたグループと、それに呼応する組織体があり、それは自然発生的に生まれたのではなく、あらかじめ打合せがあったことは感じでわかった」と記す（二一〇・二一一頁）。

＊12　窪田精「文学運動のなかで―戦後民主主義文学私記⑮―」『民主文学』一九七六年七月号、一四二―一四三頁。

＊13　学生互助会・理論社編集部編『その日のために　あらしが育くんだ愛と真実　獄中学生をめぐる手紙』理論社、一九五四年、一二三頁。

＊14　前掲『その日のために』二三五頁。

＊15　全日本海員組合機関誌『海員』一九五二年六月号時評「今日の話題「メーデー事件」」には、実力行使に関する記述が見られる。またある党員高校生は、メーデー前日に党細胞・民青に「メーデー当日のデモ隊を人民広場へ誘導する特別班を独自に動員せよという指令が来ており、その為に中核自衛隊はその先題〔頭〕に立つ事、そして当日は、警官の警備の厳しい事が予測されるので、プラカードの柄や旗竿が最後の武器になることを指示されていた」と言う（前掲佐木「一戦後党員の証言」一四五頁）。

＊16　「メーデー事件裁判闘争史」編集委員会編『メーデー事件裁判闘争史』白石書店、一九八二年、二八四―二八五頁。以下、特段の注記なしの箇所は、本書による。

＊17　六全協後、一九五六年あるいは五七年暮（日付は一二月一六日）と思われる紺野（与次郎？）宛木村三郎書簡（2-0304）で木村はメーデー事件をつぎのように述べている。「党は「メーデーを人民広場で」と終始労働者に呼びかけたが、当初はこのスローガンをメーデー大会で決議してから、行動に移す方針であった。従って、大会決議のあるなしにかゝわらず人民広場に行くことを決議した労組青年部に、そのような行動をやめるよう説得したのであるが、青年部の強硬な主張に譲歩し、はじめて、これを孤立させぬための動員を決意したのである。当日の事件は明らかに圧政に対する抵抗であり示威であった。大衆の行動は全く正しい行動であったし、その英雄的行動は明らかに全人民・労働者を激励した。メーデー事件とその指導に戦術上の誤りがなかった訳ではない。（中略）しかし、戦術上の誤りがあったにせよ、メーデー事件そのものは積極的な役割をもっていることは否定できない。（中

略）問題はメーデー事件そのものにあったというより、むしろ事後の党のメーデー事件に対する評価の誤りから党の指導力の過信と、軍事方針についての確信をもつに至ったことである」。

＊18　前掲佐木「一戦後党員の証言」一四六頁。

終章

＊1　塩川伸明「スターリン批判と日本―予備的覚書」（二〇〇七年、塩川伸明研究ノート　http://www7b.biglobe.ne.jp>~shiokawa>notes 最終閲覧二〇二四年七月一九日）参照。

＊2　大池文雄「六全協後の一つの反民主主義的傾向について―中央委員会に対する批判及び提案―」前掲小島編『ただ限りなく発見者』。

＊3　前掲『志田重男遺稿集』第1集、一〇四―一〇五頁。

＊4　志田処分の際、党員経営の雑誌『真相』が志田問題を暴露したとして批判・処分される。『アカハタ』一九五七年一月一四日付「『真相』社細胞の規律違反の処分について」。

＊5　『前衛』一九五八年一月号「〔座談会〕日本の政治と党の課題―一九五八年を迎えて―」における野坂発言（三五頁）。他の出席者は細川嘉六・川上貫一。

＊6　「国際共産主義運動と七回大会」東京大学細胞機関誌『マルクス・レーニン主義』第八号、一九五七年、前掲『生田夫妻追悼記念文集』三三六頁。

＊7　「党章草案に対する地区委員会の意見」『文京党報』第一〇号、一九五七年、前掲『生田夫妻追悼記念文集』三五二頁。

＊8　野村昴「『日本革命の権力問題と従属問題』―綱領討議の深化と「昏迷」の打開のために―」日本共産党北大学生細胞機関誌『理論と実践』№2、一九五八年、三頁。

＊9　牧瀬恒二は六全協時には自立的思考を有していたと思われる。「六全協は、多くの人にとって、そして私にとっても、ものごとを本質的に考えなければならないように仕向ける契機となった。正直なところ、私はそれまで理論的にも実践的にも自分よりも経験の深い人たちがたくさんいると思っていたし、それに頼ってもいた。フタをあけてみたらそれは幻想にすぎなかった。」牧瀬「山辺健太郎・その人と時代」前掲『山辺健太郎　回想と遺文』四七頁。

＊10　前掲増山『戦後期 左翼人士群像』二五二―二五四頁。

＊11　佐々木照央「今井義夫先生（一九三〇・五・一三～二〇〇一・一〇・八）追悼のことば」『ロシア史研究』七〇、二〇〇二年、参照。

あとがき——The Long and Winding Road——

一九五四年九月二六日、台風第一五号により青函連絡船洞爺丸ほか四隻が遭難沈没し、犠牲者一四三〇人という日本海難史上最悪の事故が起ったその日、北海道深川町（現深川市）で深川西高校の男子生徒が自殺した。同校は護憲平和教育を進めていたため、同年の教育二法案（教育公務員特例法の一部改正法案、義務教育の政治的中立確保に関する臨時措置法案）の審議において、京都旭ヶ丘中学校や山口県教組などとともに偏向教育の攻撃を受けていた。

騒然とする中、同校の生徒有志は同好会「あゆみ会」を発足させ、人形劇・コーラス・ハイキングなど多彩な活動を行う。そこを狙われた。地元紙は「日共の触手高校生へ　一部生徒が軍教参加?　湖畔でも特殊会合」「学園に日共の触手　深川西高の〝あゆみ会〟問題化　行燈担ぎメーデー参加　非武装の軍事教練も行う」と煽情的に報じた。あゆみ会や新聞会は事実無根と訂正を申し入れたが、無視された。あゆみ会の責任者だった彼は死をもって抗議した（森谷長能著・深川西高『自由の学園』を記録する会編『北海道深川西高校「あゆみ会事件」』文理閣、二〇一四年、櫻田忠衛『高校生たちの「自由の学園」』文理閣、二〇二四年）。

事件から一五年後の一九六九年、私は同校に入学した（櫻田本が記す反動的な教頭Kは私の父である）。いつのことか、私だけか、クラス全員だったか忘れたが、教師から一冊の本を渡され、読むよう言われた。〈君たちが学ぶこの学園がいかに民主的であるか、あらねばならぬか〉を書き綴ったものだった。同年九月に『学園自治の旗—北海道深川西高の記録—』（金倉義慧編著、明治図書出版）が出ているので、それだったかも知れない。学園は政治活動の自由化や卒業式の民主化（自主化）をめぐる「高校紛争」に突入していた。

一九六〇年代の大学では、ベトナム反戦や大学民主化、あるいは大学解体が叫ばれ、知の存在とその未来が問われていた。学生たちは共産党・民青（日本民主青年同盟）派、全共闘派、新左翼派、そして無党派ノンポリ層、「一般学生」などに分かれながら、一九七〇年代にかけて社会運動・革命運動を走り抜けていった。彼らが〈連帯〉あるいは〈敵対〉した大学人は、敗戦後から一九五〇年代にかけて、青春時代・壮年時代を送った世代だった。筆者が思い浮かべる前者の世代は弘前大学時代の恩師沼田哲先生（一九四二―二〇〇四）であり、後者の世代は立命館大学時代の恩師藤井松一先生（一九二一―一九八〇）、岩井忠熊先生（一九二二―二〇二三）、北海道大学時代の恩師永井秀夫先生（一九二五―二〇〇五）、田中彰先生（一九二八―二〇一一）である。

五〇年問題から六全協にかけた〈一九五〇年代〉という時代は、そのご二〇年余り継続したように思えてならない。あたかも〈The Long and Winding Road 長く曲がりくねった道〉のように。そしてその終焉が一九七二年に起った二つの事件、「連合赤軍事件」と「新日和見主義事件」ではなかっただろうか。いずれも今日では単純化・平板化・記号化され、とくに民青・全学連を中心に自立的青年同盟・学生運動をめざす動きが抑圧・否定された後者は、長い間検討も分析も追慕さえもされてこなかった。〈正史〉からの追放も進んだ（二〇〇三年刊の『日本共産党の八十年』から記述はなくなり、二〇二三年刊の『日本共産党の百年』もふれていない）。近年、真相を解明しようとする発言も目立ってきたが、わからないことが多すぎる。本格的な探究はこれからだろう。筆者も次作で挑戦してみたい。

〈一九五〇年代〉の前にたたずむ私は歴史の囚われ人だろうか。本書執筆中、ある書に、「今日、マルクス主義者のだれが革命という出来事を現実的に考えているだろうか」という一節を目にして驚いた。しかし、そうした〈諦念〉を生み出した源泉こそ、意図的・恣意的に描かれ、また描かれなかった一九五〇年代像だったのではないかと想う。

本書は二〇二〇年発表の「「五〇年分裂」小論―戦後日本共産党史のために―」（『アリーナ』二三）をもとにしている。掲載にあたっては、小島亮氏（当時中部大学教授）のお世話になった。「小論」執筆のため基礎資料群に目を通したが、本書の構想のためにあらためて史料収集・整理を行ない、退職をはさんで、数年かけて執筆した。この間多くのみなさん、研究機関にお手数をかけた。本来ならばすべての方々にお礼を申し上げねばならぬところだが、お一人に限らせていただきたい。小樽商科大学名誉教授の今西一氏である。今西氏とは立命館大学院以来のお付き合いであり、五〇年問題、学生運動論などについて種々アドバイスを受けていたが、残念ながら二〇二二年一月六日に七三歳で亡くなられた。お元気なら、厳しい批判を浴びるつもりでいた。ご冥福をお祈りする。

二〇二〇年秋、有志舎の永滝稔氏より執筆依頼を頂戴した。その際、二つの企画が示され、欲深い私は二度首を縦に振った。二〇二一年に上梓した『東北史論―過去は未来に還元する―』が一冊目であり、本書は二冊目である。永滝氏に思いもよらない機会を与えていただいたことをここに深く感謝する次第である。また本書の印刷、製本、装幀などにたずさわられた多くのみなさまにもお礼を申し上げたい。

今回も家族の協力なしには生まれなかった。一五年間の単身生活を終え、リタイアした後、すっかり居候然となった私を、優しくも厳しく接してくれているパートナーの富美子に本書を捧げたい。

越後の寓居にて　河西英通

二〇二四年大晦日

河西英通（かわにし　ひでみち）

1953年、北海道生まれ。北海道大学大学院文学研究科博士後期課程単位取得退学。

博士（文学）。

現在、広島大学名誉教授。

主要業績：『せめぎあう地域と軍隊―「末端」「周縁」軍都・高田の模索―』（岩波書店、2010年）、『「東北」を読む』（無明舎、2011年）、*Tōhoku : Japan's Constructed Outland*（Brill, 2015）、『「社共合同」の時代―戦後革命運動史再考―』（同時代社、2019年）、『東北史論―過去は未来に還元する―』（有志舎、2021年）

「六全協」の世界
――日本共産党と1950年代――

2025年2月10日　第1刷発行

著　者　河西英通
発行者　永滝　稔
発行所　有限会社　有　志　舎
〒166-0003　東京都杉並区高円寺南4-19-2、クラブハウスビル1階
電話　03-5929-7350　　FAX　03-5929-7352
http://yushisha.webnode.jp
振替口座　00110-2-666491
DTP　言海書房
装　幀　伊勢功治
印　刷　モリモト印刷株式会社
製　本　モリモト印刷株式会社

ISBN978-4-908672-81-1